Successful Diplomacy, Failed Diplomacy

성공한 외교, 실패한 외교

이하원의 외교안보 막전막후

이하원

박영사

서문

외교의 진실은 화려한 무대 뒤에 있다.

1 대학에서 정치외교학을 전공하고, 신문사에서 정치부 기자, 워싱턴·도쿄 특파원으로 활동하며 외교안보 분야를 비교적 오랫동안 담당해 왔습니다. 외교부뿐만 아니라 여야를 번갈아 취재하고, 한나라당 취재반장, TV조선 정치부장을 맡은 덕분에 외교와 권력 간의 상관 관계를 더 넓고 깊게 들여다볼 수 있었습니다.

기자 생활 중 반복적으로 마주한 장면은, 외교라는 겉으로는 점잖고 정제된 의사소통의 이면에 감춰진 갈등과 오판, 실수의 연속이었습니다. 국가 간의 외교는 단지 이념이나 이해관계의 충돌만이 아니라, 서로 다른 인종과 문화, 언어, 정서가 어긋나면서 벌어지는 복잡한 드라마라는 것을 느꼈습니다.

신문 지면에 담지 못한 장면과 비사(祕史), 뒷이야기들이 제 마음속에 계속 쌓여 왔습니다. 언젠가는 이 이야기들을 차분히 정리해 쓰고 싶다는 생각이 늘 마음 한 켠에 자리하고 있었습니다.

2 이런 희망이 실현될 기회가 찾아온 것은 2024년 3월입니다. 논설위원실에서 근무하던 중, 편집국 외교안보 에디터로 보직이 바뀌었습니다. 제가 초보 기자 시절 1진이었던 편집국장은 정치권으로 자리를 옮긴 Y 선배의 빈자리를 채워달라고 했습니다. 외교부를 비롯한 관련 부처에 직접 나가 동향을 파악하고, 자유롭게 기사를 써 보라고 했습니다. 다시 현장에 나가 취재하는 것은 물론, 그동안 제 마음에 축적된 외교의 이면(裏面) 관련 기획을 할 수 있는 기회가 생긴 겁니다.

이전의 기억을 되살리고 취재수첩을 뒤져서 2024년 4월 조선닷컴에 '이하원의 외교안보 막전막후'라는 문패를 내걸었습니다. 그리고 매주 한 편씩 제가 직접 목격한 외교 현장 관련된 사안에 대해 연재를 시작했습니다. 'DJ와 정상회담 후 동생 출연한 열린음악회 달려간 클린턴 대통령'을 시작으로 2025년 6월 현재 60회를 넘겼습니다.

3 기획물을 연재하고, 책을 내면서 일관되게 가졌던 생각은 외교안보에 대한 정치권력의 과도한 개입, 통제에 대한 문제 제기였습니다. 정치부 기자로 일하면서 권력자들이 외교를 사유화하는 장면을 자주 목격해 왔습니다. 권력을 잡은 후, 생각이 맞지 않는 외교관들을 배척할 뿐 아니라 공개적으로 모욕을 주는 일도 많이 봐왔습니다. 책이 출간되는 시점이 21대 대통령 취임과 겹치게 된 것은 우연인데, 새로운 집권 세력이 논란이 됐던 외교 사안으로부터 교훈을 얻기를 바랍니다.

4 이 책은 결코 완전하지 않습니다. 관찰자로서 외교 현장의 일부를 목격한 대로 기술했을 뿐입니다. 그러나 논란이 됐던 사건의 본질을 정리하고, 그 맥락과 배경을 밝혀보는 노력만큼은 정직하게 기울였습니다. 그래서 부제를 '이하원의 외교안보 막전막후(幕前幕後)'라고 붙였습니다. 이 책을 통해 외교가 단지 고위 당국자의 말 몇 마디나 회담 사진 한 장으로 단순화될 수 없는, 복잡하고 정교한 고차방정식임을 느껴 보시길 바랍니다.

2025년 여름

이하원

일러두기

- 가급적 사건이 일어났던 시점의 직책을 그대로 사용, 사실감을 높이려 했습니다.
- 등장 인물의 직책이 문맥에 따라서 다를 수 있습니다. 예를 들어 반기문 유엔 사무총장의 경우 사안에 따라 차관, 장관으로 다르게 나옵니다.
- 이 책에 쓰인 사진은 대부분 조선일보사의 사진입니다. 그렇지 않은 사진은 출처를 명기했습니다.
- 책에 기술된 내용과 관련된 질문 및 의견을 환영합니다. 제 이메일은 leehawon@gmail.com입니다.

목차

01

윤석열·박근혜 대통령 탄핵 사태

윤 대통령, 출근길 회견 폐지하며 민심과 멀어졌다

2018년 6월 도쿄 특파원으로 부임했을 때 일본 정치에서 부러운 게 하나 있었습니다. 일본 총리가 관저(官邸)에 드나들 때 기자들이 로비에서 그에게 최대한 가까이 가서 취재를 하는 장면이 매일 TV에 나왔습니다. 일본 총리 관저는 한국 대통령의 청와대 관저, 한남동 관저와는 달리 사무공간을 의미합니다. 일본 총리 부부가 생활하는 곳은 공저(公邸)라고 합니다.

2022년 5월 10일 취임한 윤석열 대통령이 다음날인 11일 서울 용산 대통령실 청사에 출근하며 첫 약식 회견을 하고 있다.

일본 정부로부터 외신기자증을 받자마자 총리 관저에 가 보니, 미국 백악관처럼 총리와 기자들이 같은 건물을 사용하는 데 훨씬 더 개방적이었습니다. 총리는 이곳의 5층에서, 기자들은 1층에서 일하고 있었습니다.

일본 관저에 등록된 언론사 기자들은 현관과 연결된 3층 로비까지는 자유롭게 올라갈 수 있습니다. 이곳에서 밖을 오가는 총리에게 질문하고 방문객을 주시합니다. 우리나라의 청와대와는 달리 기자들이 총리를 근접 취재하는 시스템이 정착돼 있었습니다.

이뿐만이 아닙니다. 일본 총리는 언론이 매일 자신의 동정을 파악해 보도할 수 있도록 협조합니다. 총리가 외출할 때는 풀(pool) 기자 역할을 하는 통신사 차량이 반드시 경호 차량과 함께 다니는 것이 관례로 자리 잡았습니다. 우리처럼 대통령이 보여주고 싶은 행사에만 풀 기자를 허용하는 것과는 다릅니다.

투명하고 개방적인 일본 총리실 취재 시스템

이에 따라 일본의 중앙 일간지에 매일 총리의 전날 일정이 분(分) 단위로 실리고 있습니다. 2024년 1월 24일 요미우리 신문에 실린 이시바 시게루 총리의 전날 동정은 이렇습니다.

▽8시 40분 관저 도착 ▽8시 52분 임시 각의 ▽9시 40분 사카타 관방부장관보, 나가하시 복구·부흥 지원 총괄관 면담 ▽10시 37분 이이다 경제산업차관, 무라세 자원에너지청 장관 면담 ▽11시 35분 노무토 토큐(東急)그룹 회장 면담 ▽12시 2분 아키바 내각 특별 고문, 작가 사토 유씨와 점심

언론은 이를 바탕으로 총리가 누구를 자주 만나는지, 어떤 성향을 보이는지를 분석합니다. 예를 들어보겠습니다. 제가 도쿄에서 근무할 때 아사히 신문이 2020년 11월 2000년 이후 일본 총리 9명을 대상으로 취임 후 1개월간의 '수상(首相) 동정'을 분석해 발표했습니다. 그 결과 2020년 9월 취임한 스가 요시히데 총리가 659회로 면담을 가장 많이 한 것으로 나타났습니다. 기록으로만 보면 지난 20년간 총리 중 가장 부지런한 총리라는 평가가 가능합니다.

그다음이 2000년 취임한 모리 요시로 총리로 521회를 기록했습니다. 고이즈미 준이치로, 아베 신조는 각각 489회, 438회로 3, 4위를 차지했습니다. 후쿠다 야스오 총리는 237회로 면담을 가장 적게 했습니다.

스가 총리의 동정 중 민간인이나 언론 관계자와의 면담은 112회로 전임자들보다 월등히 많았습니다. 취임 후 한 달간 스가의 1일 평균 활동시간은 12시간 6분. 이른 아침에 관저에서의 산책으로 하루를 시작한 후 호텔 등에서 면회나 회의에 들어가는 '조활(朝活)'형이었습니다.

저녁에도 매일 회식이 있지만 음주를 하지 않아 모두 1시간 정도면 모임이 끝났습니다. 아사히신문은 스가가 관방장관 시절부터 스타일을 바꾸지 않고 각계 전문가들과 만나 의견 교환을 자주 하고 있다고 분석했습니다.

스가가 한 달간 가장 빈번하게 만난 인물은 기타무라 시게루 국가안전보장국장(29회)으로 매일 한 차례꼴로 만났습니다. 두 번째가 국정원장 역할을 하는 다키자와 히로아키 내각정보관(26회)이었습니다. 아베 전 총리에 비해 외교·안보 경험이 부족한 그가 약점을 보완하기 위해 두 사람을 자주 만난 것으로 보인다고 아사히신문은 분석했습니다.

일본 언론, "아베 총리 걸음 느려졌다" 보도

필자가 일본 총리의 개방적이고 언론 친화적인 관저 운영에 주목한 것은 2017년 3월 박근혜 대통령이 국민과 소통하지 않고, 청와대 생활에 안주하다가 탄핵당했다는 판단 때문이었습니다. 박 대통령은 임기 후반으로 가면서 청와대 깊숙이 자리잡은 관저(여기서는 대통령이 먹고 자는 생활공간을 의미합니다. 집무실까지는 도보로 10분 가까이 걸립니다.)에 틀어박혀 지내는 때가 많았습니다. 비서실장, 수석비서관도 잘 만나지 않았으니, 언론과 자주 접촉하며 민심 파악하기를 기대하는 것은 무리였습니다.

박근혜 정부 청와대 비서실장 5명 중 가장 실세였다는 김기춘 실장은 1주일에 한 번도 박근혜 대통령을 못 보는 경우도 있었다고 했습니다. 박 대통령이 집무실에 나오지 않고, 관저에 머무는 경우가 많아 행정관들이 자전거를 타고 가서 보고서를 전달한 적이 있다는 사실도 나중에 밝혀졌습니다.

일본의 총리 관저 시스템에서는 이런 일이 일어날 수 없습니다. 기자들이 관저 로비에서 상주하며 밀접 감시하니, 평일에는 단 하루라도 공저에 틀어박혀 쉴 수가 없습니다.

현행 일본의 총리 관저 취재 시스템에서 이런 일도 있었습니다. 2020년 8월 아베 총리의 사임 원인이 된 건강 이상을 가장 먼저 눈치 챈 이들은 그를 매일 지켜보던 젊은 기자들이었습니다. 일본의 한 방송사는 관저 로비에서 아베의 걸음이 4월 평균 18.24초에서 8월 20.83초로 2초 이상 느려졌다고 보도했습니다. 매일 총리의 걸음걸이를 살피며 시간을 재고, 이를 통계화해 기사화한 데서 탄복했습니다.

다른 언론사는 그가 엘리베이터에 타기 위해 방향을 틀 때 벽에 왼손을 기대는 것이 건강 이상 징조라고 분석했습니다. 이렇게 '감시'받던 아베는 결국 2020년 8월 말 궤양성 대장염 재발을 밝히고 사임 발표를 할 수밖에 없었습니다.

2020년 9월 한국 정치가 일본 관저 시스템을 벤치마킹하면 좋겠다고 생각해 칼럼을 써서 송고했습니다. 이 칼럼엔 '어항 속 日 총리 관저 vs 구중심처 청와대'라는 제목이 달렸습니다.

문재인 대통령, 청와대 이전 공약 파기

도쿄 근무를 마치고 2021년 5월 1월 본사로 복귀했는데, 문재인 대통령도 전임자와 비슷한 불통 논란에 시달리고 있었습니다. 문 대통령은 박근혜 대통령처럼 되지 않겠다며 청와대를 나와 '광화문 시대'를 여는 대통령이 되겠다고 공약했는데, 이는 거짓말이 됐습니다.

문 대통령은 2017년 12분짜리 대통령 취임사에서 4분이 지날 때부터 청와대 문제를 언급했습니다. "권위적인 대통령 문화를 청산하겠다"며 "준비를 마치는 대로 지금의 청와대에서 나와 광화문 대통령 시대를 열겠다"고 약속했습니다. 하지만 그때뿐이었습니다. 그의 청와대 집무실 이전 언급은 2012년 대통령 선거에 처음으로 나왔을 때부터 시작됐는데, 대통령이 되고 난 후 달라졌습니다.

문 대통령은 2019년 1월 22일 자신의 광화문 시대 공약을 파기했습니다. 공약을 무효화하는 이유로 리모델링 비용을 들었습니다. 하지만 이는 사실이 아니라고 생각합니다. 청와대 관저와 헬기장, 의전 공간은 그대로 사용하며 광화문 정부중앙청사로 출퇴근하면 되는데 무슨 비용이 그렇게 많이 든다는 것인지… 사실은 외부와 단절돼 편안한 청와대에서 나가고 싶지 않다는 것을 에둘러 말한 것에 불과했다고 생각합니다.

이후 그도 역시 언론 접촉을 꺼리고 청와대에 칩거하는 시간이 많아 언론과 국민은 그가 매일 무엇을 하고 지내는지 잘 알 수가 없었습니다. 저는 문 대통령의 실패는 광화문 시대 공약을 파기한 2019년 1월 22일부터 본격화됐다고 생각합니다.

이런 문제 의식하에 제 20대 대통령 선거가 시작될 때인 2021년 11월 '광화문으로 출퇴근하는 대통령을 보고 싶다'는 칼럼을 썼습니다. 대통령이 청와대에 거주하되, 한낮에 일하는 집무공간을 정부종합청사로 옮겨서 출퇴근길에 기자도 만나면서 소통을 해 보라는 취지였습니다. 말미엔 구체적으로 이렇게 제언했습니다.

"(대통령 집무공간을 광화문으로 옮기면) 정부청사와 경복궁 사이엔 일반인이 잘 모르는 지하도가 개설돼 있어 유사시 이동하는 데도 아무런 문제가 없다. 광활하기 이를 데 없는 청와대는 미국의 블레어 하우스처럼 국빈이 투숙할 수 있는 시설로 일부 개조하는 것도 방법이다.

내년(2022년) 3월 대통령 선거까지는 앞으로 4개월가량 남아 있다. 문재인 정권의 적폐(積弊) 청산을 위해서도 청와대 집무실 이전 문제가 여야 대통령 후보들 사이에 깊이 있게 논의되기를 바란다."

윤 대통령, 일본식 약식기자회견 도입했다가 중단

1999년에 정치부 기자가 돼 여당, 야당을 번갈아가며 출입하고 TV 조선 정치부장을 지내면서 정치권 인사들을 자주 만나왔습니다. 20대 대통령 선거 중에도 여야의 중견 정치인들을 만날 기회가 많았습니다. 이때 일본 총리 관저 이야기를 하며 청와대 업무공간의 이전과 언론과의 소통을 강조했습니다.

청와대 이전을 매개로 한 국민과의 소통은 2007년 정동영 민주당 대선 후보, 2012년 유력한 대선 주자였던 안철수 의원 등이 제기해 왔기에 이에 반대하는 이들은 별로 없었습니다. 일부 정치인들은 제 얘기를 진지하게 들어가며 메모하기도 했습니다.

그랬기에 2022년 3월 대선에서 윤석열 후보가 당선된 후, 청와대를 용산으로 옮기는 것에는 고개를 갸우뚱거렸지만, 기자들과 출근길 약식회견을 시작한 것에 대해서는 다행으로 생각했습니다.

윤 대통령이 취임 다음날부터 시작한 출근길 약식 회견은 많은 화제가 됐습니다. 대한민국의 최고 지도자가 출근하면서 기자들을 만나는 장면은 신선감을 줬습니다. 하지만 한국에서 처음 시행되다 보니, 매끄럽게 진행되지 않았습니다. 대통령실은 이 제도가 정착될 때까지 '거친 질문'을 하지 않는 '그레이스 피리어드(유예기간)'를 희망했지만, 이는 받아들여지지 않았습니다. "대통령실의 각 부서가 출근길 약식 회견에 대응하기 위해 너무 많은 에너지를 쏟아붓고 있다"는 얘기도 들렸습니다.

그러던 어느날 평소 알고 지내던 대통령실 관계자로부터 전화가 걸려왔습니다. 저의 도쿄 특파원 경력을 잘 알고 있는 그가 "일본의 관저 시스템에 대해 설명해 달라"고 했습니다. 그래서 2019년에 제가 쓴 칼럼을 바탕으로 상세한 설명을 해줬습니다. 대통령이 특정 현안에 대해서 언쟁하기보다는, 기자들의 관심사에 귀 기울여가며 자신의 생각을 국민에게 잘 전달하는 시스템을 만드는 것이 바람직하다고 조언해줬습니다. 아울러 "다소 문제가 있더라도 이를 계속 유지하는 것이 좋다"는 얘기도 했습니다.

하지만 이런 희망은 오래가지 않았습니다. 미국 방문 중 비속어 논란 등 특정 방송사와 갈등이 커지고 대통령실 내부에서 출근길 회견 무용론이 나오면서 시작한지 반 년만인 2022년 11월 중단되었습니다. 이후 출근길 회견은 복원되지 않은 채 언론과의 관계는 계속 악화됐습니다.

저는 윤 대통령의 시대착오적인 비상 계엄이 잉태되기 시작한 지점이 바로 이즈음이라고 생각합니다. 언론과의 소통을 귀찮아하고, 극단으로 쏠리는 유튜브에 빠져들면서 2020년대 중반의 한국 대통령은 무엇을 해야 하는지, 국민은 무엇을 바라는지에 대한 감각을 잃어가기 시작했다고 생각합니다. 윤 대통령이 기자들의 레이더에서 벗어나면서 자신이 생활하는 한남동 관저에 머무는 시간이 늘고, 성실하게 출근하지 않았다는 관측도 계속 커져왔습니다.

윤 대통령이 출근길 약식 기자회견을 매일같이 진행하며 기자들의 질문에 귀 기울였더라면, 이렇게 어이없는 자폭 계엄을 할 생각은 못했을 겁니다. 때로는 거칠고, 자신이 보기엔 억울한 질문도 있었겠지만, 이를 민심으로 받아들이고 고민했다면 헌법재판소에서 파면당하는 일은 없었을 것이라고 생각합니다.

'윤석열 대통령 노벨 평화상' 추천했는데…
캠벨 부장관, 계엄선포에 배신감

주미한국대사관

2023년 10월 커트 캠벨 당시 백악관 NSC 인도태평양 조정관이 한미동맹 70주년 기념식에 참석, 기념사를 하고 있다.

계엄 후, "윤 대통령 심하게 오판했다"고 비판

2024년 12·3 윤석열 대통령의 비상 계엄에 대해 미국은 이를 위법으로 규정하며 한국의 민주주의가 후퇴하지 말아야 한다는 신호를 냈습니다. 윤 대통령의 계엄 발령 초기부터 이런 흐름을 이끈 이는 미 국무부의 커트 캠벨 부장관이었습니다. 캠벨 부장관은 계엄 사태 직후인 4일 워싱턴 DC의 아스펜 안보포럼(ASF)에 참석, 윤 대통령의 계엄 선포에 대해 "매우 문제 있고 위법한 행동으로, 예측할 수 없었다"고 했습니다. "윤 대통령이 심하게 오판(badly misjudged)한 것 같다"고도 했습니다. 또 "한국이 이런 조치를 관리하고, 명확하고 단호하게 반대하는 회복력에 자부심을 갖고 있다"며 "한국의 민주주의 강도와 깊이에 대해 매우 안심할 수 있었다"고 했습니다.

1987년 한국이 민주화된 후, 대한민국 대통령이 국가 통치 문제로 미국의 부장관으로부터 공개적인 비판을 받은 것은 처음입니다. 평시같으면 문제가 돼도 크게 됐을 사안입니다만, 우리나라의 어느 외교관도 미국에 항의하지 못했습니다.

비슷한 시각에 제이크 설리번 백악관 국가안보보좌관, 토니 블링컨 국무장관이 대한민국 비상사태에 대해서 언급했습니다. 하지만, 그 발언의 강도는 캠벨의 비판에 미치지는 못했습니다. 흔히 개발도상국에서 일어나는 일에 대해 평화적 해결을 촉구하는 것과 유사했습니다. 미리 통보를 받지 못해 화가 났다는 데 방점이 찍혀 있었다는 해석이 나오기도 했습니다.

'아시아 차르' 캠벨, 한일관계 정상화 높이 평가

캠벨은 버락 오바마 행정부에서 아시아를 중시하는 '아시아 회귀 정책(Pivot to Asia)'을 추진했고, 조 바이든 행정부에서는 백악관 인도·태평양 조정관에 이어 부장관을 맡았습니다. 한국, 일본, 중국 등 아시아 국가를 총괄하는 '아시아 차르'로 불리는 실세였습니다.

그는 1990년대 중반 국방부 동아태 부차관보를 맡으면서 30년 가까이 한국 문제를 다뤄 한국에 지인들이 많습니다. 지한파라는 평가를 받습니다. 계엄 사태 직전인 2024년 11월 그는 한국국제교류재단(KF)과 전략국제문제연구소(CSIS)가 주최한 회의에 나와 차기 트럼프 행정부에서도 우호적인 한미관계가 계속되기를 바랐습니다. 그는 "한국은 매우 관대하고 너그러운 방위비 협정을 체결했다"며 "차기 행정부에서도 이런 지혜가 충분히 발휘되기를 희망한다"고 했습니다. 도널드 트럼프 미국 대통령이 한국의 대선기간 중 방위비 분담금을 최대 9배까지 올리겠다고 하자 이를 우회적으로 비판하며 한국을 변호하고 나선 겁니다. (한국은 2024년 10월 주한미군 방위비 분담금을 2026년에 전년 대비 8.3% 오른 1조 5192억 원으로 정하고 2030년까지 매년 소비자물가지수(CPI) 상승률을 반영해 올리기로 합의했습니다.)

이에 앞서 캠벨은 2024년 4월 윤 대통령과 기시다 후미오 당시 일본 총리를 노벨 평화상 후보로 추천한 바 있습니다. 이는 윤 대통령의 실책으로 여당인 국민의힘이 총선에서 대패한 직후여서 거의 기사화되지 않았는데, 이례적인 일이었습니다.

캠벨은 당시 허드슨 연구소 대담에서 2023년 8월 처음으로 미 대통령 별장인 캠프 데이비드에서 한·미·일 3국 정상회담이 열린 것을 상기시키며 "한일 두 정상이 매우 어려운 역사적 문제를 극복하려는 결단은 놀라웠다"고 했습니다. 그는 "만약 진정으로 누가 국제 무대에서 엄청난 변화를 가져와 노벨 평화상 수상 자격이 있느냐고 묻는다면 두 정상의 공동 수상이 돼야 한다"고 했습니다.

이는 사실상 바이든 행정부를 대표해서 '윤석열-기시다 공동수상'을 촉구한 것입니다. 그랬던 그가 '위법' '오판'이라는 단어를 써가며 윤 대통령을 직설적으로 비판한 것은 바이든 행정부 차원의 '경고'이자, 깊은 배신감을 토로한 것입니다. 윤 대통령이 어처구니없는 계엄 선포로 어렵게 쌓아 올린 한미일 3국 협력체제를 붕괴시키는 데 대해 도저히 납득할 수 없었을 것입니다.

오바마 행정부 동아태 차관보로 활동

제가 캠벨에 주목한 것은 워싱턴 특파원으로 2007년 5월 워싱턴 DC

에 부임하면서부터입니다. 당시 캠벨은 2008년 미 대통령 선거를 앞두고 신미국안보센터(CNAS)를 만들면서 활발하게 움직이기 시작했습니다. CNAS는 대선 때 오바마의 싱크탱크로 활동하면서 여러 외교안보 정책을 만들어냈습니다. 특히 '피닉스 이니셔티브(Phoenix Initiative)' 보고서에서 러시아와 협상, 미국의 핵무기를 1000개 수준으로 대폭 감축할 것을 제안했습니다.

2008년 11월 13일 백악관 바로 옆의 윌라드 호텔에서 열린 CNAS 행사는 그의 영향력을 실감하게 했습니다. 이날 CNAS의 '간판'인 캠벨과 제임스 스타인버그 전 NSC 부보좌관(나중에 국무부 부장관)이 '쉽지 않은 정권 인수인계(Difficult Transition)' 출간 기념 토론회를 개최했습니다. 이때 약 500여 명이 몰려 책에 서명을 받기 위해 긴 줄이 만들어지기도 했습니다. CNAS 공동 창설자인 미셸 플루노이(나중에 국방부 차관)는 오바마 정부 인수위원회의 국방부 인수팀장으로 선발됐습니다. 당시 하마평대로 캠벨은 2009년 1월 출범한 버락 오바마 행정부에서 국무부 동아태 차관보에 임명됐습니다.

그의 부인 레이얼 브레이너드는 클린턴 백악관의 국가경제 부보좌관에 이어 오바마 행정부의 재무부 국제 담당 차관으로 임명돼 '파워 엘리트 부부'로 주목받았습니다. 브레이너드는 바이든 행정부에서 연방준비제도(연준) 부의장을 거쳐 2023년 2월 백악관 국가경제위원회(NEC) 위원장에 임명됐습니다. 캠벨과 브레이너드는 각각 하버드대 케네디 행정대학원 부교수, 매사추세츠공대(MIT) 응용경제학과 부교수 시절 보스턴에서 만나 결혼, 3명의 딸을 낳았습니다.

"한중관계가 더욱 진전되기를 바란다"

오바마 정부에서 한반도 정책을 이끈 캠벨은 주미한국대사관과 한국 특파원들의 매일같이 주시해야 할 인물이었습니다. 오랫동안 단독 인터뷰를 요청한 끝에 2010년 10월 국무부 6층 캠벨의 방에서 그와 마주 앉을 수 있었습니다.

그의 방 한쪽이 가족 사진으로 가득 차 있는 모습이 인상적이었습니다. 책상 위에도 딸 3명 사진이 놓여 있었습니다. 캠벨은 저와 악수하며 "한국언론과 별도의 인터뷰 하기는 처음이다. 조선일보 독자들과 interact하게 된 것을 기쁘게 생각한다"고 했습니다. 저는 그가 '교감하다, 소통하다'는 의미를 가진 interact라는 표현을 쓴 것에 주목했습니다.

그는 인터뷰에서 "북한과의 대화에 대한 미국의 입장은 대단히(extraordinarily) 명확하고, 대단히 일관돼 있다"며 "한반도 긴장 완화 초기의 중요한 과정은 남북한이 더욱 개선된 관계를 갖는 것"이라고 강조했습니다. 캠벨과의 인터뷰에서 기억나는 질문은 크게 두 개입니다.

- (오바마 행정부는) 한국이 운전석에 앉아 모든 한반도 문제를 주도적으로 해결하고, 미국은 이를 지원하는 역할을 맡으려는 것 같다.

  "그 말에 많은 부분을 동의하면서 몇 단어만 바꾸고 싶다. 때때로 미국과 북한 간의 외교가 한국의 입장보다 앞에 있었던 그런 시대는 반복되지 않아야 한다. 미국은 한국의 파트너로서 전략적 이해를 갖고 있으며 한반도에서 해야 할 중요한 리더십 역할이 있다. 한·미 양국이 상호 이해를 극대화하는 것은 최대한 긴밀한 협력으로 북한에 대응하는 것이다."

- 미국은 한국이 중국과 어떤 관계를 갖길 바라는가.

  "(2010년 3월) 천안함 사태가 발생한 후 중국측에 여러 차례 '지난 15년간 가장 긍정적인 변화는 바로 한·중관계의 발전'이라고 말했다. 우리는 중국이 북한을 편들어서 한국의 중국에 대한 신뢰를 저하시키고 있다고 비판했다. 미국은 그동안 발전하여 온 한·중관계가 더 진전되기를 바라고, 신뢰가 다시 만들어지기를 바라고 있다."

한국에서는 한미관계와 한중관계를 대립시켜 보는 시각이 강합니다. 우파는 우파대로, 좌파는 좌파대로 한미-한중 관계에 대해 편견이 있는데, 캠벨이 미국의 입장을 솔직하게 피력했다고 생각합니다.

캠벨이 지한파라고 해서 미국의 국가 이익을 소홀히 한 것은 아닙니다. 그가 국방부 부차관보 시절 주한미군 방위비가 제대로 인상되지 않으면 미군을 감축시킬 수도 있다는 발언을 했다고 기억하는 한국 외교관도 있습니다. 당시 우리측은 이를 일종의 협박으로 인식했습니다. 그는 외교부 안보과장, 북미국장, 차관보를 역임하며 미국과 협상을 많이 했던 송민순 전 외교부 장관에 대해서는 "내 처를 제외하고는 내가 가장 많이 싸운 사람"이라는 조크를 한미 양국 인사들이 모인 식사 모임에서 하기도 했습니다. 그만큼 한미 양국이 문을 걸어 닫고 진행하는 협상에서는 한 치도 양보하지 않았다는 겁니다.

P.S. 캠벨, 클린턴 방북 토대로 김정일 남은 수명 정확히 예측

캠벨은 2010년 3월 방한 당시 우리 정부 관계자 등에게 "김정일의 수명이 3년 남았다"고 전해줘 화제가 됐습니다. 2008년 뇌졸중으로 쓰러졌던 김정일의 건강 문제에 대한 미국의 분석을 알려준 겁니다. 조선일보는 이를 토대로 2010년 3월 17일자에 ["김정일 수명이 3년 정도 남았다"면…]이라는 제목의 사설을 쓰기도 했습니다. 실제로 김정일은 캠벨의 발언 후 1년 9개월 뒤인 2011년 12월에 사망했습니다.

당시 캠벨이 김정일 수명을 예측할 수 있었던 배경에는 2009년 빌 클린턴 전 대통령의 방북이 있습니다. 클린턴은 2009년 8월 그해 3월 북·중 접경지역에 취재갔다가 북한에 억류된 미국 여기자 두 명을 데려오기 위해 평양을 방문했습니다. 이때 클린턴의 주치의 역할을 하는 로저 밴드 펜실베이니아대 의대 교수가 동행했습니다. 응급의학 전문의인 밴드 교수는 방북하기 전에 정보기관으로부터 김정일을 만나게 될 경우에 대비한 '교육'을 받았습니다. 김정일의 걸음걸이를 비롯해 치아, 머리카락, 손발의 움직임, 발음 등을 정밀하게 관찰할 것을 요청받았습니다.
클린턴은 약 3시간 동안 김정일을 만나는 자리에 밴드 교수를 배석시켜 김정일을 바로 코앞에서 관찰할 수 있도록 했습니다. 밴드 교수는 평양에서 돌아와 김정일의 건강상태를 보고했고, 미 정보기관은 이를 토대로 그의 수명을 예측했습니다. 캠벨은 이같은 예측을 당시 이명박 정부와 공유하며 유사시 한미 양국의 더욱 증강된 협력 태세 필요성을 강조한 것으로 알려졌습니다.

조태열 외교장관, 탄핵 정국에서 "정치권은 깊은 성찰하라" 소신 발언

2025년 초 조태열 외교부 장관의 문장력을 겸비한 소신 발언이 외교부 안팎에서 화제가 됐습니다. 조 장관은 지난해 12·3 윤석열 대통령의 비상계엄, 12·14 윤 대통령 탄핵 이후 불안정한 정국에서 자신이 직접 준비한 연설문과 기자회견 발언을 통해 극도로 불안정한 국제정세에도 불구, 당파 싸움을 일삼는 여야 정치권을 공개적으로 비판하며 각성을 요구했습니다.

외교협회

2024년 1월7일 한국외교협회 신년회에서 조태열 외교부 장관이 연설하고 있다. 왼쪽부터 시계 방향으로 반기문 전 유엔사무총장, 신봉길 외교협회장, 조태열 외교부 장관, 김숙 전 주유엔대사, 이태식 전 주미대사.

'지조론' 조지훈 선생 아들… 계엄 후 외교협회 연설

2025년 1월 7일 서울 프레스센터 18층에서 한국외교협회(회장 신봉길) 신년회가 열렸습니다. 반기문 전 유엔사무총장, 윤영관·윤병세 전 외교부 장관, 이시영 전 외교부 차관, 박수길·권병현·이재춘·나종일 대사를 포함, 200여 명의 전현직 외교관들이 참석했습니다.

조태열 장관은 신년사에서 2024년 12·3 계엄 이후 정국에 대해 솔직한 심경과 비장한 각오를 밝혔습니다. 조 장관은 먼저 "무엇보다도 지난 한 달간 있었던 모든 불행한 사태에 대해 외교부 장관으로서, 그리고 국무위원의 한 사람으로서 무거운 책임을 통감하며 특히 여러 선배님들께 송구스러운 마음을 금할 길이 없다"고 자책했습니다.

이어서 그는 "이 혼돈의 시기에 제가 이 자리에 있다는 것을 운명으로 받아들이고 힘든 시간을 견디고 있습니다만 짐이 너무 무겁고 현실은 너무 가혹하다"고 했습니다. 조 장관은 이 말을 한 후 울컥한 듯, 약 10초 정도 고개를 숙였습니다. 살짝 눈물을 흘린 듯했습니다. 그는 "모든 혼돈을 하루빨리 정리하고 새 질서를 찾아가는 한 해가 되기를 소망하며 해야 할 책무를 다하는 것이 제게 주어진 마지막 소명이라고 생각하고 혼신의 노력을 다하겠다"고 했습니다.

조 장관은 특히 국무위원으로서는 이례적으로 여야 정치권을 향해 비판적 발언을 하며 외교안보 문제만큼은 비상하게 대응하자고 했습니다. 그는 "전례없는 지정학적 대(大) 격동기에 기민한 외교가 그 어느 때보다 절실한 상황 속에서 우리 외교는 미증유의 국내 정치적 갈등 상황으로 인해 손발이 묶여 있는 형국"이라고 지적했습니다. 윤 대통령 탄핵 이후, 여야가 정국 주도권 장악을 위해 '내전' 중인 상황을 지적한 겁니다.

그는 지금은 "위기를 절대로 낭비하지 말라(Never let a crisis go to waste)는 처칠의 명언을 기억해야 할 때"라며 "외교 정책의 진폭을 줄이고 일관된 비전과 목표를 향해 흔들림 없이 나아가야 한다"고 했습니다.

조 장관은 여야가 외교만큼은 초당적으로 임해줄 것을 요청하며 미국의 사례를 거론했습니다. "공화당 소속의 상원의원임에도 불구하고, 민주당의 루즈벨트-트루먼 대통령을 도와 2차 대전 수행을 지원하고, 냉전 초기 대소 전략에 대한 초당적 합의를 이끌어냈던 아서 반덴버그는 '정쟁은 국경에서 멈춰야 한다(Politics stops at the water's edge)'는 유명한 말을 남겼습니다. 새해에는 대한민국 외교가 진영 논리의 강을 건너 거센 파도를 슬기롭게 헤쳐 나갈 수 있도록 정치권이 깊은 성찰을 하는 한 해가 되길 소망합니다."

그는 외교협회 연설 하루 전에는 정치권의 각성을 요구하기도 했습니다. 그는 1월 6일 방한한 토니 블링컨 미 국무장관과의 기자회견에서 "우리 정치권이 각성하면서 더 나은, 더 완벽한 민주주의를 향해 노력해야 하고 분열과 갈등의 정치를 극복하고 화합과 통합과 치유의 정치를 위해 노력해야 한다"고 한 겁니다. "우리의 정치 문화를 바꾸기 위한 지지층의 각성도 필요하다"고도 했습니다.

역대 외교부 장관 중 어느 누구도 정치권을 향해 이같이 직설적으로 당파 싸움을 비판하지 않았습니다. '국내 정치적 갈등으로 인해 (외교의) 손발이 묶였다' '진영 논리의 강을 건너자'며 '정치권의 깊은 성찰과 각성'을 촉구한 이는 아마도 조 장관이 유일하다고 생각합니다. 그만큼 조 장관은 도널드 트럼프의 미국 대통령 재취임을 앞둔 최근 국제 정세가 심상치 않다는 판단을 하고 있습니다.

"아버지가 내 뒷덜미를 잡았다"

외교를 '말과 글로 하는 국가행위'로 정의하는 조 장관은 '지조론(志操論)'으로 유명한 조지훈 전 고려대 교수의 막내아들입니다. 지훈 선생은 "지조란 것은 순일 (純一)한 정신을 지키기 위한 불타는 신념이요, 눈물겨운 정성이며, 냉철한 확집(確執)"이라고 했는데, 조 장관은 늘 아버지를 의식하면서 살아왔다고 합니다. 조 장관은 2020년 6월 월간조선 인터뷰에서 이런 말을 했습니다.

“바르게 살아야 한다는 게 어떨 때는 채찍질이나 세속적 의미로는 족쇄다, 족쇄. 조직사회라는 게 끈, 연줄, 압력, 청탁이 동원되는데 연줄 없는 사람이 어딨겠나. 내가 근무하던 외교부는 1년에 몇 번씩 인사가 있기에 그때마다 외부에서 그런 반칙 행위가 많았다. 그럴 때마다 아버지가 내 뒷덜미를 잡았다. (하하하) 자식으로 할 수 있는 일은 잘못 처신해서 아버지 명성에 누가 돼선 안 된다는 것이었다. 내가 고위직에 올라 여러 언론과 만나면 늘 아버지 이야기가 나왔다. 그게 스트레스였다. 잘해야 본전, 못하면 누구 자식이 저 모양이야… 하는 소리를 들을 수 있으니 말이다.” 외교부 간부들은 조 장관이 혼돈의 정국에서 소신 발언을 하는 배경에 아버지의 기질이 엿보인다고 말합니다.

조 장관은 젊은 시절부터 연설문, 보고서 잘 쓰기로 손꼽히는 외교관이었습니다. 그는 2021년 펴낸 ‘자존과 원칙의 힘’이라는 책에서 “지금까지 연실이든 기고문이든 대외에 공개되는 글을 직원들이 써 준대로 읽거나 발표해 본 적이 한번도 없다”고 했습니다. “메시지가 제대로 담겨 있지 않을 경우에는 밤을 꼬박 새우는 일이 있더라도 내 손으로 직접 다듬어 마무리하곤 했다”고 합니다.

1979년 제13회 외무고시에 합격한 그가 문필력을 인정받은 계기는 전두환 대통령의 1984년 국빈 방일 당시 연설문 초안을 쓰게 되면서부터 입니다. (그는 자신의 책에서 전대통령에 대해 “일본을 공식방문하는 우리나라 최초의 국가원수가 하필이면 정통성 시비를 겪고 있는 전두환 대통령이 되어야 하는지 내심 불만스러웠고 그것 또한 한일 양국의 불행이라는 생각이 들었다”고 했습니다.)

그는 “아버지가 이름난 문인(청록파 시인 조지훈)이라고 해서 아들도 글을 잘 쓴다는 보장은 없었지만, 모두들 내게 일종의 환상 같은 기대를 갖고 있는 것 같다"고 했습니다. 당시 전 대통령 국빈 방일에서 중요한 것은 히로히토 천황 주최 만찬 답사였는데, 이를 위해 그는 서점에서 한일 관계 고대사와 근현대사를 다룬 책, 양국의 속담집을 몇 권 사서 호텔에서 책만 읽으며 몇 주를 보냈다고 합니다.

조태열 외교부 장관이 어린 시절 아버지 조지훈 선생, 어머니 김난희 여사, 누나 혜경 씨와 함께 기념 사진을 찍었다.

그는 당시의 고통을 이렇게 기억했습니다. "글을 쓸 때면 지금도 늘 겪는 고통이지만 백지를 앞에 두면 이걸 어떻게 채워 나갈지 막막해진다. 어두운 과거와 밝은 미래를 동시에 담아낼 수 있는 내용이어야 한다니 그 막막함이 얼마나 컸을지 짐작이 되지 않는가."

그는 고심 끝에 "비온 뒤에 땅이 굳는다"는 속담을 핵심 메시지로 한 초안을 마련했습니다. 권병현 아주국 심의관(주중대사, 재외동포재단 이사장 역임)이 이에 가필하여 청와대로 올렸습니다. 최종적으로 그가 제안한 이 속담을 키워드로 한 연설문이 만들어졌습니다. 이는 'The ground hardens after a rainfall'로 번역됐는데, 전 대통령의 방일 당시 TIME지 기사 제목으로 인용됐습니다.

전 대통령의 연설문 작성 후, 그는 대통령 해외 방문 계획 때마다 차출됐습니다. 그는 "글을 못쓴다는 소리를 듣지 않게 된 것은 돌아가신 아버님을 생각해서라도 참 다행스러운 일이었으나 상사들의 높아진 기대 수준에 나를 꿰어 맞추는 것이 보통 일이 아니었다"고 회고했습니다.

주한 미대사와 통화 회피로 비판받아

유려한 문장력을 바탕으로 여야 정치권에 대해 소신발언을 하는 조 장관이지만, 그의 처신에 대한 비판도 나왔습니다. 그는 윤 대통령이 12월 3일 긴급 소집된 국무회의에서 계엄 선포 계획을 밝히자 최상목 부총리와 함께 강하게 반대한 국무위원으로 알려졌습니다. 두 사람 모두 국제사회의 안보 및 경제 동향을 잘 알고 있기에 그랬을 겁니다. 하지만 결과적으로 윤 대통령의 계엄 선포를 막지 못했습니다.

조 장관이 국제사회가, 특히 동맹국인 미국이 헌법을 위반하는 계엄 발동을 납득하지 못할 것이라는 사실을 더 강하게 거론해 저지했어야 하지 않느냐는 비판이 나옵니다. 실제로 윤 대통령은 계엄 후 입장 발표에서 여러 국내적 상황을 거론하며 변명했으나 이 사태가 한미동맹과 대외관계에 미치는 영향에 대해서는 일언반구도 없었습니다. 계엄령 발동 당시 이에 대해선 아무런 고려가 없었다는 방증인데, 이와 관련 조 장관의 역할에 대해 아쉬움이 남는다는 이들도 적지 않습니다.

그가 계엄 직후 필립 골드버그 주한미대사의 통화 요청을 거절한 것에 대해서도 비판의 목소리가 많이 있습니다. 한 외교관은 "그런 상황에서는 신속하게 골드버그 대사와 통화해야 했다. 그게 의미있는 말을 하지 않더라도 전화 통화를 하는 것도 중요한 외교 행위다. 그랬다면 골드버그 대사가 국무부 본부로부터 '이런 심각한 상황에서 주재국 외교부 장관과 통화도 못했다'는 질책을 받지는 않았을 것"이라고 했습니다.

다른 전직 외교관은 이렇게 말합니다. "조 장관이 자칫 미국에 잘못된 정보를 줄까 봐 통화를 피한 것은 일리가 있다. 하지만, 조 장관의 그런 행동이 한국의 유일한 동맹국을 무시하는 듯한 메시지를 사태 초기에 발신하는 결과를 낳았다는 점에서 유감스럽다"고 했습니다.

P.S. '쓰리 조' vs '포 조'

조태열 장관을 처음 알게 된 것은 1999년 외교부를 출입하면서부터입니다. 그 때 외교관들로부터 "앞으로 외교부에서 '쓰리(three) 조'를 주목해 보라"는 말을 많이 들었습니다. 당시 워싱턴 DC의 주미대사관에 근무했거나 근무 중인 외교관으로 이름이 비슷한 조태열(외시13회), 조희용(외시13회), 조태용(외시14회) 3인방을 일컫는 말이었습니다.

이들은 나이와 외교부 입부시기가 비슷하고, 업무 능력이 출중한 데다 이름도 비슷해 '쓰리 조'로 불리며 선배들의 신임을 받았습니다. 조희용 씨는 동북아2과장에 이어 외교부 대변인, 주캐나다대사, 국립외교원 일본연구센터 초대소장을 역임했습니다. '대만 단교회고, 중화민국 리포트 1990-1993' '스웨덴 리포트 2008-2011'을 펴냈습니다.

조태용 씨는 외교부 북미1과장, 북미국장, 한반도평화교섭본부장, 제1차관, 국가안보실 1차장을 거쳐 국회의원이 됐습니다. 윤석열 정부에서 주미대사, 국가안보실장으로 발탁된 후 국정원장으로 일하다가 계엄 사태를 맞았습니다.

쓰리 조와 이름이 비슷하면서 재팬 스쿨에 속했던 조태영(외시15회. 대변인, 주인도네시아 대사, 동북아역사재단 사무총장 역임)을 포함시켜 "쓰리 조가 아니라 포(four) 조"라고 말하는 이들도 있었습니다. 조태용 씨는 주일대사관의 이등서기관-일등서기관-공사참사관으로 세 차례 근무하고 일본을 담당하는 요직인 동북아1과장-동북아시아 국장을 모두 역임하는 기록을 세웠습니다.

박근혜 대통령, 탄핵 기각 확신하고 해외 순방 준비했었다

2017년 3월 10일 헌법재판소의 박근혜 대통령 파면 결정이 나기 얼마 전의 일입니다. 당시 외교부의 한 관리로부터 전화를 받았습니다. 그는 "청와대에서 박 대통령 탄핵이 안 될 것으로 판단한다는데, 정말 그렇게 되느냐. 언론계는 어떻게 보고 있느냐"고 물어왔습니다.

그와 통화 후 청와대의 동향을 취재해 보니 이는 사실이었습니다.

2024년 2월 출간된 박근혜 대통령의 회고록 표지

청와대 비서실은 박 대통령 탄핵소추가 기각될 것으로 판단했습니다. 박 대통령 탄핵이 인용되려면 헌법재판소 재판관 8명 중 6명 이상이 찬성해야 하는데, 3명 이상이 기각 의견을 내 탄핵은 무산된다고 확신했습니다.

국정원 측에서도 헌재가 박 대통령 탄핵소추에 대해 기각 결정을 내릴 것이라고 비밀리에 보고해 왔습니다. '찬성 5 대 반대 3'으로 기각돼 박 대통령이 직무에 복귀할 것이라고 알려온 겁니다. 청와대의 전직 고위 관계자는 나중에 "국정원의 고위 인사 A씨가 '곧 좋은 소식이 있을 것'이라며 '5 대 3'으로 기각된다고 전해 왔다"고 했습니다. 이에 따라 박 대통령의 직무 복귀를 축하하기 위한 내부 행사를 미리 준비하기도 했습니다. (대형 케이크를 준비했다는 얘기도 있었습니다.)

'탄핵 기각 후 트럼프와 정상회담' 기대

청와대는 박 대통령 탄핵소추가 기각돼 직무에 복귀하는 즉시 분위기를 쇄신하고 실추된 박 대통령의 이미지를 회복하는 방안을 논의했습니다. 여러 방안 중에서 눈에 띄는 것은 박 대통령의 조기 해외 순방을 통해서 분위기를 반전시킨다는 계획을 세웠다는 겁니다.

2016년 12월 9일 박 대통령 탄핵 소추안이 국회에서 가결되면서 연말에 열릴 예정이던 한중일 정상회의를 비롯한 정상 외교가 무산됐습니다. 2017년 1월 취임한 도널드 트럼프 미 대통령과의 정상회담 등 중요한 외교 일정이 모두 보류됐습니다.

2017년 1기 임기를 시작한 트럼프 대통령의 일거수일투족은 큰 주목을 받았습니다. 트럼프 1기 때는 균형감을 가진 관료들에 둘러싸여 지금처럼 '트럼프 광풍'이 불지는 않았지만, 돌출적인 정책이 나올 가능성이 컸습니다. 자칫 한미 동맹이 훼손되고, 한미 통상에서도 피해를 입을 것이라는 우려가 적지 않았습니다. 하루라도 빨리 한미 정상회담이 이뤄져야 하는데, 탄핵 사태로 실기하고 있다는 비판이 비등했습니다.

이같은 배경에서 청와대는 다른 무엇보다 한미 정상회담의 조속한 개최가 필요하다고 판단했습니다. 박 대통령이 취임 후 해외 정상들로부터 좋은 평가를 받아왔고, 해외 순방을 할 때마다 지지율이 오르곤 했던 경험도 영향을 미쳤습니다.

베테랑 외교관 차출, 외교비서관실 보강

청와대의 결정에 따라 김규현 국가안보실 2차장 겸 외교안보수석비서관이 관련 준비에 착수했습니다. 김 차장은 박 대통령이 탄핵된 상황에서도 외교비서관실을 보강하고 있었습니다. 아시아 국가에서 근무 중이던 유능한 외교관을 청와대로 불러들였는데, 그에게 박 대통령 순방

朝鮮日報

1920년 3월 5일 창간 · chosun.com · 2017년 3월 11일 토요일

“박근혜 대통령 파면”

헌재 재판관 8명, 전원일치로 헌정 첫 탄핵 인용

“최순실의 이익 추구에 관여… 국민의 신임 배반”

5월 9일 대선 유력… 선관위, 예비후보 등록 시작

황교안 대행 대국민담화

“갈등·대립 마무리해야”

각 부처에 대선 일정 준비 지시

알립니다

Tech&BIZ와 iF 섹션이 합쳐 격주 토요일마다 찾아갑니다

박근혜 대통령 파면을 보도한 조선일보 2017년 3월 11일자 1면 기사

관련 업무를 맡겼습니다. 김 차장이 외교부 간부들에게 직접 연락을 하기도 했습니다.

청와대에 들어갔다가 '박 대통령 탄핵 소추 기각' 정보를 접한 윤병세 외교부 장관은 외교부로 돌아와 일부 간부들에게 청와대 분위기를 알렸습니다. 그는 간부들에게 탄핵 소추가 기각될 것에도 대비할 것을 당부했습니다.

청와대는 박 대통령이 복귀할 경우 트럼프 미 대통령과 정상회담을 조기에 하는 방안을 구상했습니다. 미국 방문 후, 다른 나라를 거쳐서 귀국하는 안도 거론됐습니다.

실무진 "탄핵 상황에서 해외순방 준비는 무리"

하지만 박 대통령이 탄핵 중인 상태에서 해외 순방 계획은 제대로 진행되지 못했습니다. 무엇보다 청와대와 외교부의 실무진은 박 대통령 탄핵이 인용될 가능성이 큰 상태에서 해외 순방을 준비하는 것은 무리라고 보았습니다. 또, 탄핵 기각을 전제로 미국을 비롯한 상대국과 교섭하는데 한계가 있었습니다. 이들 국가는 주한 대사관을 통해서 매일같이 관련 상황을 수집, 분석하고 있었는데 박 대통령의 직무 복귀에 대해 확신하지 못했습니다. 당시 박 대통령에 대한 탄핵소추가 인용될 것이라는 전망이 더 높았기 때문에 논의가 구체적으로 진전되지 않았습니다.

2017년 3월 10일 청와대의 희망과는 달리 헌법재판소 재판관 8명 전원 일치로 박 대통령 파면 결정이 내려지면서 해외 순방 계획은 없던 일이 됐습니다. 박 대통령 해외순방 계획은 비밀리에 진행됐기 때문에 공식 기록으로 남지도 않았습니다. 당시 사정에 밝은 전 청와대 관계자는 "청와대가 헌재의 탄핵소추 심리 관련 상황을 객관적으로 보지 못했다. 박 대통령은 무죄이고, 조속히 직무에 복귀해야 한다는 집단 사고에 빠져 있다 보니 잘못 판단했다"고 지적했습니다.

그러면, 윤석열 대통령이 탄핵 소추된 후 외교부는 어떻게 움직였을까요? 윤석열 대통령에 대한 헌법재판소 판결 전에 외교부에 문의하자 짧은 답변이 대변인실을 통해서 왔습니다. "현재 외교부가 검토하고 있는 정상 순방 계획은 없습니다." 외교부 관계자는 "현재의 윤 대통령에 대한 탄핵소추 결정을 주시하며 일상 업무를 수행하고 있다. 대통령실로부터 해외 순방을 준비하라는 지시를 받은 적도 없다"고 했습니다. 윤 대통령의 계엄 선포에 적극 반대했다고 밝힌 조태열 외교부 장관은 윤 대통령의 탄핵이 기각돼 직무에 복귀하면, 즉시 사표를 내겠다는 입장을 주변에 시사한 것으로 알려졌습니다.

“박근혜 탄핵 사태 연루돼 사망했나…” DJ-오부치 선언 만든 박준우 전 수석

朝日新聞 2018年11月14日 朝刊 17ページ 東京本社

オピニオン＆フォーラム

日韓 和解の誓い道半ば

対×談

日韓共同宣言

韓国 政権で政策ぶれ 佐々江

佐々江 賢一郎さん

朴 晙雨さん

「竹島の日」制定 宣言に傷 朴

徴用工の対応 努力したが 朴

互いの違い 理解し出発を 佐々江

하코다 테츠야 아사히신문 논설위원 제공

아사히 신문 2018년 11월 14일자 17면에 실린 특별 대담. 아사히신문은 한일을 대표해 각각 45세, 47세의 과장 때 '김대중-오부치' 선언 초안을 만들었던 박준우 전 청와대 정무수석과 사사에 겐이치로 전 외무성 차관의 대담을 전면에 걸쳐 게재했다.

도쿄 특파원으로 근무하던 2018년 11월 14일 아침의 일입니다. 여느 때처럼 조선일보 도쿄 지국에 출근, 커피 한 잔을 책상에 놓고 조간신문들을 넘기며 일본의 동향을 점검하고 있었습니다.

아사히신문을 넘기다가 17 페이지에서 제 시선을 한동안 고정시키는 사진을 발견했습니다. 한국과 일본의 낯익은 두 외교관이 악수하는 사진이었습니다. 미래지향적 한일관계의 경전(經典)으로 평가받는 '김대중-오부치' 선언 초안을 만들었던 박준우 전 청와대 정무수석과 사사에 겐이치로 전 외무성 차관(현 일본 국제문제연구소 이사장)의 대담이 전면에 걸쳐 실린 겁니다.

45세, 47세 과장 두 명이 한일 역사적 선언 만들어

아사히신문은 김대중-오부치 선언 20주년을 맞아 1998년 각각 45세, 47세의 나이에 '21세기의 새로운 한일 파트너십 공동선언(공식 명칭)'을 설계한 두 사람을 초청, 과거를 돌이켜보며 미래를 내다보는 기획을 했습니다.

당시 박준우 외교부 동북아1과장과 사사에 외무성 북동아시아과장은 밀고 당기는 협상끝에 역사적인 문서의 초안을 만들었습니다. 사상 처음으로 일본의 식민 지배 '사죄'를 포함, 정치·경제 등 5개 분야에서 광범위한 교류 확대를 담은 43개 항목의 행동계획을 만들었습니다. (아키히토 천황이 한일 공동 월드컵이 열린 2002년에 방한하는 방안도 논의했습니다.)

1998년 10월 8일 도쿄를 방문한 김대중 대통령은 오부치 게이조 일본 총리와 함께 이를 발표, '김대중-오부치 선언'으로 불립니다. 오부치 총리는 이 문서에서 "식민지배로 인하여 한국 국민에게 다대한 손해와 고통을 안겨 주었다는 역사적 사실을 겸허히 받아들이며 이에 대하여 통절한 반성과 마음으로부터의 사죄를 하였다"고 했습니다.

김대중-오부치 선언은 한일관계를 공부하는 사람이라면 반드시 숙지해야 하는 문서입니다. 일본 언론계의 대표적인 한국통인 하코다 테츠야 아사히신문 논설위원의 사회로 진행된 이 대담에서 박 전 수석은 이같이 말했습니다.

"한일 양국의 수뇌가 처음으로 서명하는 문서이므로 일본어 '오와비(お詫び)'를 한국어로 어떻게 번역하느냐에 신경을 많이 썼다. 이전에는 사과로 번역했으나, (더욱 의미가 큰) 사죄라는 표현을 처음으로 쓰게 됐다. 이에 대해 일본 측과 최종 합의한 것은 김 대통령이 하네다 공항에서 영빈관으로 향하는 도중이었다." '사죄'라는 단어를 문서에 포함시키는 것이 얼마나 어려웠는지를 보여주는 회고입니다.

사사에 전 차관은 "크게 볼 때 어떤 표현을 사용하는 것보다 문서에 담긴 내용이 중요하다고 생각했다. (김대중-오부치) 선언과 행동계획이 만들어지면서 한국측이 영단(英斷)을 내려 일본 대중문화 개방에 착수했다"고 했습니다. 일본 외교관답지 않게 직선적인 성격의 사사에 전 차관은 "일본에서 보면, 정부에 따라 정책이 크게 흔들리는 것처럼 보인다. 많은 문제를 일본이 아니라 한국이 만들어내고 있다"고 지적하기도 했습니다.

두 사람은 자존심 싸움도 했습니다. 하코다 논설위원이 후배 외교관들에 대한 생각을 묻자, 박 전 수석은 "한국도, 일본도 (외교관의) 외교에 관한 권한이 축소된 시대"라고 했다. 그러자 사사에 전 차관이 반박했습니다. "나는 일본 외무성의 사기(士氣)가 가라앉았다고 생각하지 않는다. (일본) 외교관은 자기가 축적한 지식과 견문을 정부 안팎에 당당히 전달한다. 그것이 프로페셔널 정신이다"라고 했습니다.

저는 아사히신문 대담 기사가 나오기 며칠 전 박 전 수석으로부터 국제 전화를 받았습니다. "모처럼 도쿄를 방문하는데 점심 식사나 함께 하자"는 연락이었는데, 아사히신문 대담을 위해서 도쿄를 방문하는 줄은 몰랐습니다. 그는 대담 기사가 나온 후 긴자에서 식사를 하면서 "주중대사관에서 공사참사관으로 일할 때 만난 아사히신문의 베이징 특파원이 편집국장이 돼 나를 초청했다"고 했습니다.

아사히신문이 김대중-오부치 선언 20주년을 맞아 초청할 정도로 양국관계의 새로운 틀을 마련하는데 기여했던 이가 박 전 수석이었습니다.

그런 박 전 수석이 2024년 12월 지병으로 별세한 것은 외교부 안팎에 적지 않은 충격파를 던졌습니다. 그와 절친했던 심윤조 전 의원(외교부 차관보, 주오스트리아대사 역임)으로부터 부고를 들었을 때 도저히 믿기지 않았습니다.

화이트리스트 사건 유죄로 고초

가족들에 따르면 2년 전 발생했던 신우암이 2024년 6월 척추뼈 및 간으로 전이되며 치료에 난항을 겪어오다가 갑자기 숨졌습니다. 가족들은 "무엇보다 이겨낼 의지가 강하셨고, 주변에 피해가 안 가도록 묵묵히 치료받으셨으나, 안타깝게도 급격히 병세가 악화되었기에 주변정리를 마칠 시간이 부족했다"고 했습니다.

그의 부고에 놀란 전현직 외교관들이 상가가 마련된 신촌 세브란스 병원에 모여들었습니다. 장례식장에 조중표 전 국무총리실장, 문하영 전 주체코대사, 박인국 전 주유엔대사, 김재신 한-아세안 센터 사무총장, 이경수 전 주독일대사, 마영삼 전 주덴마크 대사 등이 보였습니다. 저녁 10시쯤 윤석열 대통령의 비상 계엄으로 곤욕을 치르고 있는 조태열 외교부 장관이 나타났습니다. 그와 가까웠던 조 장관은 문상객들 사이에 앉자마자 "왜 이렇게 말도 없이 일찍 가느냐"며 눈물을 흘렸습니다.

이날 상가에 모인 이들은 입을 모아 "누구보다 건강 관리를 잘했던 박준우 대사가 박근혜 대통령 탄핵 사태에 휘말려 재판을 받은 것이 암 발병에 영향을 미친 것 아니냐"고 했습니다. 수사기관이 박근혜 대통령 주변을 샅샅이 뒤진 끝에 재판을 받은 것이 암 발병으로 이어진 것 아니냐는 얘기였습니다. 12·3 윤석열 대통령의 '자폭 계엄'으로 탄핵이 예정된 상황이 8년 전 박근혜 당시 대통령 탄핵을 연상시켜 더욱 침통한 분위기였습니다.

이같은 얘기가 나온 배경은 그가 자기 관리에 철저한 사람이었기 때문이었습니다. 매일 아침 수영 1km를 하며 건강을 지켜온 그는 나이보다 훨씬 더 젊어 보였습니다. 그와 골프를 함께 쳐 본 외교관들은 그의 드라이버 거리에 압도당했습니다.

그런 박 전 수석은 박근혜 정부 시절 청와대가 기업들에 보수단체 지원을 강요했다는, 이른바 '화이트리스트' 사건에 연루돼 2017년 기소됐습니다. 약 3년간 재판을 받은 끝에 2020년 대법원에서 징역 10월, 집행유예 2년형을 받았습니다. 그는 자신의 진술이 후임인 조윤선 전 정무수석에게 좋지 않은 영향을 미쳤다는 관측과 관련, 매우 미안하게 생각하며 스트레스를 받은 것으로 알려졌습니다. 그는 2022년 12월 윤석열 대통령에 의해서 사면됐습니다. 그가 고초를 겪고 있을 때 이런 말을 한 게 기

미치가미 대사 페이스북

1998년 한일간 미래지향적 선언이 논의될 때 미치가미 히사시 주한일본대사관 참사관(전 한중일 3국협력사무국 사무총장, 현 주불가리아 일본대사)과 함께 한 박준우 외교부 동북아1과장(맨 왼쪽). 맨 오른쪽은 조세영 당시 동북아1과 차석(외교부 국립외교원장, 차관 역임). 1998년 4월 9일 촬영 표시가 오른쪽 하단에 보인다.

억에 남아 있습니다. "내가 재판을 받고 있으면서도 얼굴이 좋다는 말을 많이 듣는다. 이런 일에 질 수 없어서 내가 의지로 이겨내고 있다."

박 전 수석에 대해서는 일본에서도 동정적인 분위기가 많이 있었습니다. 아사히신문 대담에서도 하코다 논설위원은 "전직 고관인 박 수석도 기소돼 1심으로 집행유예 유죄 판결이 나오고 현재는 항소 중이군요"라며 그가 겪고 있는 고초에 대해 동정심을 표현했습니다. 이에 대해 박 전 수석은 "개인보다 나라가 불행한 일로 유감"이라고 한 것이 아사히 신문에 기록돼 있습니다.

'수처작주' 정신… 권력과 마찰

'외교관 박준우'를 25년 가까이 지켜봐 온 필자는 그가 주인의식을 갖고 일하는 것을 의미하는 '수처작주(隨處作主)'에 어울리는 외교관이라고 생각해 왔습니다. 40대 외교부 중간간부 때부터 선배들에게 할 말을 하며 후배들을 이끄는 것을 봐 왔습니다. 수처작주 정신이 그의 명석한 두뇌와 정무감각보다 더 두드러진 특징이었습니다.

똑 부러지는 스타일 때문에 그를 싫어하는 사람도 적지 않았지만, 개의치 않았습니다. 정치 권력과 부딪치는 것도 마다하지 않았습니다. 그는 노무현 정권 때 '출세를 위해 외교부를 배신했다'고 평가받는 모 인사에 대해선 "내가 살아 있는 한 절대 용서하지 않겠다"는 말을 반(半) 공개적으로 하고 다녔습니다. 노무현 정부에 밉보여 2002년 초부터 2년 가까이 심의관 문패가 걸린 방에서 지내다가 2004년 반기문 장관 체제에서 아시아태평양국장이 됐습니다.

반기문 장관 특보에 이어서 주싱가포르 대사로 나가 있었는데, 송민순 장관이 취임하면서 부임한지 1년도 채 안된 그를 불러들였습니다. 송 장관이 평소 신임하던 그에게 외교부 인사, 재정을 총괄하는 기획관리실장을 맡겼습니다. 그후 정권이 바뀌어 이명박 정부가 외교부 인사에 깊이 관여하려 하자 강하게 맞섰습니다. 이 때문에 주EU 대사로 나갔다가 차관에 내정됐으나 취소돼 임명장을 받지 못했습니다. 박근혜 정부에서도 가장 유력한 주일대사 후보로 꼽혔으나 뜻을 이루지 못했습니다.

박 전 수석은 1978년 처음으로 50명을 뽑은 외무고시 12기 동기 중에서 입부 직후부터 두각을 나타내며 여러 기록을 세워왔습니다. 1984년 그의 첫 부임지는 주미대사관이었습니다. 지금도 그렇지만, 외교관이 첫 임지로 워싱턴 DC에 가는 것은 큰 영예입니다. 외교관으로서 능력을 인정받지 못하면 어떤 '빽'이 있더라도 불가능한게 첫 임지로 주미대사관에 부임하는 겁니다.

1987년 3월 미국에서 돌아와 청와대 정무수석비서관실의 외교 담당 행정관으로 발령을 받았습니다. 당시는 외교안보수석이 없을 때로 정무수석은 김윤환, 최병렬 씨가 이어서 했습니다. 박준우는 1988년 12월까지 정무수석실에서 근무하면서 민주화 이후 전환기의 한미관계에 대해 많은 보고서를 썼습니다.

1990년 청와대를 나올 때 그는 미국으로 연수를 가기로 돼 있었습니다. 주미 대사관에 함께 근무했던 송민순 서기관(나중에 국가안보실장, 외교부 장관 역임)의 도움으로 버클리대에 유학갈 예정이었으나, 외교부 일본통 선배들의 제안으로 게이오대에서 연수를 했습니다. 그는 제게 "게이오대에서 2년 동안 책 80권을 읽으며 일본을 공부하고 일본어를 익혔다. 정말 열심히 했다"고 회고한 바 있습니다.

그가 게이오대 연수를 마치고 주핀란드 대사관에 부임, 2년을 근무했을 때 주일대사관의 심윤조 정무과장이 귀국하게 됐습니다. 공노명 주일대사가 임성준 청와대 외교비서관(외교안보수석, 국제교류재단 이사장 역임)에게 "심 과장 후임을 추천해 달라"고 했습니다.

그러자 임 비서관이 박준우를 추천, 그는 헬싱키에서 곧장 도쿄로 자리를 옮겼습니다. 외교부 동북아 1과에 단 하루도 근무하지 않은 채 주일 대사관 정무과장이 됐습니다. 정무과장을 마치고 다시 청와대를 거쳐 동북아 1과장에 임명되자 외교부 안팎에 그를 주목하는 이들이 많아졌습니다. 이어서 그는 주중대사관으로 발령받았습니다. 주미 대사관에서 정무과 서기관, 주일 대사관에서 정무과장, 주중 대사관에서 정무 참사관을 하는 이례적인 기록을 세운 겁니다.

과장 때부터 오구라 주한일본대사가 주목

그가 외교부에서 활약하는 것을 눈여겨 본 이가 오구라 가즈오(小倉和夫) 주한일본대사였습니다. 오구라 대사는 당시 과장에 불과하던 그에게 와인을 선물하고, 여러 아이디어를 주기도 했습니다.

박 전 수석은 제게 "미래를 지향하는 김대중-오부치 한일 파트너십 아이디어는 사실 오구라 대사에게서 나왔다"고 했습니다. "오구라 대사가 1999년 한일 FTA를 하자는 메모를 나에게 줘서 그것을 가지고 있다"고도 했습니다. 박 전 수석의 유품에서 오구라 대사와 관련된 기록이나 메모가 나온다면, 새로운 사실이 발굴될 수 있을 듯합니다.

2006년 반기문 외교부 장관의 유엔 사무총장 당선에 박 전 수석이 적지 않은 역할을 했다는 평가도 있습니다. 반 장관이 유엔 총회의장 비서실장을 하면서 유엔 내부에서 좋은 평가를 받은 것에 주목해 장관 특보로 이와 관련된 여론을 청와대에 알리는데 기여한 것으로 알려졌습니다. 반기문 전 유엔 사무총장은 "박준우 대사는 어떤 어려운 일을 맡겨도 문제없이 처리해내는 역량이 뛰어났다. 내가 해외에 나와 있는 사이에 그가 갑자기 숨졌다는 연락을 받아 크게 놀랐다. 부부동반으로 자주 만나왔는데 그가 일찍 떠나 참으로 슬프다"고 했습니다.

P.S.

1. 정무수석 세 차례 고사

박근혜 대통령이 왜 그를 외교안보수석이 아닌 정무수석에 발탁된지에 대해서는 여러 가지 설이 있습니다. 박 대통령은 야당 총재 시절 그가 주EU대사로 근무할 때 브뤼셀을 방문한 적이 있는데, 이때 그를 만나 좋은 인상을 받았다고 합니다. '신뢰할 수 있는 사람'이라는 판단을 했다는 겁니다.

박근혜 대통령은 여의도 정치를 불신하고 개혁이 필요하다고 생각해왔는데, 외교관 출신 정무수석을 기용해 새로운 흐름을 만들자고 생각했다고 합니다. 박 전 수석은 박 대통령의 이같은 제안을 고사했습니다. 그가 당시를 회상하며 이렇게 회고한 적이 있습니다. "박 대통령이 정무수석을 맡으라고 연락이 왔을 때 '다른 일이라면 목숨을 바쳐서 하겠지만 이 일은 제가 대통령과 나라에 누를 끼칠 것 같다'며 사양했다. 같은 자리에서 3번이나 고사했지만, 결국 박 대통령의 설득에 넘어갔다." 그는 정무수석을 맡은 후, 자신의 역할에 대해 "정치공학적으로, 정치 실무적으로 접근하는 게 아니라고 생각한다. 정치도 글로벌 스탠다드에 맞게, 상식과 원칙에 맞게 돼야 한다"고 했습니다.

2. "머리 좋은 사람은 참 다르다"

박준우 전 수석에 대해 신상목 전 주일대사관 1등서기관(현 일식당 기리야마본진 대표)이 2022년 이런 평을 페이스북에 남긴 바 있습니다.

"한일관계의 재정립을 위해 (한일) 양쪽이 다 기본 토대로 삼은 것이 김대중-오부치의 한일 파트너십 선언이다. 사람들은 정상(선언)만 기억하지만 그 선언이 나오기까지 실무에서 지난한 산통을 겪었다. 이를테면 그 선언에는 한국어에 일본의 '사죄' 표현이 있다. 일본에서 오와비(お詫び)의 번역은 '사과'로 해야 한다고 막판까지 버텼지만 결국 뚝심있게 밀어붙여 관철시킨 스토리 등 막후에 살 떨리는 얘기들이 많다. 그 실무 라인이 박준우-사사에 채널이다. 외교부에서 선굵은 정책과 실행력으로 일찍부터 에이스로 정평이 난 박준우 대사(일반인에게

는 박근혜 시절 정무수석으로 기억되겠지만) 같은 분이 주일대사로 부임하면 줄 건 주고 받을 건 받으며 말 그대로 한일관계를 재정립하는 큰 그림을 그리는 데 보탬이 될 것이다. 주미대사나 주중대사는 별로 활약의 여지가 크지 않지만 주일대사는 역량과 퍼포먼스에 따라 포지션을 스스로 넓혀갈 수 있는 여지가 있다. 직접 모시기도 했지만… 아머리 좋은 사람은 참 다르다."

02

문재인 대통령과 대외관계

문 대통령과 30분 통화한 트럼프, 아베와 75분 전화하며 '북핵 해법' 질문

문재인 전 대통령이 2024년 5월 회고록 '변방에서 중심으로'를 펴내자 논란이 크게 일었습니다. "존재하지도 않는 북한의 비핵화 의지를 대변했다"는 지적을 받는 이 회고록은 북한 문제뿐만 아니라 다른 팩트에 대한 검증이 필요하다는 지적이 많이 나옵니다. 남북관계는 물론 한미관계 등에서 사실보다 자신의 감상, 느낌을 우선한 '자화자찬'이 많다는 평이 많습니다.

문재인 전 대통령의 재임 기간 이야기를 담은 회고록 '변방에서 중심으로'

문 전 대통령은 회고록에서 이렇게 말합니다.

"우리 정부는 균형외교에서 역대 최고의 성과를 냈다. 그렇게 자부해도 좋다고 생각한다. 한미동맹이 공고했고, 한일관계가 정치적으로 껄끄러운 부분이 있었지만 경제적으로나 민간 차원의 교류에서는 아무런 문제없이 잘 돌아갔고, 중국 및 러시아와 좋은 관계, 북한과도 평화를 유지했던, 이런 때가 역대 정부에서 없었다."(488페이지)

2017년 6월 29일 트럼프 대통령과의 단독 정상회담을 통해 한미공조를 공고히했다(위). 백악관에서 그의 안내로 링컨 대통령이 게티즈버그 연설문을 썼던 책상에 앉아볼 수 있었다(아래, 사진 제공: 백악관).

문재인 전 대통령의 회고록에는 2017년 6월 방미, 트럼프 당시 미 대통령과 만난 사진들이 실려 있다.

"한미관계를 보자면, 박근혜 정부와 오바마 정부 사이에 호흡이 맞지 않았다."(488페이지) "그(트럼프) 에 대한 부정적인 평가도 있지만, 내게는 동맹외교의 파트너로 아주 잘 맞는 편이었다."(29페이지)

최종건 전 외교부 1차관도 이런 말을 하며 문 전 대통령의 자화자찬을 도와줍니다. "아베 총리는 트럼프가 당선자 신분일 때 사저였던 트럼프 타워까지 가서 도금한 골프채도 선물했지만, 두 사람의 관계는 그렇게 케미가 높지 않았다는 얘기를 들었습니다."(30페이지)

문 전 대통령은 박근혜-오바마 관계는 호흡이 맞지 않아 문제가 많았지만, 자신과 트럼프의 관계는 돈독했다고 생각하는 듯합니다. 유감스럽게도 문 전 대통령의 이같은 발언은 사실과 동떨어졌다는 평가가 많습니다. 저는 2018년 6월 도쿄 특파원으로 부임, 일본에서 취재하면서 트럼프-아베의 브로맨스가 역대 최고 수준의 정상관계에 이르렀음을 취재했습니다. 그 반면, 문재인-트럼프의 관계는 문 전 대통령의 생각만큼 돈독하지 못했음을 밖에서 들여다볼 수 있었습니다.

2024년 서울에서 개최된 9차 한중일 3국 정상회의에 앞서 4년 반 전인 2019년 12월 중국 청두에서 8차 한중일 정상회의가 개최됐는데 그 직전에 벌어진 일은 당시의 한미일 3각 관계를 잘 보여주는 사례라고 할 수 있습니다.

트럼프-아베 통화의 절반이상을 대북 문제에 할애

트럼프와 아베는 2020년 1월까지 정상회담을 14번, 전화 통화를 33번 할 정도로 긴밀한 관계를 유지했는데, 2019년 12월 21일 두 정상이 75분간 전화 통화한 사실이 알려졌습니다.

저는 특히 당시 문재인-트럼프 통화는 12월 7일 30분 통화가 마지막이었는데, 트럼프-아베가 1시간 15분간 통화한 사실에 주목했습니다. 한

미 정상 간 전화통화가 30분이라고 발표되면, 통역을 제외하면 15분에 불과합니다. 중요한 현안을 제대로 다루기에는 부족한 시간입니다. 그런데, 미일 정상 간 전화 통화가 1시간 이상 지속됐다면, 뭔가 중요한 일이 있었다는 얘기입니다. 통역하는 시간을 제외하고 40분 가까이 자기가 하고 싶은 이야기를 했다고 할 수 있습니다.

2020년 1월 도쿄의 중요한 외교 소식통으로부터 트럼프와 아베가 그날 1시간 넘게 통화하면서 통화의 절반 이상을 북한 문제에 할애한 사실을 취재했습니다. 미일 두 정상이 40분 동안이나 북한 문제를 놓고 대화했다는 얘기에 깜짝 놀랐습니다.

이 통화는 트럼프가 '크리스마스 선물' 운운하며 도발을 시사한 북한에 어떻게 대응하는 것이 좋은지 묻고 아베가 답변하는 형태로 진행됐습니다. 당시는 북한이 12월 초 외무성 담화를 통해 "크리스마스 선물을 무엇으로 선정하는가는 전적으로 미국 결심에 달려 있다"고 밝혀 북한의

A8 조선일보 100 종합

트럼프, 아베와 통화 40분간 北해법 물었다

〈지난달 21일 北 '성탄 도발' 예고 때〉

75분 중 절반넘게 대북 조언 구해
아베 "北도발땐 공동 대응" 제언
美日 밀착, 韓美는 계속 엇박자

도널드 트럼프 미 대통령이 지난달 21일 아베 신조(安倍晋三) 일본 총리와 75분간 전화 통화할 때 40분 이상을 북한 문제에 대해 논의한 것으로 알려졌다.

13일 도쿄의 유력한 외교 소식통에 따르면, 트럼프 대통령과 아베 총리는 그날 통화의 절반 이상을 북한 문제에 할애했다. 특히 이 통화는 트럼프 대통령이 '크리스마스 선물' 운운하며 도발을 시사한 북한에 어떻게 대응하는 것이 좋은지 묻고 아베 총리가 답변하는 형태로 진행됐다고 이 소식통이 전했다.

당시는 북한이 12월 初 외무성 담화를 통해 "크리스마스 선물을 무엇으로 선정하는가는 전적으로 미국 결심에 달려 있다"고 밝혀 북한의 '성탄절 도발' 가능성이 제기된 시점이었다.

이에 따라 트럼프 대통령은 아베 총리가 한·중·일 3국 정상회의 참석차 중국으로 출국하기 직전 전화를 걸어 대북 전략에 대한 아베 총리의 조언을 구했다. 트럼프 대통령과 문재인 대통령의 통화는 12월 7일 30분 통화가 마지막이었다.

아베 총리는 북한의 도발을 사전에 막는 게 중요하다고 조언한 것으로 알려졌다. 북한이 도발할 경우에는 미·일 양국이 강력히 연대해서 대응하는 방안을 제언했다. 이 같은 논의에 따라 미·일 양국은 12월 24일 한·중·일 3국 정상회의 개최 중 북한이 도발할 경우에 대비한 시나리오도 점검한 것으로 전해졌다. 아베 총리는 북한이 미국에 도달하지 않은 중·단거리 미사일이나 핵실험으로 도발하더라도 트럼프 대통령이 강하게 대응해 달라고 요청했다.

당시 백악관은 "특히 북한의 위협적 성명을 고려해 긴밀하게 소통과 조율을 계속하기로 합의했다"는 입장을 발표했다. 아베 총리도 통화 후 "최근 북한의 정세를 분석하고 앞으로 대응에 관해 면밀하게 조율했다"고 했었다.

미·일 두 정상은 1월 현재 정상회담을 14번, 전화 통화를 33번 했다. 트럼프 대통령이 아베 총리에게 대북 전략 조언을 요청한 것도 처음은 아니다. 지난해 문재인 정부의 한·일 군사정보보호협정(지소미아) 파기를 계기로 대북 문제에서 한·미 간 중요 협의가 제대로 이뤄지지 않는 사이 미·일은 밀착하고 있다는 관측이 나온다. 지난달 대북 전략을 논의한 미·일 정상 통화는 이런 상황을 상징적으로 보여준다는 것이 외교가의 분석이다.

미·일의 밀착과 달리 한·미 관계는 엇박자가 나고 있다. 정의용 국가안보실장은 미국 방문 직후인 지난 10일 "트럼프 대통령이 김정은 위원장 생일 축하 메시지를 문 대통령이 전해주면 좋겠다고 했다"며 중재자를 자처했다가, 김계관 북한 외무성 고문이 "미국 대통령의 친서로 직접 전달받은 상태"란 담화를 내면서 체면을 구겼다. 외교가에서는 "친서 여부도 모를 정도로 한·미 간 소통에 문제가 있다는 뜻 아니냐"는 말이 나오고 있다.

문 대통령이 신년사에서 밝힌 남북 협력 구상에 대해서도 최근 국무부는 "모든 유엔 회원국은 유엔 안보리 제재 결의를 이행해야 한다"며 우회적으로 반대 의사를 밝혔다.

호르무즈 파병과 관련해서는 강경화 외교부 장관이 지난 9일 국회에서 "미국의 입장과 우리의 입장이 반드시 같을 수는 없다고 생각한다"고 말했다. 전직 고위 당국자는 "한·미 관계가 좋다면 양국 외교 당국이 이처럼 이견을 밖으로 드러내지 않을 것"이라고 했다.

도쿄=이하원 특파원, 김진명 기자

트럼프와 아베가 1시간 15분간 통화하면서 북한 문제에 대해 40분간 논의한 사실을 단독 보도한 조선일보 2020년 1월 14일자 지면.

'성탄절 도발' 가능성이 제기된 시점이었습니다. 이에 따라 트럼프는 아베가 한·중·일 3국 정상회의 참석차 중국으로 출국하기 직전 전화를 걸어 대북 전략에 대한 조언을 구했다고 합니다. 아베가 트럼프의 북한 정책에 대해 중요한 영향을 미치고 있던 것이 다시 확인된 겁니다.

아베는 트럼프와의 통화에서 북한의 도발을 사전에 막는 게 중요하다고 조언했다고 합니다. 북한이 도발할 경우에는 미·일 양국이 강력히 연대해서 대응하는 방안을 제언한 것이지요. 이 같은 논의에 따라 미·일 양국은 12월 24일 한·중·일 3국 정상회의 개최 중 북한이 도발할 경우에 대비한 시나리오도 점검한 것으로 취재됐습니다. 아베는 특히 북한이 미국에 도달하지 않은 중·단거리 미사일이나 핵실험으로 도발하더라도 트럼프 대통령이 강하게 대응해 달라고 요청했다고 합니다.

당시 백악관은 "특히 북한의 위협적 성명을 고려해 긴밀하게 소통과 조율을 계속하기로 합의했다"는 입장을 발표했습니다. 아베 총리도 통화 후 "최근 북한의 정세를 분석하고 앞으로 대응에 관해 면밀하게 조율했다"고 했습니다.

미일 동맹은 밀착하는데 한미동맹은 엇박자

트럼프가 아베에게 대북 전략 조언을 요청한 것은 처음이 아닙니다. 2019년 문재인 정부의 한·일 군사정보보호협정(지소미아) 파기를 계기로 대북 문제에서 한·미 간 중요 협의가 제대로 이뤄지지 않는 사이 미·일은 밀착하고 있다는 관측이 나오고 있었습니다.

당시의 미·일 밀착과 달리 한·미 관계는 엇박자가 나고 있었습니다. 정의용 국가안보실장은 미국 방문 직후인 2019년 12월 10일 "트럼프 대통령이 김정은 위원장 생일 축하 메시지를 문 대통령이 전해주면 좋겠다고 했다"며 중재자를 자처했습니다. 하지만 김계관 북한 외무성 고문이

"미국 대통령의 친서로 직접 전달받은 상태"란 담화를 내면서 체면을 구겼습니다. 당시 외교가에서는 "친서 여부도 모를 정도로 한·미 간 소통에 문제가 있다는 뜻 아니냐"는 말이 나왔습니다. 문 대통령이 2020년 신년사에서 남북 협력 구상을 밝히자 미 국무부는 "모든 유엔 회원국은 유엔 안보리 제재 결의를 이행해야 한다"며 사실상 반대 의사를 밝혔습니다.

볼턴, 트럼프 절친으로 아베를 꼽아

트럼프는 2019년 한중일 정상회의뿐만 아니라 중요한 고비가 있을 때마다 아베에게 의견을 구합니다. 2018년 6월 12일 싱가포르에서 첫 미북 정상회담을 갖기 하루 전에도 트럼프는 아베와 통화합니다. 아베는 트럼프와 통화한 뒤 총리 관저 1층에서 기자들에게 "트럼프 대통령이 현재까지의 최신 정보에 기반해서 대화하고 싶다고 해 통화했다"고 합니다. 미국과 일본이 자신들이 가진 최신 대북 정보를 공유했음을 시사한 겁니다. 아베는 "(일본인) 납치 문제에 대해서도 트럼프 대통령이 제기할 것이라는 점을 재확인했다"고 했습니다.

트럼프와 아베의 긴밀한 관계는 존 볼턴 전 미국 백악관 안보보좌관의 회고록에도 묘사돼 있습니다. 볼턴은 자신의 회고록 '그 일이 일어났던 방, 백악관 회고록(The Room Where It Happened: A White House Memoir)'에서 "2018년 6월 싱가포르 1차 미북 정상회담 직전 아베 총리가 트럼프 대통령에게 '김정은 북한 국무위원장을 믿지 말라'고 조언했다"고 밝혔습니다. 볼턴은 이 책에서 트럼프와 가장 친한 외국 정상으로 아베를 꼽았습니다. 이후 영국의 보리스 존슨 종리도 아베 총리만큼 가까운 인물로 등장했다고 했습니다. 아베는 2016년 트럼프가 당선되자마자 금장(金裝)된 골프 드라이버를 선물하며 트럼프와 '브로맨스(남자들 간의 특별한 우정)'를 만들었습니다. 2019년 5월 나루히토 천황 즉위로 후 레이와(令和) 시대가 시작되자 마자 국빈으로 일본을 방문한 트럼프는 온종일 아베와 골프장, 스모 경기장, 일식집을 다니며 "보물 같은 미·일 동맹"이라고 극찬했습니다.

최종건 전 1차관은 문재인 회고록에서 "아베 총리는 도금한 골프채도 선물했지만, 두 사람의 관계는 그렇게 케미가 높지 않았다는 얘기를 들었다"고 했는데, 어디서 그런 말을 들었는지 모르겠습니다.

일본에서 특파원으로 활동할 때 트럼프가 문 대통령과 우리 정부를 비판했다는 얘기도 자주 흘러나왔습니다. 트럼프가 2019년 8월 프랑스 비아리츠에서 열린 G7(주요 7개국) 정상회의에서 한국 정부에 대해 비난했다는 보도도 일본 언론을 통해 나왔습니다. 일본의 우익 매체인 산케이신문은 익명의 일본 정부 소식통을 인용, 트럼프가 아베를 만났을 때 "한국의 태도는 심각하다"고 했습니다. "한국은 현명치 않으며 김정은 북한 국무위원장에 의해 이용당하고 있다"고 했습니다. "김정은 위원장이 문재인 대통령을 신뢰할 수 없다고 말했다"는 발언도 나왔습니다. 일본에 주재하는 동안 취재원들로부터 비슷한 얘기를 들을 때마다 마음이 편하지 않았습니다.

아베 2차 집권 8년간 미·일 동맹 진화

미국과 일본은 2012년부터 2020년까지 8년간의 아베 2차 집권을 계기로 강하게 결속했습니다. 2020년 1월 미·일 신(新)안보조약 체결 60주년을 맞아 아베가 자신의 외조부인 기시 노부스케(岸信介) 전 총리를 언급하며 미·일 동맹의 중요성을 강조한 것은 상징적인 장면입니다. 기시는 1960년 미국 워싱턴 DC에서 아이젠하워 미 대통령과 함께 1951년 맺은 안보조약을 개정한 신안보조약에 서명해 미·일 동맹의 바탕을 만들었다는 평가를 받는 인물입니다.

아베 총리는 외무성의 이쿠라(飯倉)공관에서 열린 신안보조약 체결 기념식에서 "기시 총리는 당시 '지금부터 시작되는 새로운 100년, 양국은 새로운 신뢰로 협력하라'고 말했다"며 "조부(祖父)와 같은 나이에 이른 나는 같은 맹세를 드리려고 한다"고 했습니다. 그는 기시 전 총리가 만든 미·일 신안보조약에 대해선 "아시아와 인도·태평양, 세계의 평화를 지키고 번영을 보증하는 부동(不動)의 기둥"이라며 "앞으로 동맹을 충실히 할 책임이 우리에게 있다"고 했다. 아베는 이날 행사에 아이젠하워 전 대통령의 손녀도 초청했습니다.

트럼프도 미·일 신안보조약 체결 60주년을 축하하는 성명을 발표했습니다. "지난 60년간 두 위대한 국가 사이의 바위처럼 단단한 동맹은 미국과 일본, 인도·태평양 지역, 전 세계의 평화와 안보, 번영에 필수적이었다"며 "안보 환경이 계속 변화하고 새로운 도전이 생기면서 우리의 동맹이 더 강력해지고 심화하는 것은 필수적"이라고 했습니다. 미국의 마이크 폼페이오 국무장관, 마크 에스퍼 국방장관, 일본의 모테기 외무상, 고노 방위상 등 4명 명의로 발표된 공동 성명은 "미·일 동맹은 그 어느 때보다 강고하고 폭넓으면서도 불가결한 것이 됐다"고 했습니다.

주미 일본대사를 역임한 후지사키 이치로(藤崎一郎) 나카소네 평화연구소 이사장을 2019년 12월 인터뷰했을 때입니다. 그는 일본이 느끼는 문재인 정부의 한·미 동맹에 대한 불안감을 솔직하게 언급했습니다. "한국은 미국과의 관계를 굳건히 하는 것이 가장 중요한데, 문재인 정부가 지소미아(한·일 군사정보보호협정) 등을 다루는 것을 보면 한·미 동맹을 중시하지 않는 듯한 모습이 가끔씩 보입니다. 그래서 중국에 약점을 잡힐 수 있다는 우려가 나옵니다." 후지사키 이사장의 이 발언은 문재인 정부를 불안하게 바라보던 일본 측의 입장을 압축하고 있는데, 중국에 약점을 잡힐 수 있다는 지적은 참고할만하다고 생각합니다.

P.S. 문 대통령은 곧장 귀국, 아베는 리커창과 함께 현장 시찰

2018년 5월 도쿄 한중일 정상회의에서 공식행사만 마치고 돌아온 문재인 대통령은 다음해인 2019년 12월 청두 한중일 정상회의도 끝나자마자 곧장 귀국했습니다. 이때 리커창 중국 총리는 성탄절인 12월 25일 아베를 세계문화유산인 쓰촨(四川)성의 수리관개시설 두장옌(都江堰)으로 초청, 함께 둘러봤습니다. 리커창-아베 두 총리는 문화 시찰을 전후로 회담, 오찬을 함께하며 4시간가량 대화를 주고받았습니다. "두장옌 안내는 나의 오모테나시(진심으로 대접한다는 일본어)"라는 리커창의 말에 아베는 "시찰에 동행하고 점심에도 초대해줘 따뜻함이 느껴진다"고 화답했습니다.

첫 방일 때 민단관계자 안 만나고 대사 관저에만 머문 문재인 대통령

2018년 5월 문재인 대통령의 첫 일본 방문은 한일 양국에서 주목받았습니다. 도쿄에서 열리는 제7차 한·중·일 3국 정상회의를 계기로 한국 대통령으로서는 6년 반만의 일본 방문이었습니다. 그 전엔 이명박 대통령이 2011년 12월 교토를 방문한 것이 마지막이었습니다. 박근혜 대통령은 재임 기간 중 일본을 방문하지 않았습니다.

이 때문에 재일교포 사회를 대표하는 재일본대한민국민단(민단)은 문 대통령의 첫 방일을 기대했습니다. 민단 관계자를 비롯, 재일교포들을 만날 것으로 예상했습니다. 역대 대한민국 대통령은 도쿄를 방문하면 민단 관계자들과 재일교포들을 만나 격려하는 것이 관례였습니다. 하지만 문 대통령과 재일교포들의 만남은 이뤄지지 않았습니다. 2018년 6월 도쿄 특파원으로 부임 후, 문 대통령이 한·중·일 3국 정상회의 행사 외에 남는 시간이 있었지만, 주일대사관과 맞붙은 관저에만 2시간가량 머물다가 귀국한 것을 확인했습니다.

도쿄서 한중일 3국 정상회의 마치고 곧장 주일 대사관 행

문 대통령의 2018년 5월 9일 방일은 오전 9시 15분 강풍이 불고 비가 내리는 가운데 도쿄 하네다 공항에 도착하는 것으로 시작했습니다. 도쿄 아카사카의 영빈관에서 열린 한·중·일 정상회의에 이어 각각 한일, 한중 정상회담을 진행했습니다. 이곳에서 점심 식사를 한 문 대통령이 향한 곳은 도쿄시 미나토구 아자부주반에 위치한 주일 한국 대사관과 맞붙어 있는 대사 관저였습니다. 문 대통령과 이수훈 주일 대사가 수령 20년의 반송을 기념식수할 때 대사관 관계자는 "김대중·오부치 선언 20주년을 맞아서 늘 푸른 소나무 같은 한일관계가 되길 기원하는 의미를 담았다"고 했습니다. '늘 푸른 한일관계와 양국의 번영을 위하여'라고 된 기념석도 제막됐습니다. 문 대통령은 이어서 대사 관저 아래쪽에 있는 대사관을 방문, 직원들과 함께 사진을 찍은 후, 관저 내부로 이동했습니다.

주일 대사 관저는 2층으로 구성돼 있습니다. 1층은 리셉션 홀이고 2층은 대사 부부가 생활하는 내실(內室)로 돼 있는데, 문 대통령은 주로 2층에서 이수훈 대사 및 자신의 측근들과 약 2시간가량 보냈다고 합니다. 이후 하네다 공항으로 이동, 저녁 7시쯤 서울 공항에 귀국하기까지 공식 일정이 없었습니다.

당시 외교부와 주일대사관은 문 대통령의 첫 방일에 주목, 한중일 정상회의를 마치고 나서 오후에는 민단 관계자를 비롯한 재일교포들과의 만남을 계획했지만 청와대는 부정적이었습니다. 당시 86 운동권 출신의 청와대 핵심인사들은 민단의 '반공' 성향을 탐탁치 않게 여겼습니다. 특히 문 대통령이 김정은과 남북정상회담을 하며 관계 개선에 주력하고 있는데, 민단이 이에 대해 비판적이라고 인식하고 있었습니다.

이에 따라 주일대사관은 문 대통령과 재일교포들과의 만남 대신 진행할 행사를 기획하다가 대사관저에 '기념 식수' 하는 아이디어를 청와대 승인을 받았습니다. 하지만 기념 식수 행사는 불과 10여 분밖에 걸리지 않았고 그 후에도 시간이 많이 남자 공항으로 갈 때까지 대사관저에 머물기로 했던 겁니다.

리커창 중국 총리는 3박 4일 방일

민단 관계자들은 당시 문 대통령이 자신들을 만나지 않은 것에 대해 충격을 받았습니다. 한국 대통령으로서는 6년 반만의 방일이었지만 단 하룻밤도 머물지 않은 것에 놀라기도 했습니다. 민단 고위 관계자는 "대통령이 도쿄에 처음 와서 민단 대표를 만나지 않고 귀국하는 것은 우리의 존재 자체를 무시하는 것 아니냐"고 했습니다. 당시 청와대는 그다음 날이 대통령이 취임 1주년이기에 어쩔 수 없었다고 하나, 한일관계와 재일교포를 중시한다면 정상회의 하루 전인 8일 도쿄를 방문, 재일교포는 물론 일본 정·재계, 문화계 인사들을 만나는 것이 바람직했다는 지적이 나왔습니다.

2018년 5월 9일 한·중·일 정상이 일본 도쿄에서 열린 제7차 한-중-일 3국 정상 회의 후 공동기자회견을 하고 있다. 왼쪽부터, 리커창 중국총리, 아베 신조 일본총리, 문재인 대통령.

실제로 문 대통령의 행보는 리커창 중국 총리와 극명하게 대비되기도 했습니다. 리 총리는 도쿄 한·중·일 3국 정상회의를 계기로 8일부터 3박 4일 일정으로 일본을 방문했습니다. 당시는 한·일 관계 못지않게 중·일 관계가 긴장된 상태였습니다. 2010년대 초반 일본의 센카쿠 열도 영유화 이후 중일 양국은 교류를 중단하고 있었습니다.

이런 상태에서 방일한 리 총리는 재일 중국인들은 물론 이듬해 퇴위하는 아키히토(明仁) 천황을 만나기도 했습니다. 11일엔 아베 총리와 함께 홋카이도의 삿포로에 갔습니다. 하늘색(리커창), 빨간색(아베) 넥타이를 맨 양국 총리가 도요타 공장을 나란히 시찰하는 장면은 일본 TV에서 중요하게 다뤄졌습니다.

민주당 "민단, 조총련과 3·1절 행사 함께하라"

문재인 정부의 민단 무시는 여기서 끝나지 않았습니다. 민단은 새로 정부가 바뀌면 대표단이 방한, 대통령을 만나 대일 정책 건의를 하는 전통이 있었습니다. 그러나 문재인 정부는 5년간 민단 대표단에게 청와대 방문 기회를 주지 않았습니다. 그뿐 아니라 민주당과 함께 민단에 주는 연간 보조금 80억 원을 대폭 축소하려 했습니다. (민단 대표단은 문재인 정부가 물러난 후 2023년 9월 방한, 윤석열 대통령을 만났습니다. 2013년 8월 박근혜 대통령을 청와대에서 면담한 후, 10년 만이었습니다.)

문재인 정부와 민주당은 민단에 재일본조선인총연합회(조총련)와 화해와 통합을 직·간접적으로 요구하기도 했습니다. 도쿄에 근무할 때 민단의 고위 관계자로부터 "문재인 정부 출범 후 도쿄를 방문하는 민주당 중진 의원들이 재일교포를 대표하는 민단에 조총련과 3·1절 100주년 기념식을 함께하라고 한다"는 얘기를 들은 바 있습니다. 실제로 도쿄를 방문한 민주당 의원 중에서는 민단과 조총련의 통폐합을 거론하는 의원들도 있었습니다. 민주당의 심재권 의원은 2018년 주일 대사관 국정감사에서 3·1운동 100주년을 계기로 두 단체가 화합해야 한다는 입장을 밝혔습니다.

그러자 민단에서 반발이 터져 나오기 시작했습니다. 민단은 조총련이 1959년부터 약 9만 명의 재일교포가 북한으로 건너가 자유 없는 생활을 하게 한 '북송 사업'에 책임이 있으며, 대북 제재로 인해 일본의 감시 대상이라는 점에서 강하게 반대했습니다. 민단의 한 관계자는 "민단이 매년 정부로부터 80억 원의 보조금을 받는다는 이유로 정부와 여당이 대다수 재일교포의 생각과 동떨어진 요구를 하고 있다"며 "특히 한·일 관계가 악화한 상황에서 조총련과의 공동 행사 개최는 일본 측에 잘못된 메시지를 줄 수 있다"고 했습니다.

재일교포 사회에 문재인 정부에 대한 불만이 쌓여가자 민단의 전직 간부들은 2019년 문 대통령의 대일 및 대북 정책을 비판하는 단체를 결성했습니다. 민단의 부단장, 지부장 등을 역임한 이들이 주축이 된 '대한민국 자유민주주의를 지키는 재일 협의회(한자협)'는 2019년 5월 도쿄에서 결성대회를 개최했습니다. 한자협은 취지문에서 "문재인 정권은 정권 유지의 지렛대로 친일 청산을 내세워 국민 간 갈등을 부추기고, 미래지향적 관계를 구축한 한일 관계를 파탄으로 몰고 가려 한다"고 지적했습니다. 또 "북에 대한 제재를 해제해 김정은 정권을 연명시키고 한반도 평화에 필수인 한·미 동맹을 파탄 내려 한다"고도 했습니다. 문재인 정부가 민단을 무시하고 2018년 10월 대법원이 징용 피해자에 대한 배상 판결을 내렸음에도 아무런 조치를 취하지 않고 방치하자 위기감을 느낀 겁니다.

한자협 공동대표 중 한 명인 김일웅 전 도치키(栃木) 현 민단 단장은 "우리는 반(反)대한민국 단체가 아니라 반(反)문재인 정권 단체"라며 "문재인 정권의 대일 정책이 계속될 경우, 결국 큰 피해를 입는 것은 재일교포"라고 말했다. 그의 말대로 문재인 정부의 반일정책에 이어 아베 신조 당시 내각의 부당한 경제제재로 한일은 1965년 국교 정상화 이후 최악의 관계로 빠져들며 재일교포들은 한동안 어려운 시기를 맞게 됩니다.

남관표·장하성 몰아붙여 사드 '3불' 부인 이끌어내다

매년 실시되는 국회 국정감사는 주로 야당이 주도해 정부 관계자들을 상대로 새롭거나 주목할만한 사실을 밝혀내 주목받습니다. 2020년 코로나 바이러스 사태로 화상을 통해 실시했던 국회 외교통상위원회의 국정감사가 이런 경우에 해당합니다. 당시 송영길 국회 외통위원장은 여야 간사들과 협의, 주중대사관과 주일대사관을 동시에 연결해서 국감을 실시했습니다. 코로나 바이러스 상황이 아니라면 국회의원들이 베이징과 도쿄의 대사관을 방문, 현장에서 국감을 진행했겠지만, 당시 상황이 여의치 못했던 겁니다.

민단

남관표 주일대사가 2019년 5월 도쿄에 부임, 민단 관계자로부터 환영의 꽃다발을 받고 있다.

이에 따라 2020년 10월 21일 이례적으로 서울-베이징-도쿄를 연결해서 외통위 국감이 열리는 바람에 외교안보 전문가들이 주목하는 '3불(不)' 관련 뉴스가 나오게 됩니다.

3불은 2017년 문재인 정부가 사드(THAAD·고고도 미사일 방어체계) 배치로 인한 중국의 보복을 무마하기 위해 '미국 MD(미사일 방어) 참여, 사드 추가 배치, 한미일 군사 동맹을 하지 않겠다'고 약속한 것을 의미합니다. 사드 사태는 2016년 한미 양국이 북한의 미사일 위협에 대응하기 위해 미국의 사드를 한국에 배치하기로 결정하면서 발생한 정치적, 외교적 갈등입니다. 이에 대해 중국이 강하게 반발, 여러 차원에서 보복 조치를 취해 문제가 돼 왔습니다.

국정감사에서 이태규 의원이 3불 문제 질문 시작

이날 3불 문제를 먼저 제기한 것은 국민의힘 의원들이 아니라 국민의당 이태규 의원이었습니다. 이 의원이 주중대사관의 장하성 대사에게 이렇게 질문합니다. 이 의원이 "저 개인적으로 (3불 조치) 이것은 대한민국 외교안보 주권을 스스로 제약한 굴욕적인 조치라고 생각한다"라며 장 대사에게 말했습니다.

이 의원은 "그래서 주는 게 있으면 얻는 게 있어야 동반자 관계고 실리외교인데 우리는 중국한테 3불 정책을 주면서 롯데마트 철수라는 치명적인 경제 손실을 받았다"며 "그럼에도 불구하고 현재까지도 한국 영화 상영이나, 대중문화 공연 부분 이런 부분에서 중국의 한한령(限韓令)은 여전히 풀리지 않고 있다"고 했습니다.

다음으로 국민의힘 김석기 의원(현 외통위원장)이 나섰습니다. 김 의원은 "3불 정책 얘기가 나왔는데, 우리 정부가 중국에 대해서 사드 추가 배치 안 하겠다, 미국 미사일 방어체계에 편입 안 하겠다, 한미일 군사동맹

철회하겠다. 이게 도대체 얘기가 되느냐. 대한민국의 안보 주권을 중국에게 넘긴 거나 다름없지 않나. 우리가 왜 중국에 대해서 이렇게 굴종적인 저자세 외교를 해야 되느냐. 이것이 저자세 외교가 아니면 뭐냐"고 따졌습니다.

같은 당의 정진석 의원이 남관표 주일대사에게 3불 문제를 질의하면서 이 문제는 본격화됩니다. 그는 남 대사에게 "지금 (3불 합의 후) 3년 지났는데 그것 잘한 결정이고 잘한 합의였다라고 생각이 드느냐, 아쉬움이 많이 남는 결정이었다고 생각이 드느냐"고 물었습니다. 그러자 남 대사는 "3불 약속을 해 줬다 그러는데 어디에서 3불 약속을 해 줬다고 말하는지 이해가 가지 않는다"고 했다. 도쿄에서 국감을 지켜보던 저는 이때부터 뭔가 뉴스가 나올 것 같다는 생각을 했습니다.

남 대사는 "3불이라는 말은 우리가 만들어 낸 이야기"라며 "정확한 것은 세 가지 우려"라고 했다. 그는 "중국 측이 그런 문제에 대해서 중국의 입장과 우려를 천명하였고 우리 측은 그간 한국 정부가 공개적으로 밝혀온 관련 입장을 다시 설명했는데 여기에 어떻게 약속이 들어가느냐"고 반문했습니다. 그러자 5선의 노련한 정 의원이 남 대사의 3불 발언을 더 깊숙이 끌고 들어갔습니다. "그러면 MD 참여 안 한다, 사드 추가 배치 안 한다, 한미일 군사 동맹 안 한다라는 이른바 3불 약속을 한 적이 없느냐"고 했습니다. 이에 대해 남 대사는 명확한 어조로 "약속한 적 없다"고 했습니다.

당시 도쿄 특파원으로 이를 지켜보던 저는 즉각 휴대폰을 집어 들고 서울의 편집국에 보고했습니다. "문재인 정부의 3불 합의 주역인 남 대사가 3불 합의를 부인하고 있으니 기사를 써야 한다"고 했습니다.

남 대사는 이례적으로 '3불 합의'로 불리게 된 상황도 설명했습니다. "이게 약속이 아닌데 이 합의가 끝나자마자 중국 외무성에서 이 합의문을 올리면서 약속과 비슷한 워딩을 썼습니다. 그래서 저희들의 강력한 반대로 인해서 두 시간 만에 내려왔습니다. 그러고 나서 우리 언론에서 3불 약속이란 말을 쓰기 시작했기 때문에 3불 약속이란 말이 지금 나타나고 있는 것이지 이것은 전혀 근거가 없는 개념"이라고 했습니다.

결정타 날린 경기고 동기동창 조태용 의원

야당 의원 중에서 네 번째로 3불 문제를 제기하며 결정타를 날린 의원은 남 대사의 경기고 71회 동기동창인 조태용 의원(현 국정원장)이었습니다. 조 의원은 "굉장히 중요하니까, 다시 한번 확인한다"며 3불 문제를 하나 하나 다시 짚어갔습니다. 그는 "남 대사가 한중 간에 합의를 했다고 알려졌지만 합의도 아니다라고 몇 차례 분명하게 말씀을 했다"고 논의를 진전시켰습니다.

"그러면 사드의 추가 배치나 미 MD 체계에 참여하는 문제, 한미일 군사 동맹에 대해선 만일 대한민국 정부가 추후에 그 필요성이 있다고 생각해시 그렇게 하기로 결정을 하더라도 중국과 관계가 나빠지지 않는 것이지요?"

남 대사가 생각지도 못했던 질문을 받고 머뭇거리자 "그렇게 한다고 해서 중국이 약속 위반이라고 할 수는 없는 것 아니냐"라고 몰아붙였습니다. 조 의원은 결국 남 대사로부터 "약속이 없었기 때문에 약속 위반이라고 할 수 없다"는 답변을 이끌어냈습니다.

조 의원은 "아주 중요한 말씀을 해 주셔서 속기록에 잘 기록이 되고, 이 사실은 국민들께도 많이 알려져야 된다고 생각한다"며 쐐기를 박았습니다. 마지막으로 박 진 의원(전 외교부 장관)이 나와서 정리를 합니다. 그는 장하성 대사를 상대로 "지난 9월 15일 강경화 외교부장관이 (나의) 국회 대정부질문에서 '3불 합의한 겁니까?', '아닙니다.' 그러면 '구속력이 있습니까?', '없습니다.' 이렇게 대답을 했다"며 "그러면 사드 3불은 합의도 아니고 약속도 아니고 뭐냐"고 몰아붙였습니다. 그러자 장 대사는 "남관표 대사가 이야기하신 것처럼 3불은 약속이나 합의로 그렇게 보지 않는다"고 했습니다. 박 의원이 다시 확약 받듯 "구속력도 없지요"라고 하자 장 대사가 "예" 했습니다. 저는 국정 감사 중에 나온 3불 기사를 빠르게 써서 송고했습니다. 이 기사는 [中과 '3불 합의' 주역 남관표 "합의 아니니 안 지켜도 문제없다"]라는 제목으로 게재됐습니다.

이날 남관표 주일대사·장하성 주중대사의 3불 합의 부인은 야당 의원들, 특히 국민의힘 의원 4명이 잇달아 문제를 제기해서 이끌어낸 겁니다. 당시 야당인 국민의힘은 국가안보실 2차장으로 3불 합의를 주도했던 남관표 주일 대사와 청와대 정책실장이었던 장하성 주중대사가 동시에 나오는 국정감사를 적절하게 활용, 효과적으로 공세를 폈다고 할 수 있습니다. 당시 야당 의원들이 서로 역할분담을 했는지는 모르겠으나, 축구에 비유하면 골을 넣기 위한 '빌드 업'이 잘 된 케이스에 해당합니다.

'사드 3불' 부인 한 달 만에 경질된 남관표 주일 대사

문재인 정부의 국가안보실 2차장으로 '3불 합의'를 주도했던 남관표 주일 대사가 2020년 10월 국정감사에서 "3불합의가 약속도 합의도 아니다"라고 밝히자 그 파장은 컸습니다. 그동안 3불 합의에 대해 숱한 문제 제기가 있었지만, 문재인 정부의 고위 인사가 이렇게 적극적으로 부인하고 나선 것은 처음이었기 때문입니다.

중국이 즉각 반발하고 나섰습니다. 중국 외교부의 자오리젠 대변인은 국감 다음날인 2020년 10월 22일 "중한 양국은 2017년 10월 단계적으로 사드 문제를 처리한다는 합의를 달성했다"며 "양국은 당시 양국관계를 다시 개선과 발전의 정상궤도로 돌려놓기로 했다"고 했습니다. 그는 "양국의 합의 과정은 매우 분명하고, 양국 공동 이익에 부합했다"며 "중국의 관련 입장은 일관되고 명확하다"고 강조했습니다. 중국은 외교 채널을 통해서도 "3불 합의를 지키지 않겠다는 것이냐"고 항의했다고 합니다.

청와대, 국감서 3불 부각된 후 강창일 주일대사 내정

당시 도쿄 특파원으로 일하던 제가 가졌던 의문은 왜 남 대사가 야당이 주도하는 국감에서 적극적으로 3불 합의를 부인했느냐는 것입니다. 야당이었던 국민의힘 의원들이 국감에서 남 대사를 몰아붙인 것이 발단이었지만, 그는 이례적으로 "합의한 것이 없다. 중국의 세 가지 우려와 관련해서 과거와 그 협상을 하는 협상 당시까지 우리가 취하고 있는 입장에 대해서, 공개된 입장에 대해서 설명을 해 준 것이 전부"라는 등의 얘기를 합니다. 이 때문에 국민의 힘 조태용 의원이 3불을 지킬 이유가 없다는 데 방점을 찍고, "아주 중요한 말씀을 해 주셔서 속기록에 잘 기록되고, 이 사실은 국민께도 많이 알려져야 된다"고 할 정도였습니다.

이에 대한 실마리를 얻기 위해서는 당시 남 대사가 처했던 상황을 살펴볼 필요가 있습니다. 원래 남 대사는 문재인 대통령의 신임을 받아 2019년 5월 장하성 주중대사와 함께 주일대사로 발탁돼 한때 도쿄 주변에서는 "차기 장관이 될 것"이라는 하마평도 나왔습니다. 그런데 남 대사는 도쿄 부임 후, 한일관계가 더 악화되면서 본인이 청와대에서 문 대통령의 뜻을 받들어 입안했던 대일정책의 부작용을 감지한 것으로 알려졌습니다.

이런 분위기를 엿볼 수 있었던 게 남 대사 부임 첫 해인 2019년 10월에 열린 국정감사입니다. 당시는 코로나 사태 전이어서 국회의원들이 방일, 대면 국정감사가 열렸는데 이때 그가 반년도 안 되는 사이에 뼈저리게 느낀 일본 상황을 비교적 솔직하게 밝혔습니다. "일본 내에서도 양심적인 생각을 가지신 분들이 적지 않게 있다. 간혹 그분들의 목소리가 언론을 통해서 발표되기도 하고 단체적 의사 표시도 하는데 비중으로 봐서는 굉장히 소외된 감이 있어서 상당히 안타깝다."

남 대사는 30년 넘는 공무원 생활 동안 "지나치게 신중하다"는 평을 들어 왔는데 '굉장히' '상당히'라는 수식어를 사용해 일본내 친한(親韓) 세력이 겪는 어려움을 묘사한 겁니다. 그가 대사로 활동하면서 청와대와 입장 차가커지고 있다는 얘기가 자주 흘러 대사관 밖으로 흘러나왔습니다. 아베 신조 내각이 한일간 역사적, 정치적 갈등에 대해 사상 초유의 경제제재를 취한 것은 분명 큰 문제였지만, 문재인 정권이 반일을 내세우는 바람에 일본에서 한국 외교관이 할 수 있는 일은 별로 없었습니다.

그가 한일관계의 위험성을 느끼고 청와대에 문 대통령 독대를 요청했으나 거절당했다는 얘기도 들렸습니다. 관료 생활을 오래 한 남 대사는 청와대와 잘 소통되지 않는 것이 무슨 의미인지 금방 알 수 있었을 겁니다. 2020년 10월 국정감사 즈음에 자신의 공직 생활이 얼마 남지 않았을 수 있다는 판단하에 3불 얘기가 나오자 이를 해명할 수 있는 좋은 기회로 보고 적극 부인한 것은 아닐까, 그렇게 추정했습니다. 국감 이후 남 대사의 교체 가능성이 거론되기 시작했습니다.

청와대, 남 대사 부임 1년 반 만에 경질 통보

아니나 다를까, 문 대통령은 남 대사의 3불 부인 한 달 후 남 대사를 경질하는 조치를 취합니다. 문 대통령은 2020년 11월 23일 주일 대사에 강창일 전 국회의원을 내정, 이를 발표했습니다. 국가안보실 2차장을 지

민단

남관표 주일대사가 2019년 10월 3일 개천절 행사장을 방문한 고노 다로 방위상과 만나 악수하고 있다.

낸 남 대사가 부임한 지 불과 1년 반도 안 됐을 때입니다.

청와대는 "강창일 내정자는 일본 동경대에서 박사학위를 따고 학계에서 오랜기간 일본을 연구한 역사학자다. 4선 경력 정치인으로 의정활동 기간 한일의원연맹 간사장 등을 역임한 일본통"이라고 했습니다. 또 "일본에 대한 전문성과 경험, 오랜기간 쌓아온 고위급 네트워크를 통해 경색된 한일관계 실타래를 풀고 한일 양국 발전으로 나아가길 바란다"고도 했습니다.

청와대의 강 대사 내정 성명에는 남 대사에 대한 불만이 담겨 있었습니다. 남 대사가 한일관계 해법 차이로 문 대통령의 신임을 잃고 있었는데, 3불 문제가 부각되자 교체하기로 결정한 것이 아니냐는 분석이 나왔습니다.

경기고-서울법대 출신의 외교부 비주류

여기서 '외교관 남관표'의 이력에 주목해 볼 필요가 있습니다. 2019년 5월 도쿄에 부임한 남 대사는 2004년이 외교관 인생의 전환점이었습니다. 경기고를 졸업 후, 서울대 법대 4학년 때 외무고시 12회에 합격하면서 주목받았지만 눈에 띄는 스타일은 아니었습니다. 오히려 KS(경기고·서울대) 출신이 주류였던 외교부에서 비주류에 더 가까운 편이었습니다.

외교부 조약국 심의관이던 남 대사는 2004년 3월 '세력 교체'를 내세운 노무현 정부에서 외교부 혁신 기획관으로 발탁됐습니다. 같은 해 11월엔 청와대 민정수석실로 파견 나갔습니다. 당시 외교부를 뒤흔들었던 '동맹파와 자주파' 논란에서 자주파로 분류됐습니다.

청와대에서 13년 뒤 대통령 취임 선서를 하는 문재인 민정수석 비서관을 만납니다. 1년간 '문 수석'을 모시고 일했습니다. 문 대통령은 당시 대한민국 주류 세력의 상징과도 같았던 KS 출신이면서도 비교적 진보 성향을 보인 그에게 호감을 갖습니다. 문 수석은 이후 청와대를 떠나서도 외교관 남관표를 잊지 않았습니다.

'박근혜 탄핵' 바람을 타고 2017년 5월 청와대에 입성한 문재인 대통령은 남 대사를 즉각 기용했습니다. 외교안보수석 비서관에서 이름을 바꾼 국가안보실 2차장에 임명했습니다. 남 대사가 차관보급 이상의 외교부 요직을 맡았던 경험이 없었기에 정치권에서 "남관표가 누구냐"라는 말이 나올 정도로 파격이었습니다. 일본 측은 문 대통령과 남 대사의 이런 오래된 인연에 주목하며 그의 역할을 기대했습니다. 1992년부터 2년 8개월간 주일대사관 1등 서기관으로 근무했던 경력에 기대를 거는 이들도 있었습니다. 남 대사가 부임 하루 만인 2019년 5월 10일 아키바 다케오 외무성 사무차관을 만난 데 이어 13일엔 고노 다로 외상을 신속하게 면담할 수 있었던 것도 이런 이유였습니다. 당시 아베 내각의 한 관계자는 제게 "남 대사는 어쨌든 문 대통령 측근 아니냐. 최소한 일본의 분위기를 있는 그대로 솔직하게 전하는 역할은 해 줄 것으로 기대한다"고 했습니다.

당시 한국에 대한 도쿄의 공기(空氣)는 남 대사가 서울에서 전문을 통해 느끼는 것과는 큰 차이가 있었습니다. 일본 측은 한국이 2018년 10월 대법원 판결을 계기로 징용 피해자들이 압류된 일본 기업 자산의 현금화에 착수하자 매일같이 대응 조치를 점검했습니다.

우리 측에서 "정부가 개입할 사안이 아니다"며 '제3자론'을 내세우는 데 대해선 화가 나 있었습니다. 저는 양국 관계가 역대 최악이라는 말로도 설명이 부족한 현 상황을 타개하기 위해선 남 대사가 과감해질 필요가 있다고 생각했습니다. 문 대통령이 자신을 잇달아 요직에 발탁한 것만 생각해 국가안보실 2차장 때의 편향된 정책을 고집하다가는 나중에 대통령이 더 큰 비판을 받게 할 수 있다고 봤습니다. 문 대통령의 성공을 위해서는 문재인 정부가 줄곧 취해 온 '혐일(嫌日) 외교'에서 벗어나는 데 앞장서야 한다고 제언하기도 했습니다.

민단 행사에 일본 의원들 왔으나 남 대사는 불참

남 대사는 문 대통령의 신임을 잃고, 경질 발표가 나자 더 이상 적극적으로 활동을 하지 않았습니다. 해가 바뀌어 2021년 1월 12일 도쿄 제국호텔에서 민단 신년회가 열렸습니다. 코로나 긴급 사태 상황이었지만 일본 측에서 연립 여당인 공명당의 야마구치 나쓰오 대표, 누카가 후쿠시로 일한의원연맹 회장 등 일본의 여야 중진 의원 19명을 포함, 200여 명이 참석했습니다. 그런데, 이날 신년회엔 문재인 대통령의 영상 메시지도 없었고 남 대사 대신에 주일 정무 공사가 참석했습니다. 재일교포를 대표하는 민단 신년회 행사에 일본 의원들이 20명 가까이 참석했는데, 주일대사가 불참한 것은 매우 이례적이었습니다. 당시 남 대사를 대신해 참석한 정무공사가 굳은 얼굴로 민망해 하던 모습이 아직도 기억에 남아 있습니다.

한편, 남 대사의 3불 부인을 계기로 우리 정부 안팎에서는 이에 구애받을 필요가 없다는 분위기가 확산합니다. 윤석열 정부는 2022년 5월 출범하자마자 3불에 얽매이지 않겠다는 입장을 확실히 했습니다. 2022년 8월 기자들을 만난 주중 한국대사관의 고위 관계자는 "문재인 전 정부 5년간 한국이 (중국으로부터) 충분히 존중받지 못했다"며 사드 3불을 거론했습니다.

그는 사드 3불은 "전 정부가 합의도 아니고 정책도 아니라고 (남관표 대사가) 이미 밝혔다"며 "새 정부가 챙겨야 할 옛날 장부(帳簿)가 있느냐 하는 질문이 제기될 수 있다"고 했습니다. 중국 외교부가 윤석열 정부 발족 후 "새 관리가 옛 장부(사드 3불 합의)를 외면할 수 없다"며 압박한 것에 대해 반박한 것입니다. 이 관계자는 3불을 통해 양국간 갈등을 잠정 봉합한 것 아니냐는 지적에 대해 "우리가 받은 게 없는데 봉합이라고 부를 수 있느냐"고 했습니다.

아울러 "3불처럼 자국의 안보에 대해 제3국에 '미래에 무엇을 안 한다'고 약속하는 게 합리적인가"라고도 반문했습니다. 결국, 윤석열 정부가 3

불 문제를 초기에 정리할 수 있었던 데는 국정감사에서 남 대사가 부인한 것이 결정적 역할을 했다고 할 수 있습니다.

P.S. "남관표 대사가 결자해지했다"

남관표 대사의 3불 부인에 대해 당시 문재인 정부의 청와대와 여당은 불편한 기색이었지만 외교부 안팎에서는 호응을 얻었습니다. 외교부의 한 관계자는 "남 대사가 결자해지로 이 문제를 정리했다"고 했습니다. 남 대사의 외무고시 선배인 S씨는 최근 "남 대사가 공직에 있을 때 뒤늦게나마 3불을 부인한 것은 잘한 일"이라며 "그렇지 않았다면 퇴임 후에도 평생 멍에를 쓰고 살았을 것"이라고 평가했습니다.

03

정치 권력과 외교부

"잘못되면 사표"… 전두환 대통령의 태평양 정상회의 막은 외교관

'강골 외교부 장관' 홍순영

1999년 외교부를 담당하면서 26년간 제 28대 홍순영 장관부터 조태열 현 장관(41대)까지 총 14명의 장관을 관찰해 왔습니다. 이 중에서 외교관들이 가장 많이 거론하는 소신파 외교관으로는 단연 홍순영 장관이 꼽힙니다. 홍 장관은 김영삼 정권에서 차관으로 기용됐으나 실세에게 바른말을 하다가 쫓겨나고, 김대중 정권에서 장관에 임명됐으나 대통령 측

홍순영 외교통상부 장관이 1999년 12월 28일 국회 통일외교통상위원회에 출석, 일본인의 독도 호적 이전과 관련한 의원들의 질문에 답하고 있다.

근들의 인사 청탁을 거절하다가 장관에서 물러난 특이한 경력을 가지고 있습니다.

2014년 4월 30일 77세의 나이로 별세한 그는 충주고, 서울대 법대를 졸업하고 1962년 고등고시를 통해 외교관이 됐습니다. 1970~80년대 비동맹 국가를 상대로 한 외교와 '북방(北方)외교'에서 두각을 나타냈습니다. 이때부터 외교부 안팎에 선이 굵은 외교관으로 알려졌으며 선·후배들로부터는 '깐깐한 원칙주의자'로 불렸습니다.

"정통성 없는 정상회의 할 수 없다" 며 반대

홍 장관의 때로는 정권에도 맞서는 강골 이미지를 만든 에피소드는 크게 세 가지가 있습니다. 그는 1983년 외교부 아중동국장에서 청와대 정무 제1비서관으로 발탁됐습니다. 당시 전두환 청와대는 12·12 군사 쿠데타 논란을 없애고 정통성 확보를 위해 태평양 정상회의를 추진하려고 했습니다. 아시아 태평양 지역 국가 정상들을 서울로 불러서 다자 정상회의를 개최한다는 계획이었습니다.

홍 비서관의 가장 큰 임무가 전 대통령을 국내외에 띄울 수 있는 태평양 정상회의를 성사시키는 것이었습니다. 하지만 그는 태평양 정상회의 목적이 순수하지 않고 추진 과정에서 무리한 일이 생길 것을 우려했습니다. 전 대통령의 환심을 얻으려는 좋지 않은 동기에서 이 회의가 제안돼 추진됐다고 판단한 것이지요.

그는 비서관이 된 지 한 달 만에 '이행 불가' 보고서를 제출했습니다. 서슬이 퍼런 군사정권에서 항명으로 비칠 수 있는 일이었습니다. 함병춘 청와대 비서실장이 깜짝 놀라서 이를 반려했습니다. 그러나 홍 비서관은 "잘못되면 사표를 내겠다"며 고집을 부려가며 보고서를 올렸습니다.

며칠이 지났습니다. 그가 출근해 보니 태평양 정상회의 이행 불가 보고서가 자신의 책상에 돌아와 있었습니다. 그 보고서에는 전 대통령의 사인이 들어가 있었습니다. 전 대통령이 홍 비서관의 지적이 타당하다고 보고 계획 추진 중단을 승인한 겁니다. 전 대통령의 신임을 얻은 그는 같은 해 북한의 '아웅산 테러'가 벌어지자 이를 조기에 수습하는 데 기여했다는 평가를 받습니다.

안기부의 외교관 가혹행위에 선배 노신영 비판

외교관 홍순영을 외교부 안팎에 각인시킨 두 번째 일화는 노신영 안기부장과 관련된 일입니다. 전두환 정권에서 안기부가 '외교 기밀 누출 혐의'를 이유로 당시 박건우 미주국장(나중에 주미대사로 활동) 등 고위 간부를 '남산(당시 안기부의 별칭)'으로 연행해 정신적, 육체적으로 치욕을 준 사건이 발생했습니다. 외교부 장관이 곧 유고에서 열리는 공산권 회의에 참석한다는 기사를 한 신문이 1면에 대문짝만하게 보도한 게 문제가 됐습니다. 박 국장이 안기부에 끌려갔었다는 얘기를 듣고 홍 비서관이 청와대에서 외교부로 달려갔습니다. 박 국장의 사무실에 가 보니, 넥타이가 풀린 채 눈물을 흘리고 있었습니다.

화가 난 홍 비서관이 육두문자를 써 가면서 화를 냈다고 전해집니다. 당시 안기부장은 외교부 장관 출신의 노신영 씨로 그의 선배였습니다. 그는 "노신영 씨는 외교관 후배들에게 어떻게 이렇게 할 수 있나. 나는 다시는 노신영을 보지 않을 것"이라고 소리 질렀습니다.

그의 이같은 언행은 즉각 청와대와 안기부, 외교부 안팎에 퍼졌습니다. 이를 들은 노신영 안기부장이 그에게 연락을 해 다음날 아침에 만났습니다. 노 부장은 "나는 그런 일이 있는 줄 정말 몰랐다"며 "아무리 그래도 네가 나한테 이럴 수 있느냐"고 했습니다.

세 번째 에피소드는 그가 김영삼 정권에서 외교부 차관으로 일할 때 일어났습니다. 당시 김영삼 정권의 실세로 꼽혔던 L 수석이 여러 차례 관련 부처의 장, 차관들을 불러서 김영삼 대통령을 국내외에 홍보하라고 지시했습니다.

YS 정권의 실세 L 수석에게 항명

그러자 홍 차관이 L 수석에게 항의했습니다. "외교부는 4~5년을 내다보고 정책 만드는 부서가 아닙니다. 50년, 100년을 내다보고 하는 겁니다. 임기 5년짜리 정부 홍보하는 데 외교부가 동원되는 것은 문제가 있습니다. 나중에 정부가 바뀌면 어떡합니까." 이 말을 들은 L 수석은 몹시 언짢아했습니다. 어느 날 저녁을 함께하는 자리에서 L 수석이 홍 차관에게 "대통령 홍보를 하지 않겠다는 것이냐"고 크게 화를 냈다는 목격담이 있습니다.

결국 홍 차관은 1994년 5월 사전 통보도 받지 못한 채 경질됐습니다. 한승주 외교부 장관이 그의 능력을 고려, 주유엔대사로 추천했으나 거부당했습니다. 청와대의 반대로 그는 유엔대표부 대사로 부임하지 못하고, 주독일대사에 내정됐습니다. 그러자 그는 주러시아 대사, 차관을 지낸 후 독일에 부임하는 것은 격이 맞지 않다며 아예 외교관을 그만두겠다고 했습니다. 그러자 그를 아끼는 선후배들의 설득한 후에야 홍 장관은 독일행 비행기를 탔습니다.

P.S. "외교부가 너무 청와대에 끌려간다"

홍 장관 퇴임 후, 그의 생전에 어떤 외교관 상가에서 밤 늦게 만났습니다. 당시 현직 외교부 장관이 업무 만찬을 마치고 늦게 문상을 온 후 합석, 세 명이 대화하게 됐습니다. 이때 홍 전 장관이 일본과의 문제를 포함, 외교부에 대한 불만을 숨기지 않았습니다. 외교부가 제 목소리를 내지 못하고 너무 청와대에 끌려가는 것 아니냐고 현직 장관에게 크게 화를 내는 모습이 뇌리에 남아 있습니다. 원칙을 지키기 위해 대통령 측근들과 맞서다가 차관, 장관 자리에서 잇달아 물러난 그만이 할 수 있는 질책이 아니었나 싶습니다.

해외순방 준비하다 개각 22분 전 알았다, 홍순영 장관 경질 내막

청와대서 개각 발표 직전에 교체 통보

1999년부터 지난 26년간 교체된 13명의 외교부 장관은 대부분 외교 사안과 관련해서 경질됐습니다. 홍순영 외교부 장관도 물러날 당시의 명목은 탈북자 문제를 잘못 처리했다는 것인데, 사실은 권력 실세들과의 불화로 인해 교체된 특이한 경우였습니다.

홍 장관은 1998년 8월 러시아와 '스파이 맞추방 사건' 여파로 경질된 박정수 장관의 후임으로 임명된 후 강한 리더십으로 빠르게 조직을 장악했습니다. 미국의 매들린 올브라이트 국무장관과 대북 정책에서 호흡을 맞추고 김대중 대통령의 신임을 받고 있어 최소한 2000년 4·13 총선이 끝날 때까지는 유임할 것이라는 관측이 지배적이었습니다.

그랬기에 홍 장관의 낙마는 예상 밖이었습니다. 2000년 1월 13일 홍 장관이 전격 경질된 장면은 지금도 명확하게 기억할 정도로 충격적이었습니다. 저는 당시 홍 장관이 유임될 것으로 보고, 취임한 지 2년 가까이 된 한덕수 통상교섭본부장이 어떤 자리로 옮기느냐에 더 관심을 두고 있었습니다.

그러던 중, 이날 오후 5시 무렵 정치부 데스크로부터 긴급 지시를 받았습니다. "홍 장관이 오늘 경질될 테니 후임 장관이 누가 되는지를 취재하라. 장관실 분위기를 미리 파악해 보고 관련 기사를 준비하라."

"설마, 그럴 리가…" 이런 생각을 하면서도 즉시 외교부 장관실로 뛰어 올라갔습니다. 이때만 해도 홍 장관은 자신이 경질된다는 사실을 전혀 모르고 있었습니다. 제가 홍 장관 경질 및 후임 장관을 취재하자 "이 기자, 지금 무슨 소리 하는 것이냐"고 화를 내는 보좌관도 있었습니다.

당시 외교부는 홍 장관이 유임될 것으로 보고 2000년 1월 24일부터 2월 3일까지의 홍 장관 외국 방문을 준비 중이었습니다. 러시아, 모로코, 코트디부아르, 남아프리카공화국을 잇달아 방문할 계획이었습니다.

표면적으로는 '7인의 탈북자' 사건 문책 명목

제 취재기록에 따르면, 홍 장관은 1월13일 개각 발표를 불과 22분 앞둔 오후 6시 38분에야 자신의 거취를 알 정도로 전격 경질됐습니다. 홍 장관이 이날 오후 6시 정부중앙청사 대강당에서 열린 박태준 신임 총리

홍순영 외교부 장관이 1998년 10월 22일 저녁 김포공항에 도착한 코피 아난 유엔 사무총장을 안내하고 있다.

취임식에 참석한 후 사무실로 들어서는 순간 청와대에서 홍 장관 집무실로 전화가 걸려 왔습니다. 청와대 한광옥 비서실장실에서 걸려 온 이 전화는 우선 홍 장관이 있는지를 확인했습니다.

이어서 이정빈 당시 국제교류재단 이사장의 휴대폰 번호와 자택 전화번호를 물었습니다. 당시 전화를 받은 여비서는 직감적으로 장관이 경질되는 것을 알았다고 합니다. 홍 장관이 장관 집무실에서 한광옥 실장으로부터 경질을 통보받은 후 굳은 표정으로 간부회의를 소집했습니다. 홍 장관은 이어 이정빈 국제교류재단 이사장과 통화했습니다. 이정빈 장관에 따르면, 서울법대 동기 사이인 홍 장관은 "당신, 장관이 되는 줄 알고 있었던 것 아니냐. 축하한다"고 말했다고 합니다.

홍 장관 경질 직후의 유력했던 분석은 당시 현안이었던 '7인의 탈북자' 문제를 적절히 다루지 못한 데 대한 문책인사라는 것이었습니다. 중국을 거쳐 러시아로 탈북했던 7인의 탈북자가 북한으로 강제 송환된 사실이 알려져 큰 논란이 일었습니다. 탈북자 문제에 대한 부적절한 대처로 인해 총선을 앞두고야당에 공격의 빌미를 제공할 수 있으니 화근을 제거한다는 것이었습니다. 그러나 사실은 여권 실세들과 불편한 관계가 그의 발목을 잡았습니다. 그는 당시 임동원 국정원장과 함께 김대중 정부의 포용정책을 추진할 적임자로 평가됐지만, 여권의 핵심 인사들과 마음을 트지 못했습니다.

DJ 측근 인사청탁 거부로 찍힌 게 결정적

외교부 주변에서 홍 장관이 권력 실세들과 불화한 계기들이 취재됐습니다. 여권 실세인 A씨가 "외교관 B씨가 현직을 마치고 난 후 다음 보직을 선진국으로 가게 해 달라" 요청했다고 합니다. B씨의 경우, 업무 능력이 괜찮아 A씨가 청탁한 곳의 대사로 나가는 것이 그렇게 무리한 것은 아니었습니다. 그러나 홍 장관은 "인사 원칙상 불가하다"고 일언지하에 거절했다고 합니다. 그 후 A씨가 "홍 장관이 너무 오만하다"고 말한 것이 정관계에 퍼졌습니다.

다른 여권 실세 C씨가 홍 장관에게 외교부 고위 간부인 D씨를 승진시켜 달라고 요청했습니다. D씨는 C씨의 자녀가 외국에 있을 때 현지에 근무하면서 가끔 C씨의 자녀를 돌봐준 것으로 알려져 있었습니다. 그러나 이때도 홍 장관은 강한 어조로 거절했습니다. 또 다른 여권 실세 E씨도 비슷한 인사 청탁을 하다 거절당했습니다. E씨는 평소 알고 지내던 외교관 F씨에 대해 홍 장관에게 인사 청탁을 했습니다. 소위 핵심부서가 아닌 외곽부서에 있던 F씨를 좀 더 좋은 자리로 옮겨 달라는 내용이었습니다. E씨가 "F씨가 똑똑하니 좋은 자리로 옮겨달라"고 부탁하자, 홍 장관은 "그렇게 똑똑하면 데려다 쓰시라"며 아예 말을 잘라 버렸습니다.

일련의 사건 후 여권에서는 홍 장관이 대통령의 신임을 받는다고 오만하다는 평이 나돌기 시작했습니다. 평소 국회나 당정협의회에서 여당 국회의원들에게 고분고분하지 않은 것도 하나의 이유가 됐습니다. 그러나 결정적인 이유는 따로 있었다는 증언이 이후에 공개적으로 터져 나왔습니다.

P.S. "재직 중 있었던 일은 아무 말도 않을 것"

홍 장관은 사무라이를 연상시키는 강한 성격입니다. 그가 장관직에서 물러난 후 구체적인 경질 이유를 취재하기 위해 전화했을 때 그는 딱 부러지는 어투로 말했습니다. "재직 중에 있었던 일에 대해서는 아무 말도 하지 않을 것이다. 직무와 관련된 일에 대해 일체 이야기하지 않겠다."
김대중 대통령이 홍 장관에 대해서는 호감을 가졌던 것은 분명합니다. 홍 장관은 경질된 지 6개월 만인 2000년 7월 주중 대사로 부임합니다. 이어서 2001년 9월에는 통일부 장관에 임명됐습니다. 주중대사, 통일부 장관 재임 기간이 짧았지만, DJ가 홍 장관을 잇달아 요직에 기용한 것은 그의 업무능력을 인정했기 때문이라고 할 수 있습니다.

"홍순영, 차관에 DJ 고향 후배 대신 고교후배 반기문 발탁했다가 낙마"

2000년 홍순영 장관 경질 관련, 외교부 내부의 분위기가 기록된 이재춘 전 주러시아 대사의 회고록.

2000년 1월 홍순영 외교부 장관의 갑작스러운 경질 배경은 김대중 정권 권력 실세들의 인사 청탁을 거부, 오만하다고 낙인찍힌 것이었습니다. 특히 김대중 대통령과 같은 고향 출신의 최성홍 주영대사를 차관에 기용하지 않은 것이 결정적이었다는 분석도 있었는데, 실제로 이런 관측을 담은 책이 출간됐습니다.

이재춘 전 주러시아 대사는 2011년 펴낸 회고록 '외교관으로 산다는 것'에서 자신이 DJ 정권에 의해 차관 후보에서 배제되며 홍 장관이 경질된 사건에 대해 밝혔습니다. 이 대사는 "(홍순영 장관 경질과 후임에 이정빈 국제교류재단 이사장 기용) 내막을 정확히는 알 수 없으나 호남 인맥의 중용이라는 요인 외에 인사 문제로 홍 장관이 김 대통령의 뜻을 거슬렀다는 청와대 측근들의 항거가 그 이유"라고 했습니다. 그는 "당시 정권 실세들이 집단적으로 호남 인물 중에서 외무차관을 발탁하라고 집요하게 요구해 왔지만 홍 장관이 끝까지 이를 거부한 것이 화근"이라며 이 때문에 "어부지리를 본 것은 반기문 주오스트리아대사(이후에 외교부 장관·유엔 사무총장 역임)"라고 했습니다.

이 대사의 분석은 당시 상황을 잘 반영하는 측면이 있습니다. 이 대사가 '호남 인물 중에서 외무 차관 발탁'으로 언급한 외교관은 나중에 DJ 정부 마지막 외교부 장관이 된 최성홍 당시 주영 대사입니다. 최 대사는 DJ와 같은 전남 신안군 출신으로 목포고, 서울법대를 졸업했습니다. DJ 정부에서 차관보로 발탁되면서 두각을 나타냈습니다. DJ는 1998년 취임 후 한 회의에서 "젊었을 때 내 고향 바로 옆 섬에서 신동이 났다는 소문을 들었는데, 그게 바로 최성홍 차관보"라고 말하며 그에 대한 관심을 보였습니다. 이 때문에 DJ 정부에서 그가 차관이 될 것으로 보는 이들이 적지 않았습니다. DJ는 홍 장관이 그를 차관으로 지명해 주기를 바랐다는 관측도 있었습니다.

동교동계가 추천한 최성홍 대사 거부

외교관 최성홍은 DJ와 같은 전남 신안군 출신이라는 점 때문에 역대 정권에서 능력에 비해 불이익을 당했다는 평을 받아왔습니다. 최 대사는 외무고시 3회 수석합격했으며 1987년 '키신저의 사상과 표현'이라는 책을 펴내기도 했지만, 차관보가 되기 전에는 중책을 거의 맡지 못했습니다. 장관이 된 후 저에게 "젊었을 때 미국, 중국, 일본, 러시아 4강국 중 어느 한 나라도 갈 기회를 주지 않았다"고 말한 적이 있습니다.

그가 외교부에서 주목받은 것은 1996년 헝가리 대사로 있다가 유엔 차석대사로 발탁된 특이한 경력 때문입니다. 한국은 당시 처음으로 유엔 안보리 이사국에 진출하는 쾌거를 이루면서 유엔대표부 진용을 대폭 보강합니다. 당시 박수길 주유엔대사가 상당한 수준의 영어실력과 교섭 능력을 갖춘 그를 자신을 보좌하는 '넘버2'로 기용해 안보리 이사국으로 활동하는 데 문제가 없도록 했습니다. 박 대사가 당시 유종하 외무장관에게

반기문 외교부장관이 2004년 5월 21일 서울 힐튼호텔서 열린 한미협회 조찬강연회에서 '포괄적 역동적 한미관계 발전을 위하여'라는 제목의 연설을 하는 가운데 토마스 허바드 주한 미국 대사가 연설을 듣고 있다. 홍순영 장관은 김대중 대통령의 고향 후배인 최성홍 주영국 대사 대신 자신의 고교 후배인 반기문 주오스트리아 대사를 차관에 기용함으로써 이후 외교부 장관, 유엔사무총장이 되도록 길을 열어 줬다.

최성홍 차석대사를 차관보나 외교정책실장에 기용하라고 권하자 유 장관이 "내 힘으로는 어렵다. 쉽지 않다"고 말했다는 일화도 있습니다.

충주고 후배 반기문 차관 기용 요청

하지만 홍 장관은 최 대사를 높이 평가하지 않았습니다. 매사 똑 부러지는 스타일의 홍순영과 클래식 음악을 좋아하며 조용한 선비를 연상시키는 최성홍은 잘 맞지 않았습니다. 홍 장관은 1998년 8월 장관이 된 후 반년 만에 최성홍을 주영 대사로 내보내고, 이후 여권 실세들의 요구에도 그를 차관에 기용하지 않았습니다. 당시 권력 실세들의 거듭된 요구가 자존심이 강한 홍 장관을 반발하게 만들었는지도 모릅니다.

어쨌든 홍 장관이 2000년 1월 자신의 충주고 후배인 반기문 주오스트리아 대사를 차관에 내정한 것은 권력 핵심부와의 관계를 악화시켰습니다. 당시 김대중 대통령이 국무회의에서 장관들에게 "고교 후배를 요직에 기용해 문제를 일으키지 말라"고 엄명을 내렸습니다. 특정 학교가 정책을 좌지우지한다는 인상을 주고, 언론의 비판을 받을 수 있다는 우려 때문이었다고 합니다. 그럼에도 홍 장관이 '반 차관' 인사안을 올리는 바람에 김 대통령이 언짢아했는데, '7인의 탈북자' 사건이 일어나자 동교동계에서 홍 장관 경질을 강하게 요구, 교체됐다는 증언이 있습니다.

"홍 장관은 무책임한 원칙주의자"

홍 장관은 권력 핵심도 아니면서 권력 실세들의 청탁을 모두 거부할 정도로 단호했습니다. 외교부에서는 그가 당당한 외교관의 모습을 보여줬으며 소신을 지키다가 교체된 장관으로 기억하는 분위기입니다. 그러나 당시 일부 외교관들의 생각은 달랐습니다. 몇몇 간부들이 홍 장관에 대해 비판적 해석을 한 것이 기억에 남아 있습니다.

외교부에서 요직을 역임한 Q씨는 그를 '무책임한 원칙주의자'로 평가했습니다. "홍 장관의 지나친 원칙주의는 외교부 조직을 위해서 좋지 않다. 장관 한 번 바뀌면 대외적으로 엄청난 손실이다. 김대중 정부 출범 2년 만에 세 차례 외교부 장관이 임명된 현실을 과연 외국에 어떻게 설명할 것인가. 외국에서 아예 우리를 상대하려 들지 않는다. 홍 장관은 개인 차원이 아니라, 조직 차원에서 권력 실세들을 상대했어야 했다." 홍 장관이 외교부의 기강을 해치지 않는 최소 범위에서 권력 실세들의 '부탁'을 일부 들어주더라도 조직을 온전히 보전하도록 했어야 한다는 것입니다. 실제로 홍 장관 경질을 계기로 청와대는 "외교부가 개혁돼야 한다"는 메시지를 공개적으로 내놓았는데, 상당수 외교관은 이를 강골(强骨) 외교 수장이 있을 때는 시도하지 못했던 '외교부 흔들기'로 인식했습니다. 이정빈 신임 장관도 취임 일성으로 외교부가 변해야 한다고 강조하기 시작했습니다.

외교부 장관뿐만 아니라 대한민국의 모든 장관이 권력과 줄타기를 하는데, 유독 이로 인한 마찰음이 컸던 것이 2000년대 초반 외교부 풍경이었습니다.

P.S. 2000년 비운의 이재춘 대사

1. 당시 외교부 안팎에는 이재춘 당시 주 EU 대사가 차관 후보로 회자되기도 했습니다. 이 대사는 외무고시 1회 선두주자로 주일 대사관 1등 서기관, 동북아 1과장, 주미대사관 참사관, 주일대사관 참사관, 아주국장(현 동북아국장), 주일 공사 등 화려한 경력과 실력을 갖췄습니다. 그러나 DJ측 '동교동' 계에서 이재춘 대사 기용에 강력히 반대했습니다. 이 대사는 1995년 '외교문서 변조사건'이 일어났을 때 외무부 제1차관보로 당시 야당이던 국민회의 측과 강하게 대립, '블랙 리스트'에 올라 기용하기 어려운 측면이 있었습니다.
2. 홍순영은 외교부 장관에 이어서 통일부 장관으로도 활동했습니다. 외

교부 장관 때는 권력 실세들과 불화로 경질당했는데, 통일부 장관 때는 북한에 밉보여 교체되는 기록을 남겼습니다. 주중 대사를 거쳐 2001년 9월 통일부 장관에 임명된 그는 북한의 '떼쓰기' 행태를 바로잡으려 했습니다. 남북장관급 회담에서 상호주의에 기반한 협상 원칙을 양보하지 않았습니다. 2001년 12월에는 BBC, CNN 방송 인터뷰에서 '북한의 호전세력'을 비판했습니다. 북한은 즉각 홍 장관 교체를 요구했고, 김대중 정부는 2002년 1월 임명 4개월 만에 그를 경질했습니다. 북한 정권의 하명(下命)에 우리 장관이 바뀐 첫 케이스라 할 수 있습니다.

"반기문을 차관으로 두고 장관하다니… 내가 복이 많은 사람이야"

2000년 1월 13일 오후 홍순영 외교부 장관이 갑자기 경질되고 후임에 이정빈 국제교류재단 이사장이 임명됐습니다. 당시는 신임 장관 국회 청문회가 없을 때입니다. 이정빈 신임 장관은 임명되자마자 다음날 첫 출근해 업무를 시작해야 했습니다. 1월 14일 아침 일찍 이 장관의 첫 출근을 취재하기 위해 서울 강남구 압구정동의 이 장관 자택을 찾아갔습니다. 오전 7시를 약간 넘은 시각이었습니다. 이 장관은 초면이었는데, 반갑게 맞아줬습니다. 그가 대한민국의 제29대 외교부 장관으로 처음 만난 기자에게 강조한 것은 '외교부 개혁'이었습니다.

호남출신으로 TK 박동진 장관 신임받은 이정빈

이 장관과 마주 앉아서 인터뷰하고 있을 때 아파트 현관문을 열고 들어선 이가 있었습니다. 정의용 당시 외교부 통상교섭조정관이었습니다(나중에 국가안보실장, 외교부장관 역임). 정 조정관은 여러 번 이 장관 자택에 와본 듯 머뭇거리지 않고 "장관님 축하합니다"라며 다가왔습니다. 그러자 이 장관이 그를 향해 밝게 웃으며 한 첫 마디가 의미심장했습니다. "어이, 내가 참 복이 많은 사람이야. 반기문을 차관으로 두고 장관을 하다니…. 앞으로 장관은 그냥 하는 거야."

그때는 이 발언이 갖는 의미를 잘 이해하지 못했습니다. 외교부를 출입한 지 두 달도 채 되지 않았던 기자는 차관에 내정된 반기문 주오스트리아 대사가 어떤 외교관인지 잘 모르고 있었습니다. 고개를 갸웃거렸습니다. "반기문이 어떤 사람이길래 홍순영 전 장관은 무리해 가면서 자신의 고교 후배를 차관으로 기용하고, 호남 출신의 신임 장관은 반 차관을 데리고 장관 하는 것을 복이 많다고 하는 걸까." 이정빈·정의용 두 사람의 첫 대화에서 반 차관이 거명된 것도 의아했습니다.

이후 외교부를 비교적 오랫동안 출입하면서 이런 의문이 풀리기 시작했습니다. 이 장관의 첫 출근길에 정 조정관이 그의 자택을 찾아올 정도로 친밀한 두 사람은 1970년대 후반 외교부 장관을 지낸 박동진 전 국회의원의 측근이었습니다. 외교부에서 YS, DJ처럼 영문 약어로 불리는 외교부 장관은 많지 않습니다. 박 전 장관은 그의 이름을 따서 TJ로 불릴 정도로 영향력이 컸는데 두 사람 모두 '박동진 사단'으로 분류됐습니다. 박동진은 주제네바 대사, 주유엔대사를 거쳐 1975년 12월부터 1980년 9월까지 4년 9개월간 외교부 장관을 지낸 후, 1988년부터는 3년간 주미대사로 활약했습니다. 대구 경북고-일본 주오(中央)대 법대를 졸업한 그는 외교부 대구·경북(TK) 인맥의 대부이기도 했습니다.

2000년 6월 23일 방한한 매들린 울브라이트 미 국무장관이 이정빈 외교통상부 장관을 방문, 회담을 시작하기 전에 악수를 나누고 있다.

박동진 사단의 '허리' 역할

광주고-서울법대를 졸업한 이 장관은 호남 출신이지만 '박동진 사단'에서 '허리'역할을 하며 신임을 받았습니다. 이 장관은 1970년대 주유엔 대표부 근무 당시 박동진 대사를 모셨습니다. 이 장관은 TJ가 장관으로 있을 때 국제연합과장, 기획관리실 정책조정관, 아중동국장을 역임했습니다. 이 장관의 처가는 대구인데, 그의 장인(이성조 전 경북교육감)은 박정희 대통령과 대구사범학교 동기로 절친한 사이였습니다. 그의 장인이 이따금 청와대에 들어가 박 대통령과 술을 마실 정도로 친한 사이였다고 이 장관이 밝힌 바 있습니다. 이런 배경도 그가 박동진 사단에 합류하는데 영향을 미쳤다는 평도 있습니다. 이 장관은 박 장관의 신임을 받으며 호남 출신이면서도 지역 차별을 받지 않고 비교적 승승장구, 1989년부터는 2년 넘게 제1차관보로 재직하면서 한-소 수교에 깊이 관여하게 됩니다.

박동진 장관 회고록 '길은 멀어도 뜻은 하나'

1980년 박동진 외교부 장관 이임 당시 기념사진. 왼쪽에서 세 번째(빨간 원 안에 있는 인물)가 2000년 장관에 임명되는 이정빈 당시 외교부 중동국장.

12·12 사태 때 일화 남긴 정의용

이 장관의 출근 첫날 아침, 그의 자택에서 만난 정의용 조정관은 박동진 외무부 장관의 비서 출신입니다. 1971년 제5회 외무고시에 합격한 그는 주캐나다 대사관 근무를 마치고 박 장관의 비서관으로 기용됐습니다. 정의용은 1979년 12·12 사태가 났을 때의 일화가 회자됩니다. 당시 한남동 외무부 장관 관저와 인접한 육군 참모총장 공관에서 총격전이 벌어졌습니다. 무장군인들이 오가며 총 쏘는 소리가 끊이지 않았습니다. 긴박한 상황이 계속되자 정의용은 박동진 장관을 안전한 곳으로 피신시켜야겠다고 판단합니다. 박 장관이 관저 뒷산을 넘어 옥수동 방향으로 '탈출'하는 데 기여했다는 얘기가 전해집니다.

박동진 장관은 1992년에 펴낸 회고록 '길은 멀어도 뜻은 하나'에서 이례적으로 이정빈·정의용 두 사람의 이름을 기록해 놓았습니다. 박 장관은 이 책에서 이 장관에 대해 "내가 1975년 외무부 장관에 취임하여 한국 문제의 유엔 총회 상정 지양 정책을 추진할 때 실무자로서 나를 잘 보좌한 정우영(전 주벨기에 대사)과 이정빈(주인도 대사)의 조직적인 노력을 나는 지금도 높이 평가하고 있다"고 했습니다.

박 장관은 12·12 사태와 정의용 비서관에 대해서도 언급했습니다. "(12월 12일) 어둠이 덮이자 단지 외부에서 분주하게 움직이는 사람들의 기척이 느껴지기 시작했으며 (한남동) 국방장관 관사에서는 전등이 갑자기 꺼지며 유리창 깨지는 소리가 났다. (중략) 더 위험한 상황이 벌어질 수 있다는 예감이 들어 밤 11시 30분쯤 나는 한남동 관사 단지를 빠져 나왔다. 그날 밤을 신라호텔에서 새우면서 나를 따라온 신두병 총무과장과 정의용 비서관 그리고 직원 한두 명과 함께 술을 마셨던 기억이 남아 있다."

정의용은 이후 주미 대사관 참사관으로 1988년 주미대사로 부임한 박동진 장관을 다시 모시게 됩니다. 그는 이정빈 장관 시절인 2000년 12월 주제네바 대사로 영전한 후, 노무현 정부에서 열린우리당 국회의원으로 활동합니다. 이후 문재인 정부에서 국가안보실장, 외교부 장관으로 일하며 남북관계, 북한 비핵화 문제 등에서 논란의 중심에 서게 됩니다.

"반기문을 발탁한 이는 홍순영, 그를 지켜준 이는 이정빈"

이정빈 장관은 청와대로부터 갑작스럽게 장관으로 임명되자마자 당시 차관에 내정돼 있던 반기문 주오스트리아 대사를 기용하겠다는 생각을 굳혔습니다. 이 장관은 1970년대 중반 국제연합(UN)과장으로 활동할 때 인도 근무를 마치고 돌아온 반기문과 함께 일하면서 그를 신임하고, 업무 능력을 인정했다고 합니다.

당시 청와대에서는 홍 장관이 내정한 반 차관에 대해서도 반대하는 기류가 있었으나, 홍 장관을 경질한 데 이어 반 차관 내정을 취소하는 것에 대한 부담이 있었습니다. 이 장관은 반 차관을 기용하겠다는 의사를 강하게 밝혀 청와대의 승인을 받아냅니다. 반 차관은 2000년 1월 27일 청와대에서 다른 부서 차관들과 함께 임명장을 받고 업무를 시작했습니다. "반기문을 발탁한 이는 홍순영이고, 그를 지켜준 이는 이정빈 장관"이라는 말이 나온 배경입니다.

반기문과 정의용은 서울대 외교학과 선후배입니다. 사석에서는 정의용이 반기문을 "기문이 형"이라고 부르며 잘 따랐다고 합니다. 두 사람은 각각 정무·통상 분야에서 두각을 나타내며 서로를 도와주곤 했습니다. 이런 관계를 잘 알고 있기에 이정빈은 그의 장관 첫 출근 날 정의용이 축하하러 오자 첫 인사로 반기문 차관에 대해서 언급했던 겁니다.

이 장관의 첫 출근날 아침 그의 자택에서 인터뷰를 마치고, 외교부 기자실로 출근하기 위해 내려와 보니 아파트 주차장에 외교부 장관 전용차가 와 있었습니다. 그 옆에는 낯익은 얼굴의 외교관이 서 있었습니다. 이 장관의 첫 출근길을 수행하기 위해 나온 조현동 외교부 인사계장(현 주미

대사)이었습니다. 그는 당시 외교부 기자들 사이에서는 '주윤발'로 불렸던 미남 외교관인데, 평소와 달리 심각한 얼굴이었습니다. 홍 장관이 갑자기 경질되면서 앞으로 외교부에서 벌어질 일들에 대해서 많은 우려를 하는 듯했습니다. 단지 장관 교체로 끝나는 것이 아니라 외교부에 외풍이 불 것을 걱정하고 있었습니다. 실제 외교부는 이정빈 장관이 취임한 후, 청와대의 요구로 거센 개혁 바람이 불기 시작합니다.

P.S.

1. 외교부의 풍운아 조현동… 나중에 주미대사로

   이 장관의 첫 출근길을 수행했던 조현동 인사계장은 이후에 노무현 정부에서 외교부 '동맹파 대 자주파' 논쟁에 휘말려 고초를 겪으며 '외교부의 풍운아'로 불리게 됩니다. 그는 윤석열 정부에서 제1차관으로 발탁된 후, 주미대사로 부임했습니다.

2. '박동진 장관의 양아들'

   박동진 장관은 회고록 서문에서 자신과 친분이 있던 외교관 후배들의 이름을 가나다순으로 거명해 놓았습니다. 상당수가 '박동진 사단'이라고 봐도 과언이 아닙니다.

   박 장관은 "외무부 본부에서 같이 일하고 나를 보좌한 직원들은 현재도 국내외에서 활약 중인 사람이 많고, 또 상당한 직위에까지 승진하였다가 이미 퇴임한 사람도 있다. 그들의 노고에 감사하는 의미에서 국장급 이상 간부와 비서관들을 거명해 본다" 고 했습니다.

   제17대 박 장관의 후임 장관 중 채용 시험 또는 고시 출신의 외교 장관은 노신영 최광수 최호중 이상옥 공로명 유종하 홍순영 이정빈 최성홍 반기문 송민순 유명환 김성환 윤병세 정의용 박진 조태열 장관인데, 이 중에서 최호중 이정빈, 정의용 장관만 'TJ 리스트'에 올라 있습니다. 이정빈, 정의용 두 사람은 '박 장관의 양아들'로 불릴 정도로 신임을 받았다는 증언도 있습니다.

"해외 공관 비리로 외교 장관이 얼굴 들고 다닐 수 없다"

2000년 1월 14일 이정빈 국제교류재단 이사장이 신임 외교부 장관으로 첫 출근을 하자 청와대에서는 박준영 대변인이 브리핑합니다. "홍순영 외교부장관의 교체 배경에 대해 차관급 인사와 탈북자 처리미숙 등 여러 얘기가 나오고 있으나 홍 장관은 능력 있는 분으로 특별한 흠이 없다. 기본적으로 외교부가 개혁돼야 한다는 의견이 많았고, 새 시대를 맞아 새 바람을 일으켜야 한다는 점이 교체의 배경이다. 해외공관은 더욱 개혁돼야 한다." 홍 장관이 능력은 있으나, 김대중 정부 개혁에 다소 소극적이었기에 경질됐다는 뉘앙스가 강하게 느껴집니다.

1989년 2월 평민당 총재로 스웨덴을 방문했던 김대중 전 대통령은 자신의 친필사인이 담긴 사진을 이정빈 대사에게 보내 각별한 호감을 보였다.

비슷한 시기에 청와대 고위 관계자는 일부 기자들을 만나 직설적으로 "외교부가 밥 장사를 해왔다"며 외교부 개혁 필요성을 거론합니다. "외교부는 앞으로 더 개혁돼야 한다. 외교부는 그동안 밥 장사를 해 왔다. 초청 인원을 과다하게 산정해서 돈 빼 먹고, 호화주택에서 생활해 왔다. 무슨 고교 인맥, 대학 인맥, 이런 것이 김대중 정부 출범 후에도 전혀 고쳐지지 않았다."

동교동계, '외교문서 변조사건' 때 저항한 외교부 개혁 요구

청와대가 이정빈 장관 체제 출범에 맞춰 '외교부 개혁'을 강조하기 시작한 배경에는 동교동계의 불신이 크게 작용했습니다. 1997년 대선에서 김 대통령이 한나라당 이회창 총재에게 승리했으나, 차기 대선에 다시 이 총재가 다시 나올 것으로 보고 경계하고 있었습니다. 동교동계를 비롯한 새천년민주당 주류는 이회창 총재와 동문인 'KS(경기고-서울대)' 출신들이 외교부를 장악, 자신들에게 비판적이라는 인식이 강했습니다. 북한과의 화해를 내건 햇볕정책에 소극적이고, 1995년 '외교문서 변조사건'이 났을 때 외교부가 강하게 저항한 것도 원인이 됐습니다. 외교부와 일부 외교관들에게 문제가 없는 것은 아니었는데, 정권 핵심 세력이 '주류 세력 교체'라는 목적하에 혁신을 요구한 겁니다.

이 같은 기류를 잘 아는 이정빈 장관은 취임 후 잇달아 외교부 개혁을 언급합니다. "김대중 대통령이 외교부 개혁의 중요성을 말씀하시며 개혁을 과감하게 하라고 하셨다. 현재 외교부 인력이 1500명 된다. 해외 공관이 125개다. 방대한 조직이다. 1500명의 맨 파워가 작은 것은 아닌데, 현재의 조직으로 과연 효율적으로 외교를 할 수 있겠느냐. 지금은 냉전 체제가 무너지고, 체제 경쟁을 할 때가 아니다. 환경, 경제, 문화 등 여러 분야에서 국제 경쟁력을 가져야 한다. 그런데 현재의 체제를 가지고는 굉장히 어렵게 돼 있다."

이 장관은 취임 한 달 만인 2월 조선일보와 인터뷰를 갖습니다. 이 장관은 인터뷰에서 "앞으로 외교관들은 10년마다 한 번씩 외교관의 자질을 엄격히 심사, 능력이 부족한 사람은 외교부에서 퇴출 시킬 것"이라고 했습니다.

- 외교부가 개혁돼야 한다는 소리가 여권 핵심부와 행정부 내에서 제기되고 있다. 장관은 어떤 구상을 갖고 있나.

"조직과 인원 운영에 관해 부분적 수정이 아니라 기본적 틀을 바꾸고자 한다. 유능한 외교관들이 인사를 걱정하지 않고 일할 수 있도록, 관심 있는 분야에 서 전문성을 갖게 하겠다. 외교관 각자의 근무내용을 자료로 축적해서 10년마다 심사하고, 자격이 안 되면 퇴출도 시키겠다."

- 외교관의 전문성 확보라는 목표와 오지 순환근무라는 관행은 서로 모순되는데, 어떻게 하겠는가.

"선진국과 오지 순환근무는 불평 무마 방식이었을 뿐, 전문성 확보와는 무관했다. 앞으로는 지역별 또는 업무분야별 전문성 확보에 중점을 두겠다."

이 장관은 2000년 3월 외교관들에 대한 인사고과 평점을 상급자뿐만 아니라 동료, 부하직원들까지 매기도록 하는 '다면(多面)평가제'를 도입하겠다고 김 대통령에게 보고합니다. 그때까지만 해도 다면평가제는 관가에서 일반화되지 않았을 때입니다. 인사철마다 뒷말이 나 오고 때로는 권력층도 인사에 개입하는 사례가 있어 다면평가제 아이디어가 나온 겁니다. 대한민국 외교관은 당시 특1급~7급으로 분류했는데, 이를 폐지한다는 조치를 발표하기도 합니다.

외교부의 주류 세력 교체도 시도됐습니다. 당시 한 관리는 "홍순영 장관이 경질된 후, 청와대로부터 모든 인사라인을 바꾸라는 청와대의 지시가 있었다"고 했습니다. "경기고 출신을 요직에서 배제하라"는 말을 들었다는 증언도 있습니다.

이정빈 장관은 외교부의 인사를 총괄하는 요직인 기획관리실장, 인사과장을 모두 호남 출신으로 바꿉니다. 기획관리실장에는 전북 김제 출신으로 남성고-서울대 외교학과를 졸업한 박양천 전 루마니아 대사가 기용됐습니다. 박 실장은 외무고시 출신이 아니었습니다. 1963년부터 1968년까지 5년 동안 외교관을 선발하는 고시가 시행되지 않을 당시 대학을 졸업한 후 1967년 7급으로 외교부에 입부했습니다. 입부 10년 만인 1977년에는 인사계장으로 근무했습니다. 그는 더블 버튼 양복을 즐겨 입으며 상대방을 조용하게 설득하는 스타일로 외교부내에서 평이 좋은 편이었습니다. 주홍콩 총영사관에서 부영사, 영사, 총영사로 세 번 근무한 중국 전문가로, 한중 수교가 이뤄질 것으로 전망하고 중국에 대한 고급 정보를 입수해 능력을 인정받았지만 외교부에서 핵심 부서를 거치지는 못했습니다.

재외공관 금품 사건, 외교행낭 부정 사용 등 잇따라 적발

외교부에서 2000년은 첫 남북정상회담과 첫 남북외무장관 회담, 아시아·유럽정상회의(ASEM) 서울 개최로 굵직굵직한 외교 사안이 많은 해로 기억됩니다. 그 반면에 내부적으로는 청와대와 동교동계의 개혁 요구가 커지면서 내부적으로 잡음이 끊이지 않았던 해이기도 했습니다. 외교부가 정부부처 중 중점 개혁 대상이 되면서 감찰(監察)이 심해졌습니다. 2000년 초 남미 지역에 파견된 대사가 교민들로부터 금품을 받았다가 파면됐습니다. 5월에는 중동지역 공관장이 현지 카지노에서 거액의 도박을 하다가 적발됐습니다. 그는 카지노를 10여 차례 출입하면서 현지 교민회장, 교포, 사업가들로부터 돈을 빌려 도박을 하는 등 총 6만 3000달러 빚을 진 사실이 알려져 파문이 컸습니다. 6월엔 국제회의에 함께 참석한 여자 교수의 호텔 방에 '관련 서류를 전달하겠다'며 밤늦게 찾아갔던 외교관이 직위 해제됐습니다. 12월에 외교부 파우치(외교행낭)를 사적인

용도로 사용한 공관장 4명 등 10여 명의 외교관 적발, 장관 명의 주의처분이 내려졌습니다. 통상적이라면 비공개로 처리됐을 사안인데, 당시 보도 자료는 외교부가 개혁대상이 된 것을 보여주는 상징적인 자료입니다.

1. 국가기강 확립대책 추진계획상의 특별감찰활동 일환으로 12.23-27 간 69개 공관 외교행낭 및 본부 발송 외교행낭에 대한 불시점검 결과, 적발된 사항을 아래와 같이 참고로 알려드리오니 규정에 따른 외교행낭 운영에 적극 협조하여 주시기 바랍니다.

- 발송료 환수 및 장관명의 주의 처분 : 공관장 1명 및 해당직원 1명
- 장관명의 주의처분: 공관장 2명 및 해당직원 2명
- 감사관명의 주의 통보: 공관장 2명 및 해당직원 3명

2. 금번 불시점검에서는 규정위반 물품 발송 직원 및 공관장에 대하여만 주의처분하였으나, 앞으로는 수령 직원에게도 책임 소재를 추궁, 수령 직원 부탁으로 인한 물품일 경우, 동 수령 직원에게도 주의처분할 예정인 바, 외교통상부 사무관리지침 제22조 규정에 합당한 물품만 외교행낭을 이용해 주시기 바랍니다.

DJ, "외교관들이 부동산 많고 못된 짓 한 사람 많다"

2001년 1월 재외공관장 회의를 앞두고, 중동 지역 공관장이 비리 혐의로 사표를 낸 사실이 알려졌습니다. 감사원 감사에서 대사관저 비용으로 받은 돈 1만2500달러 가운데 8500달러의 사용처를 입증하지 못해 물러난 겁니다.

외교부와 관련한 잡음이 끊이지 않는 상태에서 2001년 1월 29일부터 3일간 서울에서 재외공관장 회의가 열립니다. 외교부는 당시 청와대와 동교동계의 곱지 않은 시선을 의식, 이례적으로 공관장 회의를 서울 시내 고급호텔에서 개최하지 않고, 서울시 서초구 염곡동 한국국제협력단

(KOICA) 연수센터에서 열기로 했습니다. 참석하는 97명의 공관장 중 50여 명만 독방을 사용하고, 나머지는 2인 1실을 쓰도록 했습니다. 이 회의 첫날 '장관과의 대화'에서 이정빈 장관이 비공개로 일부 공관장들의 비리, 근무태만 문제를 강도 높게 거론하며 공관장들을 질타하는 일이 벌어졌습니다.

공관장 회의가 서울시 외곽에서 열린 탓에 현장 취재를 온 취재 기자는 거의 없었습니다. 제가 휴식시간에 친분이 있는 대사들을 만나려고 재외공관장 회의장 밖에 있을 때였습니다. 열린 문틈 사이로 마이크를 잡은 이 장관의 목소리가 고성으로 회의장 밖으로 흘러나오기 시작했습니다.

이 장관은 "대부분의 재외공관장이 해외에서 자신의 역할을 잘하고 있으나, 국민의 외교관에 대한 실망도 크다"고 했습니다. 그는 당시 발생한 재외공관장 관련 추문을 거론한 뒤 "하도 이런 사건이 많이 생겨서 각 공관에 주의를 환기시켰음에도 금품사건, 근무태만, 해외교민 불화설, 공관운영 문제, 예산 불법사용이 잇달아 발생하고 고쳐지지 않는다"고 질타했습니다.

이 장관은 이런 말도 했습니다. "김대중 대통령도 '옛날에는 외교관이 경제적으로 어려운 상황에서도 열심히 일하고, 깨끗하고, 훌륭한 줄 알았다. 그런데 (대통령 된 후) 각종 정보를 받아보니, 부동산 많고, 못된 짓거리 한 사람 많다'고 말씀하시더라"며 "도대체 장관이 얼굴을 들고 다닐 수 없다"고 했습니다.

"공관장이 어떻게 행동하기에 멱살 잡히나"

이 장관은 목소리를 높여가며 구체적인 사례들을 일일이 언급했습니다. "공관 예산 문제로 불미스러운 일이 많이 생긴다. 모 공관장의 비리가 확인돼 담당 기관장 양해하에 조용히 처리하려고 해도 이젠 담당기관

직원이 공개해 지켜지지 않는다." "서울 사는 공관장이 지방에 부인을 위장전입시켜서 부동산을 구입한 사람이 한 두 사람이 아니다. 이런 것이 적발돼 진급이 안 된 사람이 많다." "도대체 공관장이 어떻게 행동하기에 주재국에서 교민들에게 멱살을 잡히는가." "다른 곳을 통해 공관장들의 비위사실이 많이 들어온다." 그는 또, 일부 재외공관장 부인들에 대해서도 개탄했습니다. "왜 공관장 부인들이 공관에서 일하는 가정부의 월급을 손대서 불필요한 잡음을 내느냐. 공관장이 부임하면 제일 먼저 관저 옮기고, 가구를 사는 이들이 많다. 꼭 그렇게까지 해야 하느냐."

이 장관은 "공관장은 하고 싶은 모든 것을 하면서 할 수 없다. 우리가 돈 벌려고 외교관 된 것은 아니지 않느냐. 참으면서 살아야 하는 것이 바로 공관장"이라고도 했습니다. 공관장회의 사상 처음으로 기획된 장관과의 대화는 분위기가 침체된 가운데 대화 없이 1시간 만에 끝났습니다. 장관의 질책이 끝난 후, 사회를 맡았던 외교부의 한 간부가 아시아 지역의 대사 한 명을 지목해 발언을 유도했으나, "할 말이 없다"며 입을 열지 않았습니다.

이정빈 장관의 질타는 청와대의 개혁 요구가 거센 상황에서 고육지책이라고 할 수 있으나 당사자들로서는 기분이 좋을 리 없었습니다. 이날 장관과의 대화에 참석했던 한 공관장은 "참석자들이 시선을 어디에 둬야 할지 모를 정도로 분위기가 무거웠다"고 했습니다. 다른 공관장은 "극소수의 문제를 지나치게 일반화했다. 모욕당한 느낌"이라고 했습니다. 한 외교관은 "동교동계의 도움으로 장관이 된 사람이 어떻게 외교부 개혁을 말할 수 있느냐"며 강하게 반발하기도 했습니다. 당시 참석자들의 침울한 표정은 오래도록 잊히지 않았습니다.

외교부가 이 장관의 재외공관장 질타 등으로 어수선한 가운데 2001년 2월 김대중 대통령과 푸틴 러시아 대통령의 서울 정상회담 때 외교 참사가 발생합니다. 이 공동성명에 '탄도탄요격미사일(ABM) 제한조약의 보존·강화' 조항이 포함돼 국가미사일방어(NMD) 체제 구축을 위해 ABM협정 파기를 추진하던 부시 미 행정부가 강하게 반발하면서 이 장관은 경질되는 수순을 밟게 됩니다.

P.S. 공관장 자격심사제 도입

청와대 요구로 시작된 외교부 '개혁 드라이브'는 후임 장관들을 통해서도 계속됐습니다. 외교부는 2004년 공관장급에 대한 대명퇴직제도를 엄격히 적용, 사실상 정년보장을 폐지하고 공관장 자격심사 2회 탈락자는 공관장의 보임을 허용하지 않기로 했습니다. 외교관들은 해외공관에 함께 파견 나온 동료들과 동고동락하고 그 가족들과도 친해지면서 간혹 잘못된 일이 발생하면 눈감아주는 온정주의 문화가 있었는데, 이런 문화도 차츰 사라지게 됩니다.

04

미국과 대한민국 외교 <1>

DJ-부시 회담 중 나간 파월, 북한 향해 경고 기자회견

청와대 "ABM 논란 진정시켜라"

우리 외교사에서 실패한 정상회담으로는 2001년 3월 김대중-조지 W 부시 대통령 회담이 꼽힙니다. 상견례를 겸한 첫 회담이었는데 1주일 전 한러 정상회담 공동성명에 부시 대통령이 반대하는 '탄도탄요격미사일(ABM)조약의 보존 및 강화' 문구가 들어가면서 분위기가 좋지 않았습니다.

2001년 3월 1일, 이번 사태와 관련된 청와대와 외교부의 당국자들은 대부분 출근해 이에 대한 수습책을 논의했습니다. 외교채널을 통해 미국에 관련 부분을 해명하는 한편, 적절한 해결책을 찾기 시작했습니다. 외교부는 논란을 진정시키기 위한 논리를 마련하느라 급박하게 움직였습니다.

김대중 대통령과 부시 미국 대통령이 2001년 3월7일 미국 백악관에서 만나 잔을 들고 있다.

3월 2일 오전 7시 30분 국가안전보장회의(NSC) 상임위원회가 열렸습니다. 임동원 국정원장, 이정빈 외교부 장관, 박재규 통일부 장관, 조성태 국방장관 등 정부 내 외교안보팀이 모인 가운데, 대책을 집중적으로 논의했습니다.

그 후, 이정빈 외교부 장관과 청와대의 고위 관계자가 이날 오후 각각 기자들을 만나 부시가 추진하는 국가미사일방어(NMD)체제에 대한 입장을 밝혔습니다. 이들은 NMD체제에 대한 '지지', '반대'를 명시적으로 표명하지 않은 채 "미국의 입장을 호의적으로 이해한다"는 정부 입장을 피력했습니다.

이정빈 장관은 "미국이 NMD계획에 대한 구체적 입장을 아직 정하지 않은 상태에서 우리 정부가 반대나 찬성의 입장을 취할 수 없다"는 전제하에 "미국은 동맹국 및 관련국가들과 긴밀한 협조를 통해서 (NMD계획) 문제에 대처해 나가기를 바란다"고 했습니다. 청와대의 고위 관계자는 "NMD에 대한 우리 정부의 입장이 '반대'가 아닌 것만은 분명하다"고 했습니다.

이 장관은 NMD에 관한 정부 입장에 대해 ① 세계 안보상황은 새로운 접근을 필요로 한다 ② 우리는 새로운 접근 방법을 추구하고 발전시키는 데 있어 부시 대통령의 지도력을 신뢰한다 ③ 미국 정부가 국제평화·안전 증진하는 방향으로 동맹국 및 관련 국가들과 충분한 협의를 통해 이 문제에 대처해 가기를 바란다는 3개 항의 입장을 아울러 발표했습니다.

또 지난 2월 상공회의소 초청연설에서 NMD체제에 대해 부정적으로 해석될 수 있었던 발언을 "개인적인 입장을 밝힌 것"이라며 사실상 취소했습니다. 이 장관은 당시 "미국이 NMD를 강력히 추진하는것보다는 이 같은 원인제공 문제를 해결하는 것이 더 빠르고 쉬운 것이 아닌가 생각한다"고 말한 바 있습니다.

“반 차관이 미국을 잘 안다고 해서 시켰는데…”

이런 준비과정을 거쳐 3월 7일 워싱턴 DC에서 한미 정상회담이 열렸습니다. 이 회담에서 DJ는 ABM 문제에 대해 사과하며 부시를 설득해 햇볕정책을 받아들이게 하려 했습니다. 그러나 부시는 강하게 이를 거부했습니다.

종합

부시, 北변화 여부에 의문제기

韓·美 어떤 이견 있었나

“北 변화중” 설명에 “눈으로 확인해야”
美·北 협상재개도 “서두를 생각없다”
세부 접근법 조율과정 진통겪을수도

초미의 관심을 모았던 한·미 정상회담은 우리의 대북(對北) 화해·협력 정책에 대해 한·미 양국 정부가 총론에선 ‘지지와 협력관계’를, 각론에선 적지 않은 ‘이견(異見)’을 확인한 채 끝났다.

조지 W 부시 미국 대통령이 김대중(金大中) 대통령의 대북 포용정책을 지지하고, 한반도 냉전체제의 종식을 위한 김 대통령의 ‘비전’과, ‘한국의 주도적 역할‘을 인정한 것은 긍정적인 대목이다.

또 미국 NMD(국가미사일방어)체제에 대한 한·미 이견 파문을 정리한 것과 김정일(金正日) 북한 국방위원장의 서울 답방(答訪)을 부시 대통령이 긍정 평가한 것도 눈에 띈다.

하지만 한·미가 북한의 개혁·개방을 통한 변화를 유도함으로써 긴장을 완화하고 평화를 정착시켜 나간

▲북한의 변화 여부=김 대통령이 김정일 위원장의 상하이(上海) 방문 등을 예로 들며, “북한은 변화하고 있고, 개혁·개방의 길로 가고 있다”고 분석한 데 대해 미국측은 고개를 ‘갸우뚱’했다. 부시 대통령은 “북한이 변화하고 있다면 (미사일 개발·수출중단, 재래식 무기 감축 등) 가시적 조치로 보여줘야 한다”고 못박았다.

▲북한의 무기 개발·수출=부시 대통령은 북한의 각종 무기 수출, 특히 대량살상무기(미사일 등) 개발·수출에 대한 검증을 강조했다. 파월 국무장관도 정상회담후 “북한은 우리에게 위협”이라고 했다. 김 대통령은 ‘검증’ 필요성에 대해 원칙적으로 동의했다.

▲북·미 관계 진전=김 대통령은 북·미 관계와 남·북 관계를 상호 보완적으로 진전시키면 ‘시너지 효과’가

◇**회담도중 나온 파월** 백악관에서 열린 한·미 정상회담에 배석했던 콜린 파월 미 국무장관이 7일 회담 도중 나와 기자들에게 중간 브리핑하고 있다. 파월은 부시 대통령이 북한을 위협적 존재로 보고 있으며 미 행정부는 북한과의 회담을 조기에 재개하지는 않을 것이라고 말했다. /워싱턴=AP연합

조선일보 2001년 3월 9일 자 3면. 콜린 파월 미 국무장관이 이례적으로 한미정상회담 도중 나와 기자들에게 클린턴 전 행정부의 대북정책을 계승하지 않겠다고 밝히는 장면의 사진이 실렸다.

당시 DJ를 수행한 이정빈 장관은 백악관의 한미 정상회담장 좌석 배치부터 이상했다고 회고합니다. “부시 대통령이 한 가운데 앉고 미국의 주요 인사들이 좌우에 포진했는데, 콜린 파월 국무장관이 구석에 앉아 있

었다. 국무장관이 구석에 앉다니…. 뭔가 이상했다. 회의를 시작하자마자 부시 대통령이 파월 장관에게 눈짓하니 그가 밖으로 나가버렸다. 왜 그런가 의아했는데 회담이 열리고 있을 때 백악관 기자들에게 자신이 전날 했던 '클린턴 전 정권의 대북접근법 계승' 발언을 부인하는 기자회견을 했다." 파월은 그 전날 클린턴 행정부의 대북정책을 계승하겠다고 했다가 부시 W 대통령이 격노하자 입장을 바꾼 겁니다.

그 장면 하나로 한미정상회담의 성패는 결정이 났습니다. 부시는 기자회견장에서 DJ를 '디스 맨(this man)'으로 지칭, 논란이 일기도 했습니다. 부시는 DJ의 햇볕 정책에 대해 비판적인 생각을 갖고 있었는데, 자신을 반대하고 푸틴과 손을 잡는 듯한 '한·러 ABM공동성명'이 나오니 더욱 반감을 가졌다는 것이 정설입니다.

朝鮮日

1920년 3월 5일 창간 제24942호 45판

The Chosun Ilbo

美 "對北의구심 철저 검증"

구체 접근방법서 큰 시각差
부시 "北 지도자에 회의감"
향후 정책조율 중요과제로

8일 새벽(한국시간) 끝난 한·미 정상회담은 한국의 햇볕정책과 남북문제 해결에서의 한국의 주도적 역할에 대한 미국의 지지를 재확인하는 성과를 거두었으나, 북한정권과 김정일(金正日) 국방위원장에 대한 인식 등 구체적 사안에서 상당한 견해차를 보여, 향후 한·미간 정책조율이 중요한 과제로 떠올랐다.

조지 W 부시 대통령은 회담 후 공동기자회견에서 "북한의 지도자(김정일 국방위원장)에 대해 조금의 회의감(some scepticism)을 갖고 있다"면서 "북한을 다룸에 있어 문제는 투명성이 없다는 것"이라고 말했다.

부시 대통령은 또 "우리가 (북한과) 어떤 합의를 이뤄도 한반도 평화 보장을 위한 검증이 있어야 한다

부시 대통령은 또 김 대통령이 김 위원장의 올 초 '신사고' 주창과 중국 상하이(上海) 방문 등을 예로 들며 "북한은 변화하고 있고, 개혁·개방의 길로 가고 있다"고 하자, "북한이 변화하고 있다면 이를 (미사일 개발·수출중단, 재래식무기 감축 등) 가시적 조치로 보여줘야 한다"고 말했다.

부시 대통령은 또 정상회담에서 "북한의 재래식 군사 위협문제가 빨리 해소돼야 한다"고 한 반면, 김 대통령은 "합의가 쉬운 긴장완화부터 시작해 이 기반 위에서 군비감축 문제를 점진적으로 해결해나가는 것이 좋겠다"고 상반되는 의견을 개진했다.

부시 대통령은 우리 측이 회담에서 북·미관계와 남북관계를 상호 보완적으로 진전시키면 '시너지 효

2001년 3월 7일자 조선일보 1면. 조지 W 부시 대통령이 김대중 대통령과의 회담에서 클린턴 전 행정부의 대북 정책을 철저히 검증하겠다고 한 발언을 큰 제목으로 달았다.

DJ는 훗날 자서전에 참담했던 자신의 심경을 기록해 놓았습니다. 나중에 외교부 장관이 된 A씨는 "귀국 비행기에서 김 대통령의 침울했던 표정을 잊을 수 없다"고 회고했습니다. 김 대통령은 미국에서 돌아오는 비행기에서 외교부 수뇌부 교체가 필요하다는 생각을 갖게 됩니다. DJ는 이 장관에게 "반기문 차관이 미국을 잘 안다고 해서 차관을 시켰는데, 어떻게 이런 일이 생겼습니까" 라며 불편한 심경을 토로했습니다. 사실은 반 차관뿐만 아니라 이 장관을 경질하겠다는 뜻을 내비친 겁니다.

외교정책실·북미국·조약국 "ABM 표현 문제 없다"

그러면 어떻게 2001년 한러 정상회담 공동성명에 ABM조약을 유지하는 내용이 포함돼 한미관계에 태풍을 불러 일으키게 됐을까요? 문제의 공동성명 문안이 확정된 것은 푸틴이 방한하기 이틀 전인 2월 24일 토요일이었습니다. 우리 정부는 2001년 1월부터 러시아 정부와 공동성명 문안 작성에 들어간 후, 푸틴 방한을 이틀 앞두고 공동성명에 합의했습니다. 보통 정상회담 공동성명 문서는 1~2페이지에 불과하나, 한·러 공동성명은 10페이지가 넘었습니다.

당시 외교부 내에서는 문제의 문장이 포함되어도 좋은지를 두고, 내부 논의가 있었습니다. 청와대 외교안보수석실이 이에 대한 재검토를 요청하고, 러시아를 담당하는 구주국에서 미국을 담당하는 북미국과 조약국 등에 이에 대해 질의했습니다. 이런 과정을 거쳐 논의 군축·비확산을 담당하는 외교정책실에서 문제가 없다는 최종 판단을 내리자 구주국은 이를 수용하기로 했습니다. 이에 따라 문제의 성명은 2월 26일 월요일 반기문 차관, 이정빈 장관을 거치는 과정에서 걸러지지 않은 채 통과돼 버렸습니다.

외교부는 2000년 미국이 참석한 오키나와 G8 회의에서도 같은 문장이 포함된 성명이 통과됐고, 부시가 추진하는 NMD 체제 반대가 아닌 가치중립적 표현이기에 아무런 문제가 없다고 주장했습니다.

그러나, 2001년 3월 정상회담을 위해 미국을 방문한 김대중 대통령이 이에 대해 유감을 표명, 외교부가 사안을 잘못 처리한 것으로 결론났습니다. 김 대통령은 한·미 정상회담을 마친 후 귀국, "내가 이 문제로 미국 측에 얼마나 많이 사과를 해야 했는지 모른다"고 했습니다.

ABM 사건은 당시 서울대 백진현 교수의 지적대로 "미국이나 러시아 양국 모두에 신뢰를 주지 못한 일"로 기록됐습니다. 또, 정부의 공식해명과는 달리 우리 정부가 '러시아 카드'를 이용, 미국을 견제하고 독자적인 대북정책을 가속하려 했다는 의혹이 계속됐습니다. 한 전문가가 익명으로 한 평가는 이 문제에 대한 핵심을 짚고 있습니다. "김대중 정부가 NMD체제 문제의 중요성을 모른 채 한러 공동성명을 냈다면 직무유기이고, 알고도 그렇게 했다면 미국을 몰라도 한참 모르는 외교적 미숙이라고 밖에 할 수 없다."

반기문 차관, 외교부 자성론 제기

결국 반기문 차관은 2001년 3월7일 외교부 전 직원이 참석하는 비공개 조회를 소집, '외교부 자성론(自省論)'을 제기했습니다. "한러 공동성명에 언급된 ABM조약 관련 문구는 국제사회에서 통용되는 것이었으나, 외교부가 국제사회의 상황변화에 미처 신경을 쓰지 못했다는 지적이 있다. (NMD체제 관련) 좋지 않은 결과가 나와 국민에게 누를 끼친 데 대해 반성해야 한다."

그는 또, "외교부는 상하(上下)의 의견이나 명령은 잘 전달되나 횡적인 논의나 정보 공유가 잘 되지 않고 있다. 앞으로 각 부서간의 협조를 긴밀히 하고, 다른 부처와의 관계에도 신경을 기울여 달라"고 말했습니다. 이날 직원 조회에 참석했던 외교부 직원들은 "한미 정상회담을 앞두고, 미국을 자극하는 듯한 일이 발생한 데 대해 미국통인 반 차관이 도의적인 책임을 느끼는 것 같다"고 말했습니다.

P.S. 이정빈, "ABM 사건 문제될 것 없다"

당시 한미 정상회담에서 이정빈 장관은 ABM 사건 처리 방식에 대해 다른 입장을 갖고 있었습니다. 미국에 그 과정을 설명하고 이해를 구해야 하는 사안일 뿐, 사과할만한 일은 아니었다고 생각했습니다. 그는 "한러 정상회담에 포함된 ABM 관련 내용은 G8 정상회의에서 사용한 표현이고, 러시아와 다른 국가와의 정상회담에서도 들어가 있으므로 문제 되지 않는다고 볼 수 있었는데, 대북 화해정책을 추진 중인 김 대통령이 부시 행정부의 지지를 얻기 위해 사과했다"는 입장을 견지했습니다.

DJ-부시 회담 실패후 외교장관의 국무회의 불참

2001년 김대중 대통령과 조지 W 부시 미 대통령간 첫 정상회담 실패 여진이 계속되던 때였습니다. 3월 22일 오전 외교부 기자실에서 오전 보고를 마치고 잠시 쉬고 있던 차에 평소 친분이 있던 분으로부터 전화를 받았습니다.

"이 기자, 어제(21일) TV 뉴스를 보니 김대중 대통령이 주재한 국무회의에 이정빈 외교부 장관 대신 반기문 차관이 참석했는데 무슨 일이 있었나. 외교부 장관이 국내에 있는데 왜 차관이 참석했는지 궁금하네."

이정빈 외교통상부 장관이 2001년 3월2일 기자간담회에서 국가미사일방어(NMD)체제에 대한 기자들 질문에 답하고 있다.

반기문 차관 대신 참석시킨 후 장관실에 머물러

전화를 끊고 나서 확인해 보니, 이 분의 말이 맞았습니다. 이 장관을 대신해 반 차관이 국무회의에 참석한 겁니다. 이상하다는 생각이 들었습니다. 국무위원은 출장 중이거나 정상급의 외빈(外賓)을 만나는 등의 중요 행사를 제외하고는 대통령이 주재하는 국무회의에 불참할 수 없다는 점에서 이례적이었습니다. 이 장관은 21일 국무회의에 나가지 않을 만한 행사가 없었습니다.

이에 대해 장관실에 확인하니 "이 장관이 신라호텔에서 열린 한국·유럽안보협력기구(OSCE) 회의에 가느라 국무회의에 참석 못 했다"는 답이 돌아왔습니다. 당시 20일부터 이틀간의 일정으로 서울 신라 호텔에서 '한·OSCE 회의'가 열리고 있었습니다.

이는 유럽의 신뢰구축 경험을 동북아에 적용할 수 있는지를 논의하기 위해 정부와 OSCE가 공동주관하는 회의로, 미국·러시아·중국 등 60여 개국 100여 명의 전문가가 참석했습니다. 저는 마침 이 회의에 참석한 얀 큐비스(Jan Cubis) OSCE사무총장을 만나 인터뷰를 한후 21일 자 신문에 이를 기사화해서 그 내용을 잘 알고 있었습니다.

李외교 왜 閣議 불참했나

"OSCE회의 가느라 못가" 해명
실제론 정부청사 떠난적 없어

개각(改閣)이 내주로 예고돼 있는 가운데, 이정빈(李廷彬) 외교통상부 장관이 21일 김대중(金大中) 대통령이 주재한 국무회의에 특별한 이유 없이 불참하고 자신의 집무실에 머물러 있었던 것으로 알려져 관심이 증폭되고 있다.

정부 관계자들에 따르면, 이 장관은 이날 오전 9시쯤 반기문(潘基文) 차관에게 전화를 걸어 10시 청와대에서 열리는 국무회의에 대신 참석하도록 지시했다. 이에 따라 이날 오전 국회 통일외교통상위원회 위원들과 간담회를 가질 예정이던 반 차관은 국회의원들에게 양해를 구한 뒤, 황두연(黃斗淵) 통상교섭본부장과 국무회의에 참석했다.

이에 대해 이 장관의 비서진은 "이 장관이 신라호텔에서 열린 '한국·유럽안보협력기구(OSCE) 회의 2001'에 참석하느라 국무회의에 참석하지 못했다"고 말했으나, 실제로 이 장관은 이날 오전 정부청사를 떠난 적이 없었던 것으로 확인됐다.

국무위원은 통상 출장 중이거나 외빈(外賓)을 만나는 등의 중요행사를 제외하고는 대통령이 주재하는 국무회의에 불참하는 경우가 거의 없다.

/李河遠기자 may2@chosun.com

이정빈 외교부 장관의 국무회의 불참을 보도한 조선일보 2001년 3월 23일자 5면 기사.

의아한 생각에 OSCE 회의 한국 책임자 K씨에게 전화를 걸었습니다. 그는 "이 장관은 20일 개막식에서 오셔서 연설하고 가셨는데 그게 무슨 소리냐"고 반문했습니다. 21일 장관이 온 적이 없다는 겁니다.

취재해 보니, 실제로 이 장관은 이날 오전 정부청사를 떠난 적이 없었던 것으로 확인됐습니다. 이 장관은 국무회의가 열리는 21일 아침 일찍 반기문 차관에게 전화를 걸어 청와대에서 열리는 국무회의에 대신 참석하도록 지시했습니다. 이에 따라 이날 오전 국회 통일외교통상위원회 위원들과 간담회를 가질 예정이던 반 차관은 의원들에게 양해를 구한 뒤, 국무회의에 참석했습니다. 이런 내용을 담은 기사가 22일 저녁 조선일보 가판부터 실리자 외교부는 '오보'라며 다른 매체가 받아쓰지 못하도록 대응했습니다.

정국 악화로 무거운 분위기의 국무회의

DJ가 한미정상회담에서 햇볕정책에 대한 지지를 받는 데 성공하지 못한 후 '외교부 장관 교체설'이 나오자 이 장관은 경질을 예감하고, 이날 오전 내내 집무실에 머물렀던 것으로 알려졌습니다. 당시 정국의 악화로 1주일 전 국무회의 분위기가 좋지 않았던 것이 영향을 미쳤다는 분석도 나왔습니다. 실제로 당시 대규모 개각설이 나올 정도로 상황이 악화하고 있었습니다. 특히 의료보험 재정 파탄, 의약분업 후유증 등의 보건복지부 문제로 청와대가 코너에 몰리고 있었습니다. 이 장관이 불참한 21일 국무회의도 김 대통령이 불편한 심기를 숨기지 않을 정도로 분위기가 무거웠습니다. 조선일보는 21일 열린 국무회의 풍경을 이렇게 전했습니다.

> 김대중 대통령이 21일 오후 최선정 보건복지부 장관을 전격 경질하리라는 흐름은 오전 청와대 국무회의에서부터 나오기 시작했다. 김 대통령은 특히 10시부터 1시간 30분간 회의를 주재하면서 "국무회의를 개회합니다"와 "폐회합니다"란 두 마디 외에는 아무 말도 하지 않아 의료보험

재정파탄 문제에 대한 극도의 불편한 심기를 내비쳤다. 내각에 대한 일종의 불만표시였다. 또 회의 말미에 최 장관의 보고를 들으면서 얼굴이 일그러지기까지 해, 분노가 폭발하기 직전 같은 느낌을 주었다고 한다. 최 장관이 "심려를 끼치고 주무 부처가 예측을 잘못해 죄송하게 생각한다"면서, "그러나 의약분업을 하면 돈이 더 들 수밖에 없다" "시행한 지 3~4개월밖에 되지 않아 평가는 아직 이르다"고 '자기변명'성 발언을 늘어놓았기 때문이었다. 한 참석자는 "최 장관이 근본자세가 안 돼 있다는 느낌을 받았다"면서, 이것이 전격 경질의 이유가 됐을 것이라고 했다. 일각에서는 또 최 장관을 전격 교체한 데는 재정파탄 문제에 대한 국민불만이 점증하는 가운데, 주무 장관을 경질해 새 사령탑으로 하여금 후속대책을 마련토록 하는 '전략적 고려'도 한몫 했을 것이라고 해석하기도 한다. 김 대통령은 이후 이 총리가 "대통령님의 마무리 말씀이 있겠습니다"라고 말했으나, 별도 발언을 하지 않고 폐회 방망이를 두드린 뒤 곧바로 회의장을 떠났다. 이 총리 등 국무위원들과 심지어 경호원들마저 깜짝 놀라 허둥댔다고 한다.

장관의 폭탄발언에 차관보가 달려와 해명

최선정 복지부 장관 전격 경질에 이어 개각이 예정돼 있는 상황에서 이정빈 장관이 3월 23일 '폭탄 발언'을 하는 사건이 발생했습니다. 이 장관은 당시 공개석상에서 "미국은 한·미 정상회담 교섭과정에서 우리에게 국가미사일방어(NMD) 체제 추진에 찬성해 줄 것을 요구했다"며 "그러나 우리가 동의하지 않자 백악관은 추후 브리핑에서 '미국은 NMD와 관련, 한국의 지지를 요청하지 않았으며, 한국도 지지입장을 밝힌 바 없다'고 말했다"고 했습니다.

이어서 이 장관은 "푸틴 대통령이 방한 당시 국회연설을 통해 주한미군 철수문제를 제기하려 했으나 '그 문제는 당신들과 얘기할 문제가 아니다'라고 우리가 주장해 (그 대목을 연설문에서) 없앴다"고 했습니다. 두 가지 모두 미국, 러시아와 관련된 중요한 외교사안이었습니다.

이 장관의 발언은 즉각 큰 파문을 불러 일으켰습니다. 이 사실이 일부 매체를 통해 인터넷에 먼저 보도된 후, 임성준 차관보가 급히 기자실을 찾아왔습니다. 임 차관보는 이 장관 말을 180도 뒤집는 해명을 했습니다.

임 차관보는 "미국이 한미정상회담교섭 과정에서 우리의 NMD체제 찬성을 요구한 바가 없다"고 수차례 언급 후, "NMD체제에 대한 미국 측의 요청을 지금 우리가 찬성할 입장이 아니고, 우리가 견지한 입장을 일관성 있게 지켜왔다고 (장관이) 말한다는 게 잘못됐다"고 했습니다. "미국 측은 NMD체제 찬성요청을 하지 않았다. 백악관 브리핑에서 한 것이 사실이다. 그렇게 이해해 달라"고 했습니다. 이 장관의 발언을 180도 뒤집는 해명이었습니다.

러시아와 관련해서는 "러시아가 국회 연설에서 대통령 연설에서 주한미군에 관한 언급이 있을 것이라는 힌트가 있었다. 이 문제는 한미 간의 동맹관계속에서 주한미군이 존재하는 것이고, 여기에 대해서 언급하는 것이 적절치 못하다는 입장을 전달했다. 그래서 러시아가 이해를 했다"고 했습니다. 임 차관보는 당시 "양국의 정상회담의 교섭과정이 대외적으로 밝혀지는 것은 바람직하지 않기에 협조를 요청한다"고 했습니다.

그러나 외교부 장관이 공개석상에서 공개적으로 한 발언에 대해 보도하지 않는 것은 불가능했습니다. 외교부의 보도 자제 요청 자체가 무리였습니다. 당시 이 장관이 신문·TV 기자 등 20여 명의 취재진이 지켜보는 앞에서 민감한 사안을 공개한 데 대해 어떤 의도가 있었던 것 아니냐는 관측도 나왔습니다.

김대중 정부는 NMD 관련, 미국으로부터 공식적인 지지 표명을 요청받은 바 없다고 밝혀왔으며, 미국도 요청하지 않았다고 밝혔습니다. 또 푸틴 러시아 대통령이 방한, 주한미군 철수를 언급하겠다는 의사를 밝힌 것이 알려짐으로써, 한미, 한러 간은 물론, 미국과 러시아 간 외교문제가 발생할 가능성도 배제할 수 없게 됐습니다.

이 장관은 파문이 커지자 직접 기자실을 찾아 NMD체제 문제에 대해 "미국이 정상회담 교섭과정에서 NMD체제에 대한 찬성을 지지한 적이 없는데, 한러 정상회담에서 러시아가 우리나라에 지지를 요청한 사실과 헷갈려 잘못 표현했다"고 해명했습니다. 한미·한러 정상회담을 헷갈렸다는 것입니다. 그러나 러시아의 주한미군 철수요구와 관련, "푸틴 대통령이 국회 연설과정에서 주한미군 문제를 언급하겠다는 의사를 우리 측에 전해 왔으나, 이는 한미 간의 문제이므로 삭제했다는 것을 보도차원이 아닌 뒷얘기 차원에서 한 것"이라고 말해 사실임을 뒷받침했습니다.

퇴임사에서 '자존외교' 언급

이정빈 장관은 NMD 파문을 일으킨 지 3일 만에 3·26 개각에서 경질됐습니다. (같은날 노무현 해양수산부 장관도 8개월 만에 교체됐습니다.) 이 장관은 이날 이임식에 앞서 기자실을 찾았습니다. 자신의 거취를 둘러싼 언론 보도에 굉장히 서운한 마음을 가지고 있는 듯했습니다.

이 장관은 이날 기자들이 일제히 취재수첩을 꺼내 들고 취재를 하는 가운데 하고 싶은 말을 했습니다. 기자들은 이 장관이 자신의 발언을 언론이 보도해 주기를 바란다고 해석했습니다. 간담회의 요지는 이렇습니다.

"그동안 신세 많이 졌다. 우리 같은 중소국가 입장에서 가장 필요한 것은 국민의 지지다. 국민의 전폭적인 지지가 필요하다. 지난 59년 외교관이 된 후 유감없는 외교관 생활을 했다. 일부에서 (장관)자질이 없다느니, 자리에 연연한다고 하는데, 그런 식으로 기억되고 싶지 않다. 김대중 대통령께서 나를 장관을 시킨 것은 실무적으로 도움이 돼서 시켰을 것이다. 41년간 외교관을 한 나를 두고, 장관 자질이 없다는 말을 하는데, 내가 1급, 2급 비밀을 모를 사람이냐. 외무장관은 국익을 위해서 동쪽을 칠 때 서쪽도 쳐야 한다.

외교부를 위해서 그동안 한 일은 보람있었다. 나만큼 한미관계의 중요성을 강조한 사람은 없다. 반미감정이 나올 때 내가 먼저 앞장서서 저지했다. 한반도 주변관계는 한미관계 축이 가장 중요하다. 그러나 또 다른 축이 무너지면 바람직하지 않다. 우리 국가의 자존이 중요하다. 자존이 있고 나서 한미관계가 있다.

서글픈 것은 지난번에 미국 갔을 때 뭔가 새로운 것을 하려고 하는데, 우리나라 신문은 미국신문이 쓰면 그대로 카피했다. 미국신문이 동으로 가면 동으로, 서로 가면 서로 간다. 우리나라의 대외관계를 하는데 왜 미국신문하고 똑같아야 하느냐. 내가 자리 연연한다고 했는데, 천만의 말씀이다. 벌써 한 달 전에 사의를 표명했었다. 할 일은 내가 해야겠다는 소신으로 했다. 자리연연했다는 것은 아니라는 것을 분명히 해야겠다.

보안을 제대로 유지하지 못하고, 장관이 단세포적으로 외교를 할 수 있겠느냐. 할 만한 이유가 있기때문에 발언한 것이다. 내가 떠나더라도 우리의 자존은 누군가 지켜야 한다.

우리 언론에서 외교를 도와야 한다. 그동안 1년 동인 일도 많이 있었다. 섭섭한 것은 일부 언론에서 '자질 없는 사람'이라고 한 것이다. 41년 동안 외교관 해서 후회 없다. 중앙청에서 정부종합청사까지 몇백 m밖에 안 되는 거리를 오는 데 41년 걸렸다. 상황들이 바뀌는데, 외부변화를 못 느끼고 지냈다. 70년대 통하던 것이 안 통하게 됐다. 이를 빨리 터득해서 살아야 한다. 70, 80년대 구설수에 오르지 않은 것이 2000년대에는 구설수에 오른다. 열심히 외교하기 위해서 일했던 사람 중의 하나로 기억되기를 바란다"

이 장관의 이날 발언은 3일 전 한미정상회담의 협상 기밀을 공개해 파문을 일으킨 것을 염두에 둔 듯합니다. 이 장관은 두 차례에 걸쳐 자신의 발언이 실언이 아니었음을 시사했습니다. 자존을 지키기 위해서 얘기했다는 것이지요.이 장관이 뜻하는 '자존'이 무엇인지를 두고, 기자들 간에 설왕설래가 일어나기도 했습니다.

파자마를 입은 채 기자 맞던 소탈한 스타일

2000년 1월 13일 이 장관 임명부터 퇴임까지의 전 과정을 지켜봤습니다. 2000년 1월 14일 아침 일찍 첫 출근을 하는 이 장관을 인터뷰하기 위해 압구정동 아파트를 찾았을 때 파자마를 입은 채 저를 맞았던 모습을 기억합니다. 이 장관은 그때 "외교부의 인사제도가 개선돼야 외교가 발전할 수 있다. 재임기간 동안 인사제도 개혁에 주력하겠다"고 취임 일성을 밝혔습니다. 이 장관의 말대로 이 장관의 재임기간중 인사제도 개혁안이 마련됐습니다. 그 골간은 지금도 유지되고 있습니다.

이 장관은 세련된, 어떤 의미에서 차가운 인상을 주는 외교관의 인상이 아니라 동네 할아버지의 구수한 인상입니다. 이 장관과 같은 공관에서 함께 근무했던 외교관들 중에는 그를 따르는 이도 많았습니다. 만나보면 소탈하고, 후배들 잘 챙겨주고, 의리가 있다는 것이죠. 인간적인 모습의 이 장관이 그다지 유쾌하지 못한 모습으로 퇴임하는 것을 목격한 것은 안타까운 일로 기억에 남아 있습니다.

서울 온 체니 부통령, 미 대사관 이전 문제에 불만 토로

노무현 대통령 직무 정지 상태에서 미 부통령 방한

2004년 3월 야간 취재를 통해 한 소식통으로부터 "딕 체니 부통령이 방한할 것"이라는 얘기를 들었습니다. 처음엔 그의 방한 가능성이 작다 판단, 그 말에 무게를 두지 않았습니다. 왜냐하면 바로 직전인 3월 12일 국회에서 노무현 대통령에 대한 탄핵 소추안이 가결돼 대통령 공백 상태였기 때문이었습니다. "대한민국 역사상 첫 대통령 탄핵으로 정국이 혼란한 상황에서 과연 미국 부통령이 방한할 수 있을까." 이렇게 생각하며

딕 체니 전 미국 부통령이 2018년 5월 16일 서울 워커힐호텔에서 열린 아시안리더십콘퍼런스에서 함재봉 아산정책연구원장의 질문에 답하고 있다. 체니 전 부통령은 "미·북 회담이 성공적으로 이뤄지길 바라지만 실패 가능성도 염두에 둬야 한다"고 말했다.

확인 취재를 하다가 그의 방한이 양국 간에 비공개리에 논의되고 있음을 파악했습니다. 그래서 이를 데스크에 보고, 조선일보 2004년 3월 19일자 1면에 체니 부통령 방한 기사를 썼습니다.

> 딕 체니〈사진〉 미국 부통령이 우리 정부 초청으로 다음 달 15일쯤 방한(訪韓)할 것으로 알려졌다. 정부 소식통은 이날 "체니 부통령이 북핵문제 해결을 위한 6자회담에서의 한·미 협력방안을 비롯해 용산 미군기지 이전, 미 2사단 재배치, 주한미대사관 신축부지 문제 등 양국 간 주요 현안에 대해 우리 정부 관계자들과 논의하기 위해 4월 15일 방한할 것"이라고 말했다. 딕 체니 부통령은 방한 기간 중 고건(高建) 대통령 권한대행과 만나 한·미 양국간 주요현안을 협의하고 반기문(潘基文) 외교통상부 장관과도 만날 예정이다. 체니 부통령은 당초 작년 4월 방한키로 했다가, 미국의 이라크 공격이 3월에 시작됨에 따라 방한을 취소했었다. 체니 부통령의 방한은 노무현 대통령에 대한 국회의 탄핵안 가결 이전부터 추진돼온 것으로 알려졌다.

조선일보의 '체니 미 부통령 방한' 특종은 여러 측면에서 억측을 낳았습니다. 왜 조선일보가 노 대통령 탄핵 중 미 부통령이 방한하는 기사를 썼는지, 그 배경에 관심을 가진 이들도 있었습니다. 특히 17대 총선이 실시되는 4월 15일 체니가 방한할 것으로 알려져 탄핵 정국과 총선 등 국내 정치 상황과 연계시켜보려는 정치적 해석이 나왔습니다.

이에 대해 외교부는 "체니 부통령 방한은 탄핵안 가결 이전부터 추진돼 왔다"고 강조했습니다. 정부는 체니 부통령의 방한 일이 총선일과 겹친 것에 대해서도 아무런 의도가 없다고 해명했습니다. 부시 행정부가 중국, 일본 등 3국 순방 일정을 조정하는 과정에서 한국 방문이 '우연히도' 15일로 잡혔다는 것입니다. 미국은 그동안 한반도문제 협의를 위한 고위 관리의 동북아지역 방문외교 때 한·중·일을 함께 순방하는 게 관례였습니다.

체니는 국방장관 시절인 1990년 2월 14일부터 4일간 한국을 방문한 후 이번이 처음이었습니다. 그는 90년대에 비해 한·미 동맹관계에 갈등 요인이 많이 생겨난 후의 서울을 직접 찾아 의견을 청취하고 싶어하는 것으로 알려졌습니다.

당시 우리 정부는 체니의 방한을 준비하면서 헌법재판소의 탄핵안 처리가 4월 15일 전까지 이뤄지지 않을 경우 노 대통령 예방이 불가능하다는 것에 무척 신경을 썼습니다. 정부 관계자는 3월 12일 탄핵안 가결 직후 미국 측에 이 같은 사정을 설명하면서 "그래도 방한을 원하는가"라고 문의하자 미국 측은 "괜찮다"며 예정대로 방한하겠다는 의사를 전해 왔다고 합니다.

그럼에도 여전히 고민거리가 남아 있었습니다. 탄핵 파동이 없었다면 체니는 노 대통령을 예방하고, 카운터파트인 고건 총리와 주요 현안에 대해 협의를 하기로 돼 있었습니다. 그런데, 탄핵사태로 고 총리가 대통령 권한대행 자격으로 체니와 오찬을 겸한 회담을 하게 되면서 정부 관계자들은 회담내용과 의전문제 등에 대해 고심했습니다. 고 대행이 노 대통령이 할 수 있는 말까지 다 해야 할 것인지, 아니면 '권한대행' 총리에 걸맞은 수준에서 할지를 걱정했던 겁니다.

열린우리당 총선 승리 다음날 체니와 회담

예정대로 4월 15일 체니가 방한했습니다. 그날 실시된 17대 총선에서 노무현 대통령의 열린우리당이 299석 중 152석을 차지하며 과반 의석을 확보했습니다. 노무현 대통령 탄핵에 반대하는 여론이 반영된 결과였습니다. 한나라당은 121석으로 완패했습니다.

고건 대행은 다음날인 16일 총리공관에서 1시간 30분 동안 오찬을 겸해 체니와 회담을 갖고 "총선을 통해 열린우리당이 과반수 안정의석을 확보한 것은 국내정치 안정에 큰 도움이 된다"며 "이를 바탕으로 참여정부가 지금까지 추구해 오던 외교안보정책을 변화없이 강력하게 추진할 바탕이 마련됐다"고 했습니다. 또 "참여정부의 시장경제와 경제정책기조는 변화가 없으며, 50년 한·미동맹관계를 더욱 강화해 나가야 한다"고 했습니다.

이에 대해 체니는 "(탄핵사태 이후) 한국의 안정된 상태에 대해서 깊은 인상을 받고 있다. 특히 총선이 안정적으로 추진된 것은 한국 국민의 강화된 민주주의를 보여주는 것"이라고 했습니다.

이라크 사태와 관련, 체니 부통령은 우리나라의 추가파병에 대해서 사의를 표명한 후, "이라크에 대한 한국의 기여에 대해 한국 내에서 논쟁이 있는 것을 잘 알고 있다"며 "그러나 양국의 긴밀한 협력을 통해서 민주적인 대의민주주의를 이라크, 아프가니스탄에 세우는 것이 대단히 중요하다"고도 했습니다.

뒤늦게 쟁점된 미 대사관 부지 문제

그런데 체니가 회담을 마치고 간 후부터 당시엔 주목받지 못했던 사안이 불거지기 시작했습니다. 체니가 고 대행에게 미국 대사관 이전 문제를 거론, "건물이 너무 작고, 오래됐으며 필요한 시설이 갖춰져 있지 않아 문제가 많다"며 불만을 토로하며 우리 정부에 조속한 해결을 촉구했다는 겁니다.

사실 주한 미국대사관의 이전 문제는 1980년대부터 시작되었습니다. 당시부터 미 행정부는 미국의 위상에 비춰볼 때 현재의 세종로 건물은 낡고 보안에 문제가 많다며 이전 문제를 제기했습니다. 미국은 주한미국대사 관저와 맞붙은 옛 경기여고 부지를 선호했으나 문화재 문제로 사실상 좌절됐습니다. 이후 진전이 없자 체니가 방한 중 알려진 것보다 훨씬 더 강한 톤으로 문제를 제기했다는 겁니다.

미국은 1980년대 옛 경기여고 터로 대사관을 이전하는 계획을 세웠으나 2000년대 들어 반미 정서가 확산되고 문화재 조사결과 미국에 불리한 결과가 나오면서 뜻을 이루지 못했다. 미국은 용산미군기지의 일부였던 캠프 코이너 부지로 2030년경 이전할 계획이다.

그래서일까요? 체니가 떠난 후 약 3주 만인 5월 초 정부는 주한 미국 대사관 신축 부지로 당초 거론되던 옛 경기여고 부지 대신 용산 미군기지 내 '캠프 코이너(Camp Coiner)'를 대안으로 사실상 확정했습니다. 고 대행은 5월 4일 기자들과 만나 "미 대사관이 용산의 '캠프 코이너'로 (신축) 이전하는 데 큰 문제가 없을 것"이라며 "옛 경기여고 부지와 캠프 코이너를 맞바꾸게 될 것"이라고 말했습니다. 그는 '딕 체니 부통령이 지난달 방한했을 때 정부가 대사관 부지로 종로구 송현동 일대를 제시했는가'라는 질문에는 "정부는 송현동 부지를 제시했으나 미국 측에서 꼭 서울의 사대문 안이 아니라도 괜찮다는 입장이었고, 따라서 그 문제는 해결된 것이나 다름없다"며 이같이 말했습니다.

이에 따라 용산기지 이전과 함께 주한미대사관을 신축할 경우, 서울 세종로에 있는 주한 미국 대사관은 이르면 2008년쯤 이전할 가능성이 있다는 관측이 나오기도 했습니다.

하지만, 당장 주한미국대사관에서 이를 반박하는 입장이 나왔습니다. 당시 주한미국대사관은 모린 코맥 공보관을 통해 "체니 부통령이 고건 대통령 권한대행과 만나 그런 이야기를 나눴다는 것을 대사관 신축 담당자도 알지 못한다"고 반박했습니다. 코맥 공보관은 "주한미대사관은 옛 경기여고 부지에 대한 한국 정부의 입장을 전달받지 못했다는 말 외에는 언급할 내용이 없다"는 입장을 발표했습니다. 고 대행이 캠프 코이너 부지에 미대사관을 짓는다고 일방적으로 발표한 것에 대한 불만을 표현한 겁니다.

그후 지난 20년간 주한미대사관 이전 문제는 사실상 아무런 진전도 없는 상태입니다. 이대로라면 상당기간 동안 주한미대사관은 세종로를 못 떠날 것이 분명한데, 미 대사관 문제가 원만히 풀려가지 않으면 장차 한미 간의 갈등 요인이 될 수도 있다는 우려가 나오기 시작했습니다.

경기여고 터로 대사관 이전 무산되자 탁자 내려친 미국 외교관

"왜 미국만 사대문 바깥으로 옮겨야 하느냐"

2004년 4월 노무현 대통령이 탄핵으로 직무가 정지된 상태에서 딕 체니 미 부통령이 방한, 주한미국대사관 이전 문제에 대한 불만을 토로하고 돌아간 후의 일입니다. 미국 정부의 고위 관리 Z씨와 만나 한미관계에 대해 이야기를 나누게 됐습니다. 맥주를 나누며 대화를 시작하자마자 그가 "체니 부통령이 고건 대통령 권한대행을 만난 자리에서 미 대사관 부지 문제를 이야기했는데, 이는 매우 이례적인 일"이라며 대사관 이전 문제를 꺼냈습니다.

그는 "미 대사관 부지 문제는 한미관계에 아주 심각한 문제가 되고 있다"고 목소리를 높였습니다.

그는 한국을 잘 아는 지한파 외교관이었는데, "대사관 부지 문제에 대해서 우리는 매우 슬프다. 나뿐만 아니라 모든 직원이 화가 나 있다"며 오른손으로 탁자를 내리쳤습니다. 앞에 앉아 있던 저는 깜짝 놀랐습니다. 그는 주한미대사관이 이전해야 하는 이유로 "너무 낡고, 비좁고, 숙소 문제가 해결되지 않아 유능한 외교관들이 한국 근무를 꺼리고 있다"고 했습니다. "왜 중국, 일본, 러시아, 영국, 캐나다 등 주요국 대사관이 모두 사대문 안에 있는데 미국대사관만 멀리 떨어져 나가야 하느냐"고 항의하듯 말했습니다.

미국 외교관이 한국 기자 앞에서 이 같은 행동을 할 정도로 미국은 불만이 많았습니다. 대통령 권한대행인 고건 총리가 2004년 5월 4일 주한미대사관 신축 부지가 용산 미군기지 일부인 '캠프 코이너'로 정해졌다고 발표하자 모린 코맥 주한미대사관 공보관이 "한국정부의 입장을 전달받지 못했다"는 요지의 두 문장짜리 성명을 발표한 것은 시사하는 바가 컸습니다.

세종문화회관 쪽에서 바라본 주한미대사관 전경. 미국은 이 건물이 좁고, 낡았다며 오래전부터 이전을 추진하고 있으나 실현되지 못하고 있다.

사실 노무현 정부가 미국이 '2류' 부지로 판정 내린 캠프 코이너안을 기정사실화하며 발표한 것은 고육지책이었습니다. 노무현 정부는 미국이 이곳을 내켜 하지 않는 것을 알지만, 더 이상 부지 선정을 늦추는 것보다는 차선책이라도 결정하는 것이 낫다고 판단했습니다. 체니 미 부통령이 방한 중 대사관 문제를 집중 거론한 것이 정부의 최종판단에 영향을 미쳤던 겁니다.

미국, 대사관저 인근 옛 경기여고 부지 선호

미국이 원래 주한미대사관 이전 부지로 점찍은 곳은 옛 경기여고 터입니다. 미국은 정동 미 대사관저 옆의 공사관저와 맞붙은 이곳(덕수초등학교 맞은편)을 선호했습니다. 여기에 대사관을 만들어 대사관저-공사관저-대사관으로 연결되는 '아메리카 타운'을 만들 예정이었습니다. 이에 따라 전두환 정권 시절인 1986년 당시 주한미대사가 서울시장과 재산 교환 양해각서를 맺었습니다. 미국은 을지로 롯데호텔 맞은 편의 미 문화원 부지와 경복궁 옆의 송현동 땅을 내 주는 대신 옛 경기여고 터를 소유하게 됐습니다. 여기에 지하 2층, 지상 15층, 연건평 5만5000㎡ 규모의 대사관 건물을 세운다는 계획을 만들었습니다. 도쿄 중심가 록폰기의 주일미대사관 숙소처럼 직원 아파트와 군인 숙소도 건립할 예정이었습니다.

하지만, 1987년 민주화가 되고 한국의 국력이 신장되면서 상황이 달라지기 시작했습니다. 불평등한 한미 관계가 개선되면서 주한미대사관의 정동 이전 문제가 대두됐습니다. 2002년 미군 장갑차에 치여 사망한 효순-미순 사건을 계기로 반미(反美) 기류가 커지기 시작했습니다. 2002년 대선에서 반미 정서를 활용했던 노무현 대통령이 당선된 후 "역사적 가치가 큰 정동 일대로 미대사관을 옮기는 것은 문제가 크다"는 지적들이 나왔습니다. '덕수궁 미 대사관 신축을 반대하는 시민모임' 등의 활동도 활발해졌습니다.

이런 상황에서 중앙문화재연구원은 지표조사 후, 미대사관 신축 예정지가 옛 궁궐터이므로 보존, 복원해야 한다는 보고서를 냈습니다. 2003

년 12월 문화재위원회 매장분과위원회는 이를 토대로 "사안이 중대하다"며 전체회의에 회부했습니다. 이는 사실상 미 대사관이 옛 경기여고 터로 이전하는 것은 불가능해졌음을 의미했습니다. (결국 2005년 1월 문화재위원회는 주한미대사관 신축 예정지 등 총 7800여 평을 문화유산 보호를 위해 보존하기로 결정했습니다.)

미국은 이런 과정을 잘 납득하지 못했습니다. 2004년 4월 15일 실시된 17대 총선을 통해 반미 성향의 '386' 운동권이 대거 국회에 진출, 미 대사관이 정동으로 이전되지 못하도록 방해한다고 분석하기도 했습니다. 이런 배경에서 만난 미 정부 고위 관계자 Z씨는 비아냥거리는 투로 "만약, 한국정부가 서울이 아니라 수원, 인천에 미국 대사관을 지으라면 얼마든지 그곳에 짓겠다"고도 했습니다. 한국에 대해서 큰 배신감을 느낀 듯 했습니다.

서울시, 2021년에야 미대사관 '지구 단위 계획' 확정

미국은 우리 정부가 내놓은 캠프 코이너 안을 어쩔 수 없이 받아들였을 뿐, 이를 좋아하지는 않았습니다. 미국은 용산기지를 반환한다고 하면서 한편에 주한미대사관이 들어서는 것이 장기적으로 한국 국민들에게 좋지 않은 이미지를 줄 것을 우려하기도 했습니다.

이후 주한미대사관 이전 문제는 기자들은 물론 일반인들의 관심에서 사라지기 시작했습니다. 그러다가 2021년 6월 서울시로부터 주한미국대사관 이전 관련, 중요한 뉴스가 나왔습니다. 서울시 도시·건축공동위원회가 용산구 주한미대사관 건축과 관련된 결정을 하자 "주한미대사관이 1968년부터 사용한 현재의 광화문 청사를 떠나 용산공원 북측 옛 용산미군기지 내 캠프 코이너 부지에 자리 잡을 예정"이라고 발표한 겁니다.

서울시는 주한미대사관 이전 부지를 녹지지역에서 용적률 200%의 제

2종 일반주거지역으로 변경, 높이 55m 이하, 최고 12층 높이의 건축물이 들어설 수 있도록 했습니다. 서울시는 2011년 주한미대사관 건축과 관련한 양해각서를 맺고 대사관 이전을 위한 '지구단위계획' 수립을 추진해 왔는데 10년 만에 이 같은 결정이 나왔습니다.

서울시는 2021년 용도변경을 해 주면서 신청사 착공이 건축허가 등 후속 절차를 거쳐 약 2년 후 이뤄질 전망이라고 했으나 아무런 진전이 없습니다. 주한미대사관은 2030년 이전을 목표로 한다고 하지만 그럴 가능성이 커 보이지 않습니다. 무엇보다 미 중앙정부에서 이전에 필요한 예산 배정이 제대로 안 되고 있습니다. 대사관 직원 숙소 건립 문제 또한 완전히 해결되지 않았습니다. 미국이 대사관 이전에 이렇게 소극적인 배경에는 "사대문 밖으로 밀려나 원하지 않는 곳으로 가게 됐다"는 불만이 여전히 자리 잡고 있는지도 모르겠습니다.

중국 베이징 한복판에 2004년 착공, 2008년 완공된 주중미대사관의 초기 전경. "미국 국무부의 두 번째로 큰 해외 건축 프로젝트로 동서양 디자인 전통을 조화롭게 결합한 아름다운 건축물"로 소개되고 있다.

주중미대사관은 요지에 4년 만에 완공

미국의 고위 관계자 Z씨가 대사관 문제에서 한국의 '비협조'를 중국과 비교한 것은 되새겨볼 만한 대목입니다. Z씨는 제게 "공산주의 국가인 중국을 보라. 중국은 미중 우호관계를 고려해서 베이징의 가장 좋은 위치에 최신식의 건물을 짓도록 했다. 곧 2~3년 내에 들어서게 된다"고 했습니다. 그의 말대로 주한미대사관과 비슷한 시기에 대사관 신축 논의를 시작했던 주중대사관은 2004년 베이징 한복판의 차오양(朝陽)구에 착공돼 2008년 완공됐습니다. 베이징(北京) 올림픽 개막식 참석을 위해 중국을 방문한 조지 W 부시 대통령이 개관식에 참석, 새로운 대사관 건립을 축하하기도 했습니다. 주중미대사관 홈페이지에 따르면 이곳은 대지 면적이 10에이커이고, 총 4억 3400만 달러의 건축비가 들었습니다. "미국 국무부의 두 번째로 큰 해외 건축 프로젝트로 동서양 디자인 전통을 조화롭게 결합한 아름다운 건축물"이라고 소개합니다. 주중미대사관이 베이징의 요충지에 신속하게 건립돼 위용을 자랑하는 것은 아직 이전 시기조차 확정하지 못한 주한미대사관과 여러 면에서 대비된다고 할 수 있습니다.

P.S. "미국에겐 일본이 있다는 걸 한국은 모른다"

2004년 탁자를 내리친 미국 외교관 Z씨의 발언 중 또 기억에 남는 것은 "미국에겐 일본이 있다는 것을 한국이 잘 모르고 있다"고 한 것입니다. "한국은, 미군이 한국 국민이 원하지 않아도 남아있으려 한다고 생각하는데, 그것은 완벽한 착각이다. 한국 국민이 원하지 않으면 우린 언제라도 한국을 떠난다. 한미동맹이 깨지면 우리에게도 약간의 손해가 되는 것은 분명하지만, 한국이 원하지 않는 것을 우리는 하지는 않는다"고도 했습니다. 그는 지나가는 말로 얘기했지만, 저는 이 말을 오래도록 마음에 새기고 있습니다. 미일동맹과 한미동맹의 격(格)을 나눠서 생각하는 미국의 본심을 무심결에 드러냈다고 생각합니다.

한국보다는 일본을 더 중시하는 미국의 입장은 여전하며 앞으로도 그럴 가능성이 큽니다. 특파원으로 활동했던 워싱턴과 도쿄에서 이를 절감할 때가 많았습니다. 저는 2024년 '1950 애치슨 라인, 2025 트럼프 라인'이라는 제목의 조선일보 〈태평로〉 칼럼에 이렇게 쓴 적이 있습니다.

"주한 미군 존재 의의를 일관되게 폄하하는 트럼프의 발언을 듣다 보면 1950년 한국을 미국의 방어선에서 제외한 애치슨 라인을 떠올리게 된다. 한반도를 김일성의 동족살해(同族殺害) 남침으로 이끈 애치슨 라인의 함의는 간단하다. 미국 입장에서는 한반도를 버려도 일본이 태평양의 방파제처럼 버티고 있기에 크게 걱정하지 않았던 것이다."

한국이 20년 전의 개발도상국에서 G7 진입을 거론할 정도로 덩치가 커진 것은 분명합니다. 주한미군이 일부 감축된다고 해도 큰 영향이 없을지 모릅니다. 하지만, 중국 러시아 북한에 둘러싸인 지정학적 숙명이 최근 더 무겁게 다가온다는 점에서 20년 전 Z씨의 발언은 여전히 많은 것을 생각하게 합니다.

부시, 노무현 탄핵 기각 3일만에 주한미군 감축 통보

노 대통령 복귀 축하하며 "이라크로 병력 차출" 알려

2001년 9·11 테러 이후 조지 W 부시 대통령이 시작한 이라크 전쟁이 2004년에도 계속되고 있었습니다. 미국은 2003년 대량살상무기(WMD) 보유 의혹과 테러 지원을 이유로 이라크를 침공하며 미국 본토 안팎의 주요 병력을 이곳에 집중시켰습니다.

노무현 대통령과 부시 대통령이 2005년 6월 한미정상회담이 열린 백악관 집무실에서 기자회견을 하고 있다. 부시 대통령은 2004년 노무현 대통령에 대한 탄핵이 기각되자마자 주한미군 감축을 통보했다.

이런 상황에서 5월 9일 당시 미국의 공영라디오방송(NPR)의 보도가 외교부 출입기자들의 눈길을 끌었습니다. "럼스펠드 미 국방장관이 이라크에 주둔 중인 미군 규모를 유지하기 위해, 한국과 다른 전략적인 분쟁 지역의 미군 병력을 이라크로 데려오는 것을 배제하지 않았다"고 보도한 겁니다.

럼스펠드 장관은 인터뷰에서 "한국 등 분쟁 지역에서의 미군을 이전하거나 한국 같은 분쟁 지역으로 투입되기 위한 준비를 하는 미군 병력을 이라크에 투입할 계획이 있느냐"는 질문을 받았습니다. 이에 대해 "우리는 이라크에 파견할 병력을 가장 적절한 지역에서 찾을 것이다. 세계 어느 곳에서도 억제력을 약화시키지는 않을 것이라는 점을 분명히 한다"고 답했습니다. 이라크 전쟁에서 승리하기 위한 '럼스펠드 독트린'을 가동하면서 한국을 포함, 세계 어디에서든지 미군을 차출하겠다는 입장을 분명히 밝힌 겁니다.

한국이 병력을 차출할 후보지역 중 하나로 거론이 되자 외교부 출입기자들이 취재에 들어갔습니다. 반기문 외교부 장관은 정례 브리핑에서 이에 대해 "주한미군의 해외 이동 문제는 당연히 한미 간 협의사항이다. 아직까지는 (그 문제가) 논의된 바가 없다"고 했습니다. 반 장관의 '아직까지는'이라는 말이 마음에 걸렸습니다.

한미관계 안 좋을 때 속전속결로 1만2500명 감축 결정

2004년은 국내적으로는 노무현 대통령 탄핵으로 어수선한 시절이었습니다. 야당인 한나라당이 주도해서 노 대통령이 선거 중립 의무 등을 위반했다며 탄핵 소추안을 발의했고, 여당인 열린우리당의 반대로 국회에서 격렬한 충돌 끝에 3월 12일 가결됐습니다. 헌법재판소는 두 달간의 심리를 거쳐 5월 14일, 노무현 대통령에 대한 탄핵소추안을 기각했습니다. 헌재는 노 대통령의 선거 중립 의무 위반 등 일부 혐의는 인정했지만 그것이 대통령직에서 파면할 정도의 중대한 위헌·위법 행위는 아니라고 판단했습니다.

이에 따라 노무현 대통령은 63일 만에 직무에 복귀했고, 탄핵 정국은 일단락되었습니다. 그런데, 노무현 대통령이 복귀한 지 3일 만에 미국에 의한 '주한미군 감축' 문제가 터져나오면서 새로운 정국으로 들어가게 됩니다.

외교통상부는 5월 17일 주한미군 2사단 1개 여단을 비롯한 4000여 명의 미군을 이라크에 투입한다는 데 합의했다고 밝혔는데, 이는 마치 블랙홀처럼 다른 모든 이슈를 빨아들이기 시작했습니다. 이라크로 차출되는 1개 여단이 6개월~1년간의 임무를 마친 뒤 한국에 복귀하지 않을 가능성이 커지면서 주한미군 감축으로 이어졌기 때문입니다. 당시 이라크로 차출되는 미군 부대는 경보병 위주로 구성된 미 2사단 제2여단과 지원 부대 등인데, 이들은 보유 장비인 수송 헬기와 장갑차 등과 함께 이라크로 가기로 했습니다.

주한미군 차출과 한국군 파병이 8월을 전후해 동시에 이루어져 주한미군 4000여 명과 이라크에 추가 파병되는 한국 자이툰 부대 3700여 명 등 총 7700여 명이 한반도에서 일시에 빠지게 돼 안보 공백이 우려됐습니다.

김숙 당시 외교부 북미국장은 "미 제2사단 전력 중 (핵심인) 항공·기갑·포병 전력은 이라크로 가지 않는다"고 하면서도 이라크 차출 주한미군의 한국 복귀 여부에 대해 "알 수 없다"고 했습니다.

이날 저녁 부시 미국 대통령이 노무현 대통령에게 전화를 걸어왔습니다. 부시는 노 대통령의 복귀를 축하하며 주한미군 파견에 대해서 설명했습니다. 청와대 윤태영 대변인은 "부시 대통령은 성공적인 이라크 주권 이양을 위해 주한미군 일부의 차출이 불가피함을 설명했으며, 노 대통령은 이에 대해 이해를 표시했다"고 발표했습니다. 부시는 2사단 일부 차출

서울 최저 14℃ 최고 22℃
어제 : 최저 13.3 최고 21.7
구름많고 낮 한때 비 조금
강수확률 오전40% 오후40%
▶상보 A9면

朝鮮日報

1920년 3월 5일 창간 제25942호 라 ☎ 080-900-0077, (02) 724-5114 The Chosun Ilbo

내달 주한美軍 감축협상

정부관계자 "美의 해외미군 재배치 일환"

반기문장관 "戰力공백 보완할것"

한·미 양국은 6월부터 미국의 '해외 주둔 미군 재배치 계획(Global Defense Posture Review·GPR)'에 따른 주한미군 재배치 및 감축 협상을 시작할 것으로 18일 알려졌다.

▶관련기사 A3·4면

정부 핵심 관계자는 이날 "한·미 양국이 작년 9월 부터 실무 차원에서 논의해오다 북핵문제 실마리가 제대로 풀리지 않아 중단했던 주한미군 감축문제에 대한 협상을 오는 6월부터 본격화하기로 한 것으로 안다"고 말했다. 이 관계자는 "미국은 작년 9월 초 '주한미군 1만2000명 정도를 감축할 수밖에 없다'는 입장을 비공식적으로 전달해왔으나 우리 정부는 북핵문제 등을 이유로 이에 대한 논의를 유보해달라고 요청, 올 상반기까지 논의를 중단키로 합의했었다"고 밝히고 "이번 주한미군 일부 병력 이라크 투입 등을 계기로 6월부터 이 문제를 본격 논의하기로 한 것으로 안다"고 말했다.

이와 관련, 정부의 다른 고위 관계자는 "주한미군도 미국의 해외 주둔 미군 재배치 계획에 해당된다"며 "어느 시점에서는 주한미군에 대해서도 한·미 간에 협의하게 돼 있었다"고 말했다.

이 관계자는 주한미군 일부 병력의 이라크 차출에 대해 "안보 공백은 없다고 판단하고 있다"면서 "그 보다는 국민들의 주한미군에 대한 심리적 의존감이 문제"라고 말했다.

이와 관련, 반기문(潘基文) 외교통상부 장관은 이날 정례 브리핑에서 "미국은 패트리엇 미사일을 포함, 공군·해군 전력 강화, 인근 지역의 전폭기 배치 등을 취한다는 점을 분명히 했다"고 말했다. 반 장관은 이어 "한반도의 전력 공백을 보완하기 위한 군사적 조치에 대해 양국 간 심도있는 협의가 이뤄질 것"이라고 말했다. 반 장관은 한국군 이라크 추가 파병 방침도 재확인했다.

한편 미 국방부의 고위 당국자는 이날 주한미군 병력의 이라크 차출이 GPR에 따른 것임을 밝히고, 이 병력의 한국 복귀 여부에 대한 결정은 내려지지 않았으며, 사실 (지금) 내려질 필요도 없다고 말했다. 그는 한국 복귀 여부는 (이라크) 근무기간이 끝나는 1년 뒤 결정될 것이라고 밝혔다.

이라크 주둔 연합군 대변인인 마크 키미트 준장은 바그다드에서 가진 브리핑에서 주한미군 이라크 차출에 대해 "주한미군에 관계된 결정은 이라크의 전술적 상황 때문이 아니다"며 "한국은 스스로 지킬 능력이 충분한 나라"라고 말했다.

워싱턴=주용중특파원 midway@chosun.com
이하원기자 may2@chosun.com

주한미군 감축협상을 보도한 조선일보 2004년 5월 19일자 1면.

에도 미국의 대한(對韓) 방위 공약에는 변함이 없다고 했지만, 주한미군 감축 논의는 급물살을 타게 됩니다.

한국에 통보하기 전부터 주한미군 이라크로 파견 정황

특히 미국이 6월 6일 통보해 온 '2005년 말까지 1만2500명 감축' 계획은 우리 정부의 예상보다 1년 이상 빠른 것이었습니다. 우리 정부는 그동안 여러 경로를 통해서 미2사단 재배치가 완료되고, 용산기지가 이전되는 2007년 이후에 주한미군 감축이 이루어질 것을 희망했습니다. 정부 관계자들은 공공연히 "우리 정부는 주한미군 감축을 앞당기고 싶어 하지 않는다"는 발언을 해왔습니다. 그러나 미국은 협상을 시작하자마자 2005년 말까지 감축하겠다는 입장을 분명히 했습니다. 미국 측은 주한미군 감축 협상을 11월 미국 대통령 선거 이전에 마무리 짓기를 희망하고 있었습니다. 외교부 관계자는 "이건 협상이 아니라 사실상 통보"라고 했습니다.

취재 결과, 주한미군 감축은 부시 행정부의 해외주둔 미군 재배치 계획(GPR)에 따른 것으로, 이미 2003년에 이 같은 구상이 완료된 것이 알려졌습니다. 폴 울포위츠 미 국방부 부장관은 "이미 1년도 전에(2003년) 휴전선 부근에 주한미군이 필요 없다는 결론을 내렸다"고 밝혔습니다. 노무현 정부의 일부 고위 관계자들에게 이런 입장을 2003년 하반기에 알렸다는 주장도 나왔습니다.

그런데, 당시 조선일보 취재망에는 미국이 주한미군의 이라크 파견을 통보하기 전부터 일부 병력을 이라크로 빼내던 정황이 포착됐습니다. 주한미군 2사단 일부에서 한 소대씩 단계적으로 파견하는 방법으로 주한미군을 차출했다는 정보가 들어왔습니다. 주한미군 헌병 수백 명이 2003년 말부터 괌, 오키나와, 하와이로 출장가는 형태로 한국을 나간 후, 이라크에 투입됐다는 제보도 있었습니다. "미군 범죄 수사대 등 주한미군 정보, 수사 요원 중 일부도 이라크인 포로를 신문하기 위해 차출됐다"는 얘기도 들려왔습니다.

카투사로 군 복무했던 저는 주한미군이 우리 정부에는 통보하지 않고 한국을 빠져나간 정황을 취재하기 위해 2사단 지역 취재에 나섰습니다. 의정부시의 캠프 레드 클라우드, 캠프 스탠리와 동두천시의 캠프 케이시, 캠프 호비 등의 기지촌에서 탐문 취재를 한 결과 이 같은 정황을 확인했습니다.

기지촌의 식당, 술집, 상점 등의 종업원들로부터 "그동안 친하게 지내던 단골 미군들이 이라크로 가게 됐다며 작별 인사를 하고 갔다" "캠프에 주둔하던 미군들의 일부가 이라크로 떠난 후 매출이 떨어졌다"는 얘기들을 취재했습니다. 이런 취재를 바탕으로 주한미군사령부에 "한국 정부에 미군 병력의 이라크 파견을 통보하기 전에 이미 상당수 병력을 보낸 것 아니냐"고 질의했으나 답변을 받지 못했습니다.

노무현 정권과의 불화도 주한미군 감축에 영향

당시 주한미군의 재조정은 근본적으로는 미국의 새로운 세계 전략과 이라크전의 여파 때문이었습니다. 미국은 2000년대 들어서 추진한 '1+4+2+1' 전략에 따라 전 세계 주둔 미군 재배치를 지속적으로 추진해 왔습니다. 이 전략은 미국 본토(1)와 동북아, 동남아, 유럽, 중동 등 4개 지역(4)에서 군사력을 전진 배치해 억지력을 확보하고, 두 개 지역(2)에서 동시에 전쟁이 발생해도 효과적으로 관리할 수 있도록 하며, 하나의 전쟁(1)에서는 결정적 승리를 목표로 합니다. 이러한 이유로 미군은 기동성 있게 움직여야 하며, 기존의 주둔군 재배치가 필요하다고 설명하고 있습니다.

여기에 노무현 정권과의 불화도 작용했습니다. 그동안의 한·미 안보동맹은 전 세계에서 찾아볼 수 없을 정도의 제도화되고 성공적인 동맹이었으나, 미국에 비판적인 정권이 들어오면서 관계가 달라지고 있었습니다. 한국군의 이라크 파병이 늦어지면서 주한미군의 이라크 파견을 막을 명분이 없다는 비판도 제기됐습니다.

무엇보다 노무현 대통령이 대선 후보 시절 훈련 중인 주한미군 장갑차에 치여 사망한 여중생 사건을 이용, 반미 감정을 불러 일으킨 사실이 악영향을 끼쳤습니다. "별 볼 일 없이 사진 찍으러 미국에 가지 않겠다"며 한미동맹을 경시한 것도 부시 행정부의 반발을 샀습니다.

미국으로부터 "주둔국이 원하지 않으면 우린 나간다"는 말이 들려오기 시작했습니다. 당시 미국의 고위 관계자가 제게 이런 불만을 토로하기도 했습니다. "노무현 정부는 미국이, 한국민이 원하지 않아도 남아 있으려 한다고 생각하는데, 그것은 완벽한 착각이다. 한국민이 원하지 않으면 우린 언제라도 한국을 떠난다. 미국에는 일본이 있다는 것을 한국이 잘 모르고 있다. 미국의 국방부는 한국에 대해서 큰 배신감을 느끼고 있다. 앞으로 한미 동맹 관계는 한국에 달려 있다. 한미 동맹 관계가 깨지면 우리에게도 약간의 손해가 되는 것은 분명하지만, 한국이 원하지 않는 것을 우리는 하지는 않는다."

청와대 "주한미군 차출에 과민하게 대응 말라"

당시 청와대의 입장은 "올 것이 왔다"는 입장이지, 주한미군 감축을 강하게 막겠다는 입장은 아니었습니다. 노 대통령은 관계 장관 회의에서 "주한미군 3000여 명 이라크로 차출하는 것은 있을 수 있는 일이다. 과민하게 대응하지 마라"고 했습니다. 이에 대해 외교부의 고위 관계자는 "청와대는 주한미군이 일부 떠난다면 어쩔 수 없다는 입장인데, 주한미군의 재배치는 큰 문제를 야기할 수 있다"며 크게 우려했습니다. 결국 부시 행정부는 노무현 정부의 반미 성향을 이용, 노 대통령 임기 중에 미군 감축과 재배치를 마치는 것이 미국의 국익을 위해 유리하다는 판단을 한 듯합니다.

한미 양국은 후속 협의에서 2004년 10월 5일 2005년에 완료하기로 한 주한미군 1만2500명 철수를 2008년으로 늦추기로 최종 합의했습니다. 이에 따라 미국은 이라크에 차출된 3600명을 포함, 5000여 명을 2004년 말까지 감축하고 나머지 병력은 2008년까지 단계적으로 철수했습니다.

도널드 트럼프 미 대통령은 1990년 성인 잡지 '플레이보이'와의 인터뷰 때부터 미군의 한국 주둔에 대해 부정적인 입장을 보여 왔습니다. 그는 기회가 있을 때마다 주한미군이 부당한 대우를 받고 있다며 분담금 인상을 대폭 요구하는가 하면, 주한미군 철수 주장을 측근들에게 해 온 사실이 알려졌습니다. 주한미군 규모는 2004년 2만8500명으로 감축이 결정된 후, 20년간 변함이 없었는데, 주한미군 철수 또는 대규모 감축 및 역할 재조정 가능성에 대해 대비할 때인 듯합니다.

'0.2 g 농축 우라늄' 때문에 IAEA 사찰단 한국에 들이닥치다

2004년 한국의 안보리 회부 위기 ①회

2004년은 한국 외교사에서 이례적인 해였습니다. 2000년 비밀 핵물질 실험이 알려지면서 한국이 북한처럼 유엔 안전보장이사회에 회부될 뻔한 일이 있었습니다. 당시 한국은 미량의 우라늄 농축 실험에 이어 플루토늄 추출 실험 사실이 알려지면서, 미국의 주도로 유엔 안전보장이사회 회부 가능성까지 거론돼 전례 없는 위기에 직면했습니다.

2004년의 논란은 한국이 국제원자력기구(IAEA)와의 협력을 강화하기

엘바라데이 IAEA 사무총장이 2004년 10월 3일오전 인천공항에 도착, 출국장을 나오고 있다. 엘바라데이 사무총장은 2004년 한국의 핵물질 실험 사건에 대한 강경 대응을 주도했었다.

위해 '안전조치협정 추가 의정서(Additional Protocol)'를 비준하면서 시작됐습니다. 이 의정서는 원자력 기술 발전에 따라 각 국의 이와 관련된 활동의 보고 범위를 확대한 겁니다.

IAEA 의정서 비준 계기로 핵물질 실험신고

한국은 1999년 오스트리아 주재 대사관을 통해 추가 의정서에 서명하였고, 2004년 2월 국회 비준을 거쳐 이를 발효시켰습니다. 이로써 한국은 과거에 보고하지 않았던 핵 활동에 대해서도 IAEA에 상세한 정보를 제출해야 했습니다. 이 과정에서 2000년 12월 한국원자력연구소(KAERI)에서 진행된 비밀 우라늄 농축 실험이 드러났습니다.

천연 우라늄에는 원자량 238과 235가 섞여 있습니다. 원자력 발전 및 우라늄 핵 무기에 사용되는 우라늄은 235인데, 천연 우라늄에는 전체의 0.7%밖에 되지 않기에 농축이 필요합니다.

그런데, 2000년 KAERI에서 극비리에 새로운 레이저 기술(AVLIS·원자증기 레이저 동위원소 분리법)을 이용한 소규모 우라늄 농축 실험이 진행됐습니다. 그 결과 총 0.2g의 고농축 우라늄을 분리하는 데 성공했습니다. 일부 검출치에서는 77~80%에 이르는 고농축 우라늄이 나온 것으로 알려졌습니다.

비상 걸린 청와대와 외교부, "정부 승인 없이 이루어진 단독 실험"

한국의 핵 물질 실험은 원자력연구소에서도 소수만 알고 있던 것으로 과학기술부가 이를 인지한 것은 2004년 6월이었습니다. 과기부는 이 사안이 외교적 문제가 될 수 있다고 판단해 청와대와 외교부에 이를 알렸습니다. 당연히 노무현 정부에 비상이 걸렸습니다.

충남 대전시 대덕특구에 위치한 한국원자력연구원(KEARI) 모습. 원자력연구소가 2007년 원자력연구원으로 명칭이 바뀌었다.

추가 의정서에 따르면 비준한 지 180일 이내에 과거 핵 활동에 대한 신고서를 제출하도록 돼 있었습니다. 이에 따라 정부 내에는 8월 23일 IAEA에 신고서를 제출할 때까지 원자력연구소의 실험을 어떻게 판단해야 하며, 어디까지 보고해야 하는지를 둘러싸고 비밀리에 논쟁이 벌어졌습니다.

당시는 북한이 핵실험을 하기 전이었고, 한국의 핵 무장론은 아직 고개를 들지 못하고 있었습니다. 원자력 발전에 사용되는 우라늄을 전량 수입하는 우리나라가 IAEA에 맞선다는 것은 상상하기 어려웠습니다. 이 때문에 노무현 정부 내에서는 "북핵 문제 해결에 주력해야 하는 상황에서 원자력연구소가 불필요한 행동을 했다"는 비판이 강했습니다.

하지만, 원자력연구소가 과학적 측면에서 해야 할 일을 했다는 분위기도 있었습니다. "우리도 기술적 가능성을 점검해 볼 필요가 있었다"는 반론이 맞섰습니다.

외교부는 북핵 문제 해결을 위해 투명하고 신속한 조치를 강조했습니다. 자발적인 정보 공개를 통해 국제사회의 신뢰를 얻는 것이 최선이라는 입장을 견지했습니다. 외교부 고위 관계자는 "과학적으로는 우리나라 역사상 처음으로 우라늄 분리 실험에 성공했다는 측면이 있다"며 "우리는 이것이 IAEA의 새로운 규정 위반이 아니라는 입장이지만 IAEA가 문제 삼을 가능성이 있다"고 전망했습니다.

결국, 노무현 정부는 2004년 8월 "2000년 핵무기 개발과 무관한 순수 연구 목적의 실험에서 극미량의 농축 우라늄을 얻은 후 실험실을 폐쇄했다"는 입장을 보고서에서 밝혔습니다. 정부는 해당 실험이 공식 승인 없이 과학자들에 의해 독자적으로 수행된 것이라며, 핵무기 개발과는 관계없다고 해명하는 데 주력했습니다. 원자력연구소의 장인순 소장도 실험의 목적이 학문적 호기심에서 비롯된 것임을 강조했습니다.

아울러 IAEA의 규정뿐만 아니라 남북 비핵화공동선언을 어기지도 않았다는 입장을 분명히 했습니다. 1992년 남북 비핵화공동선언 3항은 "남과 북은 핵 재처리 시설과 우라늄 농축 시설을 보유하지 아니한다"고 명시돼 있는데, 연구·실험 차원의 우라늄 농축은 이에 해당되지 않는다고 판단한 겁니다.

IAEA 이례적으로 1주일 만에 사찰단 파견

당시 반기문 외교부 장관과 오준 국제기구정책관 등은 비확산 체제의 신뢰를 지키는 것이 우선이라 보고, 국제사회의 오해와 제재를 사전에 차단하고자 했습니다. 원자력 발전에 필요한 우라늄을 전량 수입에 의존하는 상황에서 IAEA 제재가 현실화될 경우, 원자력 산업 자체가 타격을 입을 수 있었습니다.

정부는 이 사안을 조용히 처리하고자 했으나, IAEA와 미국의 반발로 사태가 확대됐습니다. 미국은 "동맹국인 한국이 비밀리에 핵실험을 했다"고 보고, 강한 우려를 표명하며 유엔 안보리 회부를 검토하기 시작했습니다. IAEA는 한국의 보고를 받은 지 불과 일주일 만인 2004년 8월 31일, 이례적으로 즉각 사찰단을 파견했습니다. 장인순 전 원자력연구소장은 21일 인터뷰에서 "통상적으로 IAEA가 사찰단을 파견하는 데 수 개월이 걸리는데, 우리가 신고한 지 불과 1주일 만에 사찰단이 들이닥쳤다"고 했습니다.

사찰단은 9월 4일까지 원자력연구소에서 실험에 참여한 과학자들을 조사하고, 분리 실험에 성공한 0.2g 중 절반인 0.1g의 시료를 가져갔습니다. 서방 언론은 일제히 한국을 비판하는 보도를 쏟아냈는데, 일부 외신은 "실험량은 미미하지만, 순도는 무기급에 근접했다"고 자극적인 보도를 하기 시작했습니다.

이런 상황에서 예상하지 못했던 일이 터졌습니다. 2004년 9월 9일, AP통신이 한국이 2000년 우라늄 농축 실험 전인 1980년대에 플루토늄 추출 실험을 했다고 보도하면서 사태는 새로운 국면으로 접어들었습니다. 일각에서는 반미 정서를 바탕으로 집권한 노무현 대통령에 대한 미국 강경파의 불신이 이번 사태 확산의 배후에 있다는 음모론도 제기되기 시작했습니다.

미국, '0.2g 우라늄 분리' 한국에 UN 안보리 제재 추진

2004년 한국의 안보리 회부 위기 ②회

플루토늄 추출 사실도 알려지며 상황 악화

한국원자력연구소가 2000년 0.2g의 농축우라늄 분리 실험을 한 사실이 알려져 2004년 8월 말 IAEA(국제원자력기구)가 사찰단을 급파한 지 얼마 안 됐을 때입니다. 9월 9일 AP 통신은 한국이 문제의 실험에 앞서 1982년 서울 공릉동의 연구용 원자로에서 플루토늄을 추출했다고 보도했습니다. 한국이 장기간에 걸쳐 비밀리에 핵 무장을 준비한 것 아니냐는 의혹을 전 세계에 확산시키는 보도였습니다. 그러자 외교부와 과기부의 고위 관계자들이 일제히 나서서 기자들에게 해명했습니다. 이런 요지였습니다.

- 문제의 활동은 이미 폐기된 서울 공릉동 소재 연구용 원자로에서 IAEA 안전조치하에서 이뤄진 것이다.
- 이 문제는 IAEA 사찰 현안으로 지난 수년 간 우리 정부와 IAEA 간에 협의돼 온 사항이다. 우리는 당시 플루토늄 분리 사실을 곧바로 IAEA에 보고했으며, 그 양도 마이크로그램(mg·1000분의 1g) 단위의 극미량(약 86mg)으로 확인됐다.
- 우리 정부는 IAEA 안전협정 등 비확산 공약을 확고히 견지하고 있다. 높은 투명성을 유지하고 있다.

정동영 국가안전보장회의(NSC) 상임위원장이 2004년 10월 5일 정부중앙청사에서 방한중인 모하메드 엘바라데이 IAEA(국제원자력기구) 사무총장을 만나 악수하고 있다.

로이터, "한국 우라늄농축 安保理 회부될 것"

그런데 비슷한 시기에 다시 긴급 뉴스가 날아들어 정부 관계자들과 외교부 출입기자들을 긴장시켰습니다. 로이터 통신이 미국의 관리들을 인용, 한국의 농축 우라늄 분리 실험 문제가 유엔 안전보장이사회에서 다뤄질 것이라고 전한 겁니다. 로이터는 "미 행정부 고위 관리가 '한국을 유엔 안보리에 회부하지 않을 방법이 없다'고 말했다"고 보도했습니다.

로이터는 "(한국을 회부하는 것은) 핵 비확산 문제에 대한 접근 태도를 일관되게 유지하기 위한 것이라고 미 관리들이 말했다"고 했습니다. 규정에 따르면, IAEA는 핵확산금지조약(NPT) 서명국이 IAEA로부터 허가받지 않은 활동을 했을 경우 이를 안보리에 회부하며, 안보리는 제재를 할 수 있게 돼 있습니다.

미 행정부의 한 관리는 "유엔 안보리 의장은 한국에 '손목을 툭 치며 나무라는 것에 비유할 수 있는' 온건한 질책을 하게 될 것"으로 예상했다고 로이터는 전했습니다. 하지만 한국이 유엔 안보리에 회부되는 것은 큰 불명예로, 국제사회의 한국에 대한 신뢰가 크게 저하되는 것을 의미했습니다.

정동영 NSC 위원장 긴급 기자회견

노무현 정부는 과거 우라늄·플루토늄 추출 실험으로 야기된 우리나라의 핵무기 개발 의혹을 벗기 위해 총력전을 폈습니다. 정동영 국가안전보장회의(NSC) 상임위원장은 2004년 9월 12일 긴급 내외신 기자회견을 가졌습니다.

정 위원장은 "우리나라의 레이저 이용 동위원소 분리 실험, 공릉동의 플루토늄 추출 실험에 대해 외국에서 사실관계에 기초하지 않은 불필요한 의혹 제기를 유감스럽게 생각한다"고 했습니다. 그는 "이는 일부 과학자들이 실시한 순수한 과학 실험으로 핵물질 농축, 재처리 프로그램과는 아무런 관계가 없다"고 강조했습니다. AP 통신의 플루토늄 추출 의혹 보도 이후에 정부 고위 당국자들이 한국의 핵무기 개발 의혹을 적극 해명했음에도 국제사회의 의혹이 풀리지 않자 정 위원장이 직접 나선 겁니다.

그는 회견에서 "앞으로도 우리나라는 적극 비확산 노력에 참여하며 국제사회와 긴밀하게 협력해 나갈 것"이라며 "핵 투명성을 높이기 위해 원자력 기술통제센터를 분리 독립, 더 체계적인 관리를 해 나가겠다"고 말했습니다. 그럼에도 외신 기자들이 우리 정부가 추가적인 핵 물질 실험을 감추고 있는 것이 없는지를 질문하는 등 의혹이 풀리지 않는 분위기였습니다.

엘바라데이 사무총장 "심각한 우려"

AP 통신 보도 4일 후인 2004년 9월 13일 엘바라데이 모하메드 IAEA 사무총장이 전면에 등장했습니다. 그는 한국이 1982년 천연우라늄을 전환해 150kg의 금속우라늄을 생산했다고 밝혔습니다. 이 과정에서 미신고 시설 세 곳이 사용됐으며 금속우라늄 150kg이 현재 134kg으로 줄어든 과정이 신고되지 않았다고 했습니다.

엘바라데이는 한국의 우라늄 농축 실험 외에 플루토늄 추출 실험에 대해 "심각한 우려(serious concern)"를 표명했습니다. 이는 이례적인 표현으로 그가 한국의 우라늄 분리 및 플루토늄 추출 실험에 대해 매우 부정적인 입장을 갖고 있음을 시사했습니다. 엘바라데이뿐만 아니라 IAEA의 고위 관계자는 우리 측에 "한국이 더러운 짓을 했다"고 비난하기도 했습니다.

2004년 한국의 핵 물질 실험이 알려지기 반 년 전인 2004년 2월 9일 과학기술계 정부출연연구소 27개 기관장을 대표해 장인순 원자력연구소장이 방사성폐기물 처분에 대한 입장을 밝히고 있다.

이에 대해 과기부는 엘바라데이 사무총장 주장과 관련, "당시 천연우라늄의 국제 가격이 너무 비싸 핵연료 국산화 차원에서 0.02%의 우라늄을 함유한 수입 인광석에서 천연우라늄을 추출하는 연구가 이뤄졌고, 이 과정에서 금속우라늄을 부가적으로 생산하게 된 것"이라고 반박했습니다.

당시 추출된 천연우라늄은 월성 원전용 핵연료로 대부분 사용됐는데, 남은 물량은 금속우라늄 150kg으로 변환됐다가 이 중 3.5kg이 2000년 우라늄 분리 실험에 쓰였다는 겁니다. 또 실험에 사용된 것과 손실분을 제외한 134kg의 금속우라늄은 원자력연구소에 보관돼 오다가 2004년 추가 의정서 비준을 계기로 IAEA에 신고했습니다. 실험 시설들은 모두 폐기됐고, 8월 말 급파됐던 IAEA 사찰단 조사에서 이를 확인했는데 엘바라데이가 사태를 부풀린다는 불만이 우리 정부 안팎에서 터져 나왔습니다.

장인순 소장 "엘바라데이 3연임 욕심에 한국에 강경대응"

장인순 당시 원자력연구소장은 사태 초기부터 원자력연구소가 IAEA의 규정을 크게 위반한 것이 없는데 IAEA가 문제를 키우고 있다고 주장했습니다. 그는 "우라늄 농축 실험은 나의 지시로 이뤄진 것"이라며 "핵연료 생신 및 농축 기술의 국산화를 목표로 삼아 온 과학자로서 최신 기술인 레이저를 이용한 우라늄 농축이 실제로 가능한지를 확인하기 위해 실시했다"고 했습니다.

또, "실험은 학문적 호기심에서 한 것이며, 19기의 원자로를 운영하고 있는 나라의 연구자로서 원전 연료용 우라늄을 농축하고 싶은 생각이 없다면 거짓말"이라고 당당하게 밝혔습니다.

장인순 박사는 2025년 3월 전화 인터뷰에서도 당시 실험은 큰 문제가 없었다며 "2004년의 소동은 엘바라데이의 3연임 욕심 때문에 시작됐다"는 입장을 밝혔습니다. 그는 "당시 엘바라데이는 사무총장직을 3연임하고 싶어했는데, 우리나라의 0.2g 농축 우라늄 분리 실험이 보고되자 강경 대응을 주장하며 연임에 유리한 환경을 만들었다"고 했습니다. "통상 사찰단을 파견할 때 2~3개월이 걸리는데 0.2g 분리가 보고된 후 1주일 만에 사찰단을 파견한 것은 전례가 없는 일"이라고 했습니다.

장 박사의 지적대로 엘바라데이는 미국으로부터 이란 등의 핵 활동에 대해 관대하다는 비판을 받아왔는데, 한국의 핵물질 실험 사태 다음 해인 2005년 6월 세 번째 연임에 성공했습니다.

"한국, 북한과 나란히 안보리 회부되나"

원자력연구소가 우라늄·플루토늄 관련 실험을 한 사실이 밝혀지면서 이 문제로 우리나라가 유엔 안보리에 회부될지 여부가 당시 노무현 정부의 최대 현안으로 떠올랐습니다. 만약 우리나라가 이 문제로 안보리에 회부될 경우, 이미 북핵 문제로 안보리에 계류 중인 북한과 함께 남북한이 핵 문제로 안보리에 회부되는 초유의 사태가 발생할 수 있었습니다.

9월 초 사찰을 마친 IAEA 사무국은 최소한 2개월 동안 사찰 결과를 분석 후, 11월 말 개최되는 제49차 이사회에서 이를 보고하기로 했습니다. IAEA가 11월 이사회에서 우리나라의 과거 핵물질 관련 실험을 안전조치 위반(Violation)으로 판정할 경우, 안보리에 회부되지 않을 수 있었습니다. 단순한 신고 위반으로 경미하다고 판단되면, 이사회 직권으로 이를 종결할 것으로 전망됐습니다.

그러나, 이사회가 이를 안전조치 불이행(Non-Compliance)으로 판정할 경우, 자동으로 안보리에 회부됩니다. 안보리가 중대한 위반 사안으로 인지하면 최악의 경우 경제적 제재를 내릴 수 있다는 관측도 나왔습니다.

이런 상황에서 NSC, 외교부, 과기부 내에서 각각의 입장 차이와 의견 충돌로 치열한 논쟁이 전개됐습니다. 당시 과기부와 원자력연구소는 두 실험이 IAEA 규정을 지켜가며 할 만한 실험을 했다는 입장이 강했습니다. 추가 의정서 비준을 계기로 과거의 실험을 구체적으로 적시하는 것에 대해 부정적인 입장도 있었습니다.

반면 외교부는 이번 사태로 인해 우리 나라가 IAEA의 또 다른 '문제아'로 찍힐 경우 북핵 문제 해결에 좋지 않은 영향을 미칠 수 있다고 우려했습니다. 특히 IAEA를 막후에서 움직이는 미국과의 관계를 걱정하는 외교관들이 많았습니다.

미국은 초기엔 비교적 우호적

미국은 사태 초기에는 비교적 우호적인 입장이었습니다. 정부는 사태가 발생하자 비밀리에 외교부 핵심 관계자들을 보내 미국에 이해를 당부했습니다. 이런 조치가 있었기에 국무부의 리처드 바우처 대변인은 2004년 9월 초 "(한국의 핵 물질) 실험은 일어나지 말았어야 했다"면서도 "한국 정부가 선제적으로 보고하고 적극적으로 협력하고 있으므로 더 이상 우려할 사안이 아니다"라고 했습니다. 이는 IAEA 차원에서 사태가 정리될 것임을 시사하는 대목으로 받아들여졌습니다.

하지만, 2000년 우라늄 농축에 이어 1982년 플루토늄 추출 실험 사실까지 알려지면서 분위기가 변했습니다. 존 볼턴 미 국무부 군축·안보 담당 차관(나중에 유엔 대사, NSC 국가안보보좌관 역임)을 비롯한 강경파들이 원칙론적 대응을 주장하면서 미국은 한국을 유엔 안보리에 회부하는 방향으로 기울었습니다. 엄격한 핵 실험 규제 차원에서 한국에 대해 원칙적 대응을 하기로 방침을 정한 것입니다. 당시 정부 관계자는 "우리나라의 핵 물질 실험 사건이 공개된 이후, 대만을 비롯한 여러 국가에서 비슷한 사건들이 있었다"며 "핵을 이용한 테러까지도 우려하고 있는 미국으로서는 한국 문제를 그냥 넘기기 곤란했을 것"이라고 했습니다.

IAEA와 미국의 강경 기류가 알려지면서, 노무현 정부의 외교안보 관계자들은 크게 두 파로 나뉘었습니다. 우리나라가 안보리 회부되는 것을 막기는 어려우니 안보리에서 '주의 조치' 정도로 마무리되도록 하는 데 주력하는 편이 낫다는 분위기가 있었습니다.

이와는 달리 무슨 일이 있더라도 유엔 안보리에 회부되는 것을 막아야 한다는 목소리도 컸습니다. 모든 외교력을 총동원해 미국과 IAEA 이사국들을 설득해야 한다는 것이었습니다. 일부 외교부 관계자들은 "핵 문제로 북한과 나란히 유엔의 '심판대'에 서는 광경은 한국 외교 사상 최악의 사태로 기록될 것"이라고 우려했습니다.

"숨겨진 외교적 승리"…
IAEA 차원에서 '남핵(南核)' 사건 종결

2004년 한국의 안보리 회부 위기 ③회

노무현 정부는 2004년 후반에 생각지도 못했던 위기를 맞고 있었습니다. 2000년 농축 우라늄 분리에 이어 1982년 플루토늄 추출 실험이 알려지면서 자칫 '핵 개발 의혹'으로 유엔 안보리에 회부될 상황에 직면했습니다. 원자력연구소가 두 실험을 통해서 얻은 것은 불과 1g도 안 됐지만, 그 파문은 핵 폭탄 위력처럼 컸습니다.

청와대 일각 "유엔 안보리 갈 수밖에"

미국은 국무부 군축담당 존 볼턴 차관 등을 중심으로 한국을 유엔 안보리에 회부하겠다는 입장이 확고했습니다. 영국, 프랑스 등 EU(유럽연합) 국가들도 이에 동조했습니다. 부시 행정부는 한국의 반발을 무마하기 위해서 "단순한 청취 차원"이라는 논리를 폈습니다. "IAEA의 다른 회원국들이 한국의 두 차례 핵 물질 실험을 문제 삼고 있으므로 그냥 넘어갈 수 없다. 제재 목적이 아니라 무슨 일이 있었는지 안보리에서 들어보려는 것"이라고 했습니다.

그러자, 청와대 NSC를 중심으로 미국과 주요 국가들이 유엔 안보리 회부를 결정한 이상, 이를 받아들여 조속히 마무리하는 편이 낫다는 분위기가 형성됐습니다. 총력 외교로 우리나라가 안보리에 회부되는 것을 막아야 한다고 주장했던 오준 당시 외교부 국제기구정책관(나중에 주싱가포르·주유엔 대사 역임)의 회고입니다. "외교부 내에서도 어차피 안보리에 가는 것을 못 막을 텐데, 이를 피하기 위한 외교적 노력을 기울이는 것이 맞느냐. 계란으로 바위 치는 것처럼 안 되는 일에 대해 외교적인 노력을 하다가 나중에 막지 못하면 사태가 더 커질 것이라고 우려하는 간부들도 있었다."

조창범 대사 "안보리 회부 불가피론은 안이한 생각"

IAEA 본부가 있는 빈에 주재 중이던 조창범 당시 주오스트리아 대사는 국내의 이 같은 분위기를 전해 듣고 급히 귀국했습니다. 외무고시 6회 출신의 조 대사는 주유엔대표부 차석대사, 외교정책실장 출신으로 유엔을 비롯한 국제사회 동향에 밝았습니다. 조 대사는 오준 국장 등과 '안보리 회부 절대 불가'론을 강하게 피력했습니다. 조 대사는 노무현 정권의 외교안보 분야 실세였던 이종석 NSC 사무처장을 만나 설득했습니다.

2004년 국제원자력기구(IAEA)가 한국의 핵 개발 의혹을 다루기 직전인 11월 20일, 한미 양국 정상이 아태경제협력체(APEC) 정상회의가 열린 칠레 산티아고에서 만났다. 노무현 대통령은 이 회담에서 한국의 핵 개발 의혹에 대해 설명하고 부시 대통령의 이해를 요청했다

조 대사는 "유엔 안보리가 한국의 핵 물질 실험을 단순히 청취하는 것으로 포장한다고 해서 사태가 달라지지 않는다. 유엔 안보리에 회부되는 것만으로도 불명예인데, 이를 간단하게 생각하는 것은 너무도 안이한 생각"이라고 했습니다.

북핵 해결에 좋지 않은 영향 우려

조 대사 등은 특히 한국이 유엔 안보리에 핵 문제로 회부될 경우, 북핵 문제 해결에 대한 악영향을 우려했습니다. 북핵 문제는 당시에도 심각했습니다. 북한은 2002년 10월 제임스 켈리 미 국무부 차관보 방북 당시 농축우라늄 개발을 밝히며 핵확산금지조약(NPT)을 탈퇴, 안보리에 회부됐습니다.

유엔 안보리는 2004년 2월 IAEA가 북핵 문제를 회부한지 5일 만에 비공식 회의를 개최, 이 문제를 안보리의 공식 토의로 넘겨 계속 논의했습니다. 이런 상황에서 북핵에 이어 남핵(南核)문제가 안보리에 오르는 것은 어떻게든 막아야 한다는 목소리가 힘을 얻기 시작했습니다.

외교부는 반기문 장관의 지시로 IAEA 이사국들을 대상으로 전방위적인 외교진을 펼쳤습니다. IAEA에서는 미국 외에도 영국, 네덜란드 등이 한국의 규정 위반에 대해 목소리를 높이고 있었습니다. 외교부는 맨투맨 방식으로 각국 대사들을 만나 한국 정부가 자진 신고한 것을 강조하며 안보리 제재까지 가지 않도록 총력을 기울였습니다.

IAEA 34개 이사국 중 제3세계권으로 분류되는 10여 개 국가에 대해서도 우리의 실험이 과학자의 호기심에서 시작된 것으로 핵 개발 의지와는 관련이 없다는 사실을 강조했습니다. "한국은 농축이나 재처리 프로그램은커녕 핵무기 개발 계획도 전혀 없다"며 진화를 시도했습니다.

조창범 전 주오스트리아 대사(왼쪽)가 2013년 3월 자신이 고문으로 활동하던 미래희망기구 관계자와 대화하고 있다. 조 대사는 한국이 핵 개발 의혹으로 유엔 안보리에 회부되어서는 안 된다는 입장을 관철시켰다. 조 대사 오른쪽은 박수길 전 주유엔대사.

외교부는 IAEA 이사회가 열리기 직전인 2004년 11월 20일 칠레의 산티아고 아태경제협력체(APEC) 정상회의를 계기로 한미 정상회담이 열리는 데 주목했습니다. 조창범 대사는 오스트리아에서 반기문 장관에게 친전(親展) 보고서를 보내 한미 정상회담에서 IAEA와 관련 문제를 노무현 대통령이 언급하도록 요청했습니다.

파월과 라이스, IAEA 선에서 마무리 합의

2004년 11월 25~26일 오스트리아 빈에서 한국의 핵물질 실험 문제를 다루는 IAEA이사회가 열렸습니다. 그동안 IAEA 안전 조치를 위반한 북한, 이라크, 리비아, 루마니아는 예외 없이 유엔 안보리에 보고됐기에 비관적

전망이 많았습니다. 한국이 핵무기를 개발할 의도가 없었다 해도 명백한 위반 사안에 대해서는 똑같이 제재해야 한다는 목소리도 컸습니다.

이런 상황에서 워싱턴포스트가 11월 25일 한국에 낭보(朗報)를 전했습니다. "콜린 파월 국무장관과 콘돌리자 라이스 국가안보보좌관이 전화 통화로 한국의 핵물질 실험을 안보리에 보고하지 않기로 입장을 정했다"고 한 것입니다. 비슷한 시각, 부시 행정부도 우리 측에 같은 사실을 알렸습니다. WP의 보도대로 미국 대표는 IAEA 이사회에서 "이번 사태에서 한국의 사후 조치가 다른 나라에 모범이 됐다. 통상 사찰(normal inspection)로 이 문제를 추가 확인하고 적절히 보고하는 게 바람직하다"며 IAEA 차원에서 마무리할 것을 제안했습니다. 미국의 입장 변화를 계기로 다른 나라도 안보리 회부를 주장하지 못했습니다.

일본도 막판에 입장 선회

일본이 막판에 한국이 유엔 안보리에 회부되지 않도록 도왔다는 증언도 있습니다. 일본 정부는 원래 한국의 핵 물질 실험 사건에 민감하게 반응했습니다. 2004년 9월 9일 일본 관방장관은 "한국의 비밀 플루토늄 추출 행위는 매우 부적절하다"며 공식 설명을 요구했습니다. 일본의 신문들은 사설을 통해 이번 사태가 충격적이라며 한국 정부의 설명이 "납득하기 어렵다"고 지적했습니다. 북핵 해결을 위한 6자회담 진전에 장애가 될 수 있다고 우려하기도 했습니다. 하지만 IAEA 이사회를 앞두고 입장을 바꿨습니다.

2004년 주미대사관에서 근무했던 한 외교관의 회고입니다. "미국이 우리를 안보리에 회부하려고 할 때 국무부 현관에서 일본 외교관을 우연히 만났다. 그가 내 팔을 잡고 '우리 입장이 바뀌었다. 한국이 안보리에 회부하지 않도록 도와줄 것'이라고 했다." 이 외교관은 "일본이 북핵 문제에 대한 한미일 3국 협력을 고려, 선회한 것으로 안다"고 했습니다.

총력 외교끝에 의장 성명으로 마무리

IAEA는 11월 26일 이틀째 열린 이사회에서 한국의 핵물질 실험에 대해 '심각한 우려'를 표명하면서도 즉각적인 시정 조치와 협력을 환영한다는 7개 항의 '의장 성명(statement)'을 채택했습니다. 이는 결의문(resolution)보다는 강도가 약한 경고였습니다.

이로써 3개월간 국제사회에서 논란이 됐던 한국의 핵 개발 의혹은 유엔 안보리에 보고되지 않은 채 IAEA 이사회 수준에서 일단락됐습니다.

2004년에 표면화된 한국의 핵 물질 실험 논란은 여러 면에서 복기가 필요합니다. 이는 한국의 핵 관련 활동에 대한 국제사회의 경계심을 키운 대표적인 사례입니다.

당시만 해도 원자력연구소의 핵 물질 실험은 해서는 안 될 일이었습니다. 북한 핵 문제로 대화로 풀 수 있다는 순진한 정책이 우리 국민을 현혹시키고 있을 때여서 정부 안팎에서 원자력연구소는 일방적으로 비난받았습니다. 한국은 그동안 원자력의 평화적 이용 분야에서 모범 국가였지만, 이로 인해 국제사회의 신뢰가 손상됐습니다. 70년대 박정희 대통령의 핵 개발 추진과 함께 전 세계 비확산 전문가들 사이에서 '전과 2범'으로 불리는 계기가 됐습니다.

"한국 과학자들이 해야 할 일을 했다", 핵무장론 부상하며 재평가

그로부터 20여 년이 지난 지금은 분위기가 많이 바뀌었습니다. 북한이 6차례 핵실험을 거치며 핵무기를 보유하게 되면서 한국도 핵무장해야 한다는 여론이 비등하고 있습니다. 이런 맥락에서 1982년, 2000년 당시의 핵 물질 실험은 재평가를 받아야 한다는 여론도 일고 있습니다. 당시 원자력연구소 과학자들이 할 일을 했다는 겁니다.

조창범 대사는 이렇게 말합니다. "2000년 농축 우라늄 분리 실험은 그 민감도가 꼭대기까지 거의 간 것이다. 양은 얼마 안 되지만, 기술적으로는 '이크' 하고 놀랄 정도의 연구 성과를 거둔 것이다. 미국과 프랑스 등의 전문가들이 신경을 써야 할 만한 수준의 발전이었다. 농축이라는 것은 그 작업을 반복하면 얼마든지 그 양도 늘릴 수 있고, 농도도 더 깊이 할 수 있다. 최근 한국의 핵 무장론에 찬성하는 것은 아니지만, (한번 습득한) 기술은 기술이다."

미국과 IAEA 관계자들도 비슷한 얘기를 우리 외교관들에게 했다고 합니다. "한국이 핵 물질 실험으로 한번 습득한 능력(capability)은 어디로 사라지지 않는다."

이 사태는 외교적인 측면에선 미국과 서방 선진국들을 상대로 해 처음으로 거둔 '승리'임에도 사안의 특이성 때문에 주목받지 못했습니다. 한국을 유엔 안보리에 회부하려는 미국을 비롯한 서방 국가에 맞서서 IAEA 의장 경고로 마무리한 것은 큰 성과였지만, 외교부는 이에 대해 낮은 자세를 유지해 왔습니다.

이 사태가 벌어졌을 때 과장급이었던 외교관의 회고입니다. "2004년 북한에 이어 남한이 핵 개발 의혹으로 유엔 안보리에 회부될 위기에서 우리가 펼친 절박한 외교는 미국과 서방 선진국을 능가했다. 외부에는 잘 알려지지 않은 외교적 승리라고 할 수 있다. 이 사태를 겪으면서 우리 외교가 어느 정도 수준에 올랐다는 생각이 들었다."

실무 국장으로 사태 해결을 위해 뛰었던 오준 대사도 "한국이 유엔 안보리에 회부되지 않도록 한 것은 나의 외교관 생활에서 가장 잘한 외교로 여기고 있다. 30년 넘게 외교관 생활을 하면서 국가에 대한 공로로 훈장을 2개 받았던 일보다 더 보람차게 생각한다"고 했습니다. 시간이 좀 더 흐른 후, 0.2g 농축 우라늄 분리 실험 사건에 관련됐던 과학자들과 외교관들이 우리 역사에서 어떤 평가를 받게 될지 궁금해집니다.

05

미국과 대한민국 외교 <2>

DJ와 정상회담 후 동생 출연한 열린음악회 달려간 클린턴 미 대통령

1998년 11월 21일 토요일 오후였습니다. 당시는 사회부 기자로 일할 때 데스크에서 지시가 왔습니다. 방한 중인 빌 클린턴 대통령이 세종문화회관에서 열리는 KBS 열린음악회 녹화 현장에 출연한다는 정보를 입수했으니 취재하라는 겁니다. KBS는 클린턴 방한에 맞춰 '한미 친선을 위한 우정의 콘서트'를 개최하며 그의 동생 로저 클린턴을 초청했습니다. 형보다 앞서 방한한 로저가 자신의 한국 일정을 담당하는 측에 "우리 형이 김대중 대통령과 정상회담을 마치고 내 공연을 보러 오기로 했다"고 한 사실이 본지 취재망에 포착된 겁니다.

KBS, 클린턴 방한 때 그의 동생 '열린음악회' 출연시켜

로저는 사실 미국에서 널리 알려지지 않은 무명 가수에 불과한데, 클린턴 대통령의 성공적인 방한을 위해 공영방송 KBS가 그를 특별 대우했습니다. 클린턴은 자신의 이부(異父) 동생 로저를 끔찍이 아끼는 것으로 유명합니다. 그의 자서전 'My Life'에 클린턴 형제의 돈독한 관계가 묘사돼 있습니다. 김대중 정부는 현대그룹을 통해 그동안 금기시된 남북 인적·물적 교류를 시작했는데, 클린턴의 호감을 얻기 위해 로저의 KBS 출연을 기획한 겁니다.

당시는 일요판 신문이 나올 때로 그날 제 임무는 KBS 열린음악회에 클린턴이 출연할 경우, 이를 취재해 시내판 마감 전에 송고하는 것이었습니다. 사진부 기자도 배치됐습니다. 그런데, 청와대와 외교부에 확인해 보니 클린턴 일정 중 세종문화회관 방문은 들어가 있지 않았습니다. 이날 저녁 늦게까지 김대중 대통령과의 정상회담 및 만찬이 예정돼 있었습니다. 이 때문에 취재원들은 한결같이 "클린턴이 과연 그곳에 갈 시간이 있겠느냐"며 회의적인 반응을 보였습니다. "정말 클린턴이 올까" 하는 의문이 떠나지 않는 가운데, 토요일 저녁에 '뻗치기 취재'하는 불운을 탓하며 공연을 봤습니다.

저녁 8시쯤 시작된 열린음악회는 주한미군 군악대, 사물놀이패도 나오면서 흥겹게 진행됐습니다. 로저가 등장해 팝송을 여러 곡 불렀습니다. 그가 부른 노래 중 하나가 셰이키 어라운드(Shaky Around)라는 것은 다음날 청와대 발표로 알았습니다. 로저는 인순이, 조영남 씨와 함께 한국에 '물레방아 인생'으로 번안된 'Proud Mary'를 부르기도 했습니다.

1998년 11월 21일 빌 클린턴 미국 대통령이 세종문화회관에서 녹화된 KBS 열린음악회 '한미 우정의 콘서트'에서 가수인 동생 로저 클린턴의 어깨에 오른손을 두르고 기립박수를 보내는 참석자들에게 손을 흔들어 인사하고 있다.

경호원들과 함께 무대에 오른 클린턴

콘서트가 저녁 10시를 넘겼는데도 끝나지 않아 초조해지기 시작했습니다. "곧 시내판 기사 마감인데…." 그때 노래를 몇 곡째 잇달아 부르던 로저가 10시 40분쯤 객석을 향해 말했습니다. "오늘은 내 생애 가장 기쁜 날입니다. 나의 형 클린턴 대통령을 소개합니다."

그러자 수행원과 경호원 약 30여 명에게 둘러싸여 오른쪽 무대 옆에 나타난 클린턴 대통령이 관객 앞으로 뚜벅뚜벅 걸어 나왔습니다. 객석에서는 "와" 하는 함성이 터져나왔습니다. 관객이 일제히 기립박수를 보냈습니다.

클린턴은 무대 중앙에서 동생 로저를 힘껏 껴안았습니다. 관객들에게 힘차게 손을 흔들기도 했습니다. 이어서 무대 뒤편의 관현악단 단원들에게 손을 흔든 클린턴은 무대 옆으로 돌아가 10여 분간 더 동생의 노래를 들은 후 숙소로 돌아갔습니다.

클린턴이 나올 때 현장을 지켜보던 취재 기자는 제가 유일했습니다. 자정 무렵 마감하는 시내판 조선일보에 클린턴 형제 관련 기사를 넣기 위해 세종문화회관에서 전속력으로 조선일보 편집국까지 뛰어갔습니다. 5분도 채 걸리지 않은 것으로 기억합니다. 사진부의 채승우 기자도 클린턴이 로저의 어깨에 오른손을 두르고 왼손을 흔드는 장면을 정확히 포착, 편집부로 넘겼습니다. 이 기사는 다음 날 본지에만 실렸습니다. 클린턴 형제가 나온 KBS 열린음악회 특집방송은 본지 보도가 나온 22일 일요일 오후 저녁에 방영됐습니다.

다음 날 상황을 취재해보니 클린턴의 세종문화회관 방문은 사전에 우리와 협의된 것이 아니었습니다. 클린턴은 저녁 10시가 넘어서 김대중 대통령과의 정상회담 만찬이 끝날 때 갑자기 "동생이 출연 중인 곳에 가고 싶다"고 했다는 겁니다. 미 대통령이 자신의 동생을 보러 가겠다는데, 이를 말릴 수는 없었습니다. 우리 정부 관계자들은 클린턴의 '돌발 행동'

에 몹시도 당황했습니다. 세종문화회관에 미 대통령 방문에 대비한 특수 경호 장치가 없었기에 초비상 상태에 돌입했습니다.

만약의 사태 대비, 공연장비 반출구로 클린턴 입장시켜

만약 클린턴의 방문이 비밀리에 예정돼 있었다면 그날 경호가 그렇게 허술했을 리 없습니다. 특파원 때 수차례 경험했지만, 미 대통령 행사에 참석하려면 사전에 신원 확인을 거치게 됩니다. 현장에선 검색대를 몇 차례 통과해야 합니다. 그러나 이날은 이런 까다로운 절차가 없었습니다. 아마도 그렇기 때문에 클린턴이 경호원들과 함께 무대에 올라왔을 겁니다.

클린턴이 세종문화회관으로 갈 것을 예상하지 못했던 우리 측은 경호 문제를 고려, 정문으로 들어가지 않도록 했다고 합니다. 세종문화회관 외부에서 공연 관련 장비들이 무대 옆까지 곧장 들어갈 때 사용하는 문이 있는데, 이곳을 통해서 비밀리에 입장시켰다는 겁니다. 당시 의전을 담당했던 외교부 관계자는 "세종문화회관 무대 옆면과 연결되는 통로에 굵은 전선들이 바닥에 깔려 있어서 클린턴 대통령이 발을 헛디디지 않을까 걱정했다"고 했습니다. 미 대통령이 한국 방문에서 전기 배선 등이 깔린 곳을 통해 이동한 것은 전례 없는 일로 앞으로도 나오기 어려울 겁니다.

이와 관련, 전직 KBS 관계자는 "클린턴 대통령이 녹화장에 올 가능성을 동생 로저로부터 들었는데, 그렇다면 김대중 대통령도 함께 오면 좋지 않느냐는 얘기가 극비리에 거론됐다"고 했습니다. 지금으로부터 27년 전에 한미 관계의 저울추가 미국으로 많이 기울어 있던 시대에 일어난 일이었습니다.

'섹스 스캔들'로 탄핵 위기의 클린턴, 서울에서 동생과 밤새 술 마시다

1998년 방한한 빌 클린턴 미 대통령 에피소드는 KBS 열린음악회 공개 녹화장 불시 방문뿐만이 아니었습니다.

1998년 11월 21일 클린턴이 세종문화회관에 예고 없이 나타난 기사를 급히 송고한 직후인 저녁 11시 30분쯤입니다. 클린턴이 자신이 머물던 H호텔의 유명 바(Bar) J에 내려가 색소폰을 불 예정이라는 정보를 입수했습니다. H호텔의 J바는 투숙 중인 외국인들은 물론 한국의 유명인들도 자주 들르는 곳으로 널리 알려져 있습니다. 클린턴의 KBS 열린음악회 공개 녹화장 방문도 현장에서 목격했기에 이곳에도 클린턴이 갈 가능성이 있다고 판단, 즉시 그곳으로 택시를 타고 갔습니다.

호텔 바의 한 가운데 놓여 있던 색소폰

22일 자정쯤 H호텔에 도착했습니다. 지하의 J바에 들어서자마자 깜짝 놀랐습니다. 실제로 그곳 한 가운데 색소폰이 준비돼 있는 것을 발견했습니다. 당시 그곳에서 일하던 고참 직원도 클린턴이 내려올 가능성을 거론했습니다.

클린턴은 1992년 대선 때 미국의 유명 TV프로그램인 '아르지니오 홀 쇼'에 출연, 색소폰을 연주할 정도의 실력을 갖추고 있습니다. 당시 그는 검은색 선글라스를 끼고 엘비스 프레슬리의 '하트브레이크 호텔(상심의 호텔)'을 연주했지요. 그가 색소폰을 부는 모습은 현직 대통령이던 조지 HW 부시(아버지 부시)의 딱딱한 이미지와 비교되며 인기가 치솟는 요인이 됐습니다. 그는 퇴임 후, 이탈리아에서 열리는 산레모 가요제 주최 측으로부터 색소폰을 연주해 달라는 초청을 받기도 했습니다.

H호텔 상황 파악이 끝난 후, 편집국에 "아무런 경호 장치 없는 세종문화회관에 깜짝 출연한 클린턴이라면 색소폰이 불고 싶어서 내려올 가능성도 있다"고 보고했습니다. 클린턴이 등장할 가능성에 대비, 구석에 자리잡고 기다렸습니다. 그러나 새벽 1시를 넘어 신문 최종판을 마감할 때까지 클린턴이 나타나지 않아 새벽 2시쯤 귀가했습니다.

자정부터 호텔서 과음… "빈 술병 여러 개 나와"

그다음 날 H호텔과 이곳을 담당하는 경찰로부터 뒷얘기를 들었습니다. 중요한 공식 일정을 모두 마친 클린턴이 바에서 색소폰을 불고 싶다고 했으나 경호팀에서 '불가(不可)' 의견을 강하게 피력했다고 합니다. J바의 실내가 어둡고 손님들이 많아서 경호가 불가능하다는 이유였습니다.

1997년 미 대통령 집무실에서 백악관에 근무하는 인턴들과 기념 사진을 찍을 당시의 빌 클린턴과 모니카 르윈스키.

그러자 클린턴은 자정 무렵부터 20층 프레지덴셜룸에서 바로 옆 방의 동생 로저를 불러 함께 술을 마시기 시작했다고 합니다. 새벽녘까지 이어졌다는 얘기도 있었습니다. 당시 호텔 측과 경찰로부터 "클린턴 형제가 술을 꽤 마신 것 같다. 빈 술병이 여러 병 나왔다"고 들었습니다.

그러면 클린턴은 이날 왜 J바에 가서 색소폰을 불려고 했으며 왜 자정 무렵부터 동생과 술을 마셨던 걸까요? 클린턴은 당시 3박 4일 일정으로 방한했습니다. 김대중 대통령과 정상회담 등 중요한 일정은 21일 모두 끝나고 22일은 주로 미군 격려 행사여서 다음 일정에 큰 부담이 없었던 것이 영향을 미쳤을 수 있습니다.

그보다는 당시 클린턴이 백악관 인턴과의 섹스 스캔들이 폭로되면서 그의 인생에서 최대의 위기를 맞았음을 상기할 필요가 있습니다.

클린턴의 성추문은 당시 절정에 이르고 있었습니다. 케네스 스타 특별검사는 그가 11개 항(項)의 법률을 위반, 탄핵 사유에 해당한다는 보고서를 냈습니다. 1998년 11월 방한 직전에 연방 하원에서 탄핵 절차가 시작됐습니다. 어쩌면 곧 백악관에서 나와야 할지도 모르는 처지였습니다. 당시 그가 힐러리와 같은 방에서 못 자고, 거실에서 잔다는 얘기기 나오기도 했습니다. 클린턴은 1993년 7월, 1996년 4월 방한 당시에는 부인 힐러리 클린턴(오바마 정부에서 국무장관 역임)과 함께 왔습니다. 하지만 1998년 세 번째 방한에는 힐러리가 동행하지 않았습니다.

이런 스트레스 속에서 한미 정상회담을 마친 그가 동생과 함께 술을 많이 마신 것 같다는 해석이 나왔습니다. 워싱턴 DC로 돌아가면 하원에서 탄핵안이 통과될지도 모르는 불안한 상태였던 것이지요. 실제 클린턴의 탄핵소추안은 그로부터 약 한 달 뒤인 1998년 12월 미국 하원에서 가결됐습니다. 클린턴은 1999년 2월 미 상원이 표결을 통해 탄핵 소추안을 기각 처리함으로써 살아날 수 있었습니다. 클린턴의 서울 H호텔 색소폰 소동은 이 같은 탄핵 흐름의 한 모퉁이에서 일어난 일이 아닐까 생각합니다.

1998년 11월 방한한 빌 클린턴 미 대통령이 열린음악회에 출연한 동생과 함께 밤새 술 마신 후 22일 오산의 미 공군 기지를 방문했다.

P.S. 고난 잘 이겨내라고 클린턴 위로한 DJ

섹스 스캔들로 어려움에 처한 채 한국에 온 클린턴을 김대중 대통령이 위로해준 것을 1999년 외교부를 출입하면서 알게 됐습니다. DJ는 1998년 11월 21일 저녁 청와대 만찬이 끝난 마친 후, 클린턴이 KBS 열린음악회 녹화장으로 가기 전에 연회장 구석으로 불렀다고 합니다. DJ가 목소리를 낮춰 이렇게 말했다고 합니다. "큰일을 하는 남자에겐 생각하지 못했던 고난이 따르기 마련입니다. 당신이 잘 극복해 나갈 것으로 믿습니다." 또, 이런 말도 했습니다. "당신은 미국의 재정 적자 모두 없애고, 경제 틀을 튼튼하게 해서 미국의 영웅으로 기록될 것입니다. 역경을 이겨 내시길 바랍니다."

그로부터 10개월 뒤인 1999년 9월. DJ와 클린턴이 뉴질랜드의 오클랜드에서 열리는 제7차 APEC 정상회의에 참석했습니다. 이를 계기로 김대중-클린턴-오부치 일 총리가 한미일 3국 정상회담을 가졌습니다. 회담장에서 오부치가 먼저 나간 후, 이번엔 클린턴이 DJ를 불러 세웠습니다. 클린턴이 DJ에게 말했습니다. "I'll never forget what you said when I went to Seoul(내가 서울에 갔을 때 김 대통령이 내게 해 준 말을 영원히 잊지 못할 것입니다)." 클린턴이 DJ에게 가진 고마운 마음은 이듬해 DJ가 남북정상회담을 추진할 때 큰 외교적 자산이 됐습니다.

한국 부임 못할 뻔한 첫 여성 미국대사 '심은경'

트럼프 2기 미국 행정부의 주한 미 대사로 한국계 미셸 박 스틸(한국명 박은주) 전 연방 하원 의원이 거론되면서 제2의 여성 미국 대사가 부임할지 관심이 쏠리고 있습니다. 한국계 여성 하원 의원으로 캘리포니아주에서 재선을 한 그가 부임하면 캐슬린 스티븐스 전 대사에 이어 두 번째 여성 미국 대사가 되는 기록을 세우게 됩니다.

1970년대 평화봉사단원으로 한국과 인연을 맺은 스티븐스는 2008년 8월 조지 W 부시 행정부 말기에 부임, 버락 오바마 행정부가 출범한 후에도 2011년까지 3년간 재임했습니다. 그는 1953년 한미동맹이 맺어진 후 부임한 정무 위주의 권위적인 남성 대사들과는 달리 한국 사회에 뛰어들어 일반인들을 자주 만나는 공공외교 영역을 개척했다는 평가를 받습니다. 그런데 스티븐스는 당시 미 상원 인준에 어려움을 겪고, 낙마 위기에 몰려 부임하지 못할 뻔한 일이 있었습니다.

"평화봉사단 출신 여성 외교관이 대사 된다"

2008년 1월 워싱턴 특파원 시절 일입니다. 스티븐 보즈워스 주한 미 대사 후임으로 1970년대 미국의 평화봉사단(Peace Corps) 단원으로 한국에서 영어를 가르쳤던 여성 외교관이 거론되고 있다는 사실이 포착됐습니다. 취재를 해 보니 국무부를 취재할 때 알게 된 캐슬린 스티븐스 전 국무부 동아태 담당 수석 부차관보였습니다. 그는 2007년까지 수석 부차관보로 일하다가 국무부의 동아태 담당 선임고문으로 활동하며 주한 미 대사 출신의 크리스토퍼 힐 동아태 차관보를 보좌하고 있었습니다.

그가 주한 미 대사로 지명된 데는 같은 평화봉사단 출신의 힐 차관보의 역할이 컸습니다. 두 사람은 1980년대에 주한미대사관에서 각각 정무팀장(스티븐스), 경제팀장(힐)으로 활동하며 깊은 신뢰를 쌓아 왔습니다.

당시 주미 대사관과 한국 특파원들은 스티븐스 지명을 모두 환영했습니다. 스티븐스가 한국과 각별한 인연이 있는 데다 여성 대사의 부임이 새로운 바람을 불러일으킬 수 있었다고 봤기 때문입니다.

스티븐스는 평화봉사단에서 파견돼 1975년부터 2년 동안 한국명 '심은경'으로 충남 예산중학교에서 영어를 가르쳤습니다. 이어 1977년 주한미대사관에서 외교관 시험을 치른 후 1978년에 외교관이 됐습니다. 그는 1984년부터 주한미대사관 정무팀장으로 근무하면서 한국의 민주화 과정을 지켜봤습니다. 이 과정에서 김영삼, 김대중 전 대통령을 비롯한 정·관계 인사들과 친분을 쌓았습니다. 나중에 이명박 정부의 외교부 장관이 되는 김성환(외시 10회) 씨를 비롯, 많은 한국 외교관들과 우호적인

캐슬린 스티븐스 전 주한 미 대사가 1970년대 평화봉사단원 시절 충남 예산중학교 학생들과 함께 환하게 웃고 있다.

관계를 만들었습니다. 스티븐스는 한국인과 결혼, 아들을 한 명 낳은 후 이혼했습니다.

그는 2005년 6월 수석 부차관보에 취임 후, 북핵 문제 및 6자회담에 깊이 관여했습니다. 2006년 3월 북한 계좌가 동결된 마카오 은행 방코델타아시아(BDA) 문제를 논의하기 위해 미국을 방문한 리근 북한 외무성 미주국장을 만나기도 했습니다. 2007년 1월엔 서울을 방문, 외교부와 한반도 평화체제 구축 방안에 대해 논의했습니다. 이같은 경력 때문에 미 상원이 '스티븐스 대사'에 대해 반대하지 않을 것을 보여 이르면 2008년 6월 부임할 것으로 예상됐습니다.

축제 분위기 같았던 인준 청문회

2008년 4월 9일 미 상원 외교위원회의 스티븐스 인준 청문회는 여러 면에서 이례적이었습니다. 주미대사관 관계자들과 함께 현장을 지켜보니, 마치 축제 분위기였습니다. 우선 민주당의 에드워드 케네디 상원 의원이 스티븐스 지명자와 나란히 앉아 있는 게 특이했습니다. 당시 뇌종양으로 투병중인 케네디 상원 의원은 "캐슬린은 여성과 평화봉사단원으로는 처음으로 주한 미 대사에 지명됐으며 한국말을 하는 최초의 미국대사로 업무에 손색이 없다"고 칭찬했습니다. 그는 자신의 형 존 F 케네디 전 대통령이 만든 평화봉사단을 오랫동안 지지해 왔습니다.

청문회를 주관한 바바라 박서 상원 외교위 동아태 소위원장은 스티븐스가 한국인 전 남편과의 사이에서 낳은 아들 제임스 군과 그의 상관이었던 제임스 릴리 전 주한 미 대사를 일일이 일으켜 소개했습니다. 알래스카 출신의 리자 머코스키 의원이 "알래스카에 한국 총영사관이 만들어지도록 해 달라"고 하자 박서 의원도 "내 지역구인 캘리포니아에도 60만 명의 한국인이 살고 있다는 사실을 기억해 달라"고 말해 웃음이 터지기도 했습니다.

스티븐스는 모두 발언에서 "한국이 경제·정치적으로 놀랄만하게 성장하는 시기에 한국에 있었다"며 "한국의 미래와 한미 관계에 대해서 낙관적"이라고 말했습니다. 또 "한국은 매일 같이 긴급뉴스(Breaking news)가 나오는 역동적인 나라"라며 자신이 청문회에 제출하는 서류를 만든 후에 발생한 미북협상, 한국의 여성 우주인 이소연씨 탄생을 언급하기도 했습니다.

북한 인권에 대해선 "내겐 북한의 인권 상황을 제고해야 할 특별한 의무가 있다. 한국의 새 정부와 협력해 이 문제를 해결할 수 있기를 기대하고 있다"고 했습니다.

한국계 보좌관 둔 브라운백 의원이 강하게 반대

그런데, 상원 외교위원회 청문회가 우호적인 분위기에서 끝난 후 4월 말부터 좋지 않은 얘기가 들리기 시작했습니다. 한반도 문제에 관심이 많은 공화당의 샘 브라운백 상원의원이 스티븐스의 임명을 강하게 반대한다는 겁니다. 스티븐스 인준을 낙관하고 있던 주미 대사관 관계자들도 긴장하는 분위기였습니다. "설마, 그럴 리가 있나…" 반신반의 속에 미 국무부를 취재해 보니 사실이었습니다.

브라운백 의원은 백악관과 국무부가 대북(對北) 인권 문제를 강하게 제기할 것을 요구하며 스티븐스 인준 반대 입장을 밝혔습니다. 주한 미 대사의 직무와 북한 인권 문제를 연계시키는 그의 논리에 대해 국무부는 반발했지만 일부 동료 의원들의 지지를 받았습니다. 그동안 부시 행정부의 국무부가 탈북자, 북한 인권 문제를 개선시키지 못한 채 북핵 6자회담을 비롯한 북한과의 협상에서 유화(柔和)적 자세를 취했다는 비판이 컸습니다.

더 깊이 들여다보면, 브라운백 의원이 스티븐스를 추천한 힐 차관보를 견제하기 위해 제동을 걸었다고 할 수 있습니다. 당시 힐 차관보는 워싱턴 DC에서 그의 이름과 김정일의 이름을 합쳐서 '김정힐'로 불릴 정도로 비판을 받고 있었습니다. 힐 차관보를 못마땅하게 여겨 온 브라운백 의원이 스티븐스 인준을 거부하는 방법으로 대북정책 수정을 요구했다고 할 수 있습니다. 곤란해진 스티븐스가 브라운백 의원을 찾아갔을 때 1시간 30분을 기다리게 한 일도 있었습니다.

브라운백 의원과 그 주변을 취재하면서 그 배경에 한국계의 W 보좌관이 있는 것을 알게 됐습니다. 취재를 해 보니, W 보좌관은 변호사 출신으로 북한 체제를 민주화시켜야 한다는 신념을 굳게 갖고 있었습니다. W 보좌관이 브라운백 의원의 스티븐스 인준 반대 결정에 미친 영향이 적지 않았습니다. 당시 워싱턴 DC의 유력 소식통을 통해 취재한 바에 따르면, W 보좌관은 "왜 일 잘하는 버시바우 대사를 바꾸려고 하는지 알 수 없다. 힐 차관보는 문제가 많은 사람이다. 힐 차관보는 북한 인권에 아무런 관심이 없는데, 스티븐스 지명자를 보내더라도 단단히 교육시켜서 보내야 한다"고 했다고 합니다.

미 상원, 대사 임명에 만장일치 전통

당시만 해도 미국의 상원 시스템은 관료의 대사 임명에서는 만장일치를 추구하는 전통이 있었습니다. 브라운백 의원이 스티븐스의 인준에 강하게 제동을 걸어 상원 전체 회의를 통과하지 못할 것이라는 전망이 고개를 들기 시작했습니다. 5월이 지나면서 안 좋은 얘기들이 나오기 시작했습니다. 한국에도 잘 알려진 외교안보 전문가는 "캐슬린 스티븐스는 사실상 끝났다. 힐 차관보의 가장 큰 목표는 북핵 6자회담을 잘 이끌어가는 것이다. 지금 스티븐스에게 신경 쓸 여력이 없다. 그 문제로 상원의 화를 자초하고 싶어 하지 않을 것"이라고 했습니다.

미 공화당 소속으로 한반도 사안에 대해 밝은 인사도 "브라운백 상원

의원이 저렇게 나오면 스티븐스 인준은 어렵다. 국무부가 그의 요구를 들어주거나, 백악관이 브라운백 의원의 지역구 민원을 하나 들어주기 전에는 인준 통과가 어렵다"고 고개를 흔들었습니다.

당시 저는 이 문제가 정치화되는 것이 한미 관계에 좋지 않다고 판단, 칼럼을 썼습니다.

> "한국에 특명전권대사로 누구를 보내느냐 하는 문제는 전적으로 미국 정부와 의회의 권한인 것은 분명하다. 그러나 주한 미 대사 내정자 인준 지연이 미국 정치권과 행정부의 힘겨루기 속에 방치되는 것은 한국이 중요하지 않다는 잘못된 인식을 줄 수도 있다는 점에 유의할 필요가 있다. 주한 미 대사의 위상이 예전과 같지 않지만 한국에선 여전히 가장 중요한 외교 사절인 것은 틀림없다. 2002년 '효순·미선양 사건'이 발생했을 때 당시 주한 미 대사가 그 심각성을 좀 더 일찍 파악했더라면 한미 간의 갈등은 최소화됐을 것이라는 분석도 있다. 다음 달 조지 부시(Bush) 대통령이 방한하는 것을 고려한다면 이 문제는 가부(可否) 간에 어떤 식으로든 조속한 결정이 내려져야 할 것 같다."

심은경 대사의 기사회생

브라운백 의원이 스티븐스의 대사 임명에 강하게 제동을 걸어, 3개월 넘게 상원 전체 회의를 통과하지 못하고 있을 때 반전이 일어났습니다.

뇌종양 투병 중인 에드워드 케네디 미 민주당 상원의원이 민주당 전당대회 첫날인 25일 저녁 콜로라도주 덴버시의 펩시센터에서 버락 오바마 후보를 지지하는 연설을 하고 있다.

스티븐스가 낙마 위기에 처한 것을 안타깝게 생각하는 고령(高齡)의 상원의원 두 명이 나섰습니다. 먼저 외교위원회 인준 청문회장에 스티븐스와 나란히 앉아서 그를 도와줬던 에드워드 케네디 상원의원이 브라운백 의원 설득에 나섰습니다. 뇌종양으로 거동도 힘든 상황이었지만, 스티븐스에 대한 지원을 아끼지 않았습니다. (케네디 의원은 1년 뒤인 2009년 8월 사망했습니다.)

한국전쟁에 참전했던 존 워너 상원의원도 적극적이었습니다. 그는 김일성의 6·25 동족살해(同族殺害) 남침 당시 1951년부터 1년간 미 해병대 장교로 한국에서 싸운 경력이 있습니다. 한국전 참전 용사인 그는 상원 군사위원회에서 열린 북핵 청문회에서 "상원이 8월 휴회에 들어가기에 앞서 그동안 유보돼 온 스티븐스 주한 미 대사 지명자의 인준이 매듭지어지길 희망한다"고 제안했습니다. 아시아 지역을 방문할 때 스티븐스가 수행했던 그는 "캐슬린은 주한 미 대사라는 중책을 맡기에 부족함이 없을 정도로 탁월한 능력을 가졌다"는 공개 발언으로 브라운백 의원을 '압박'했습니다.

이런 과정을 거쳐서 스티븐스는 기사회생(起死回生)했습니다. 스티븐스 임명을 반대해 온 브라운백 의원은 2008년 7월 31일 반대 입장을 철회한다고 밝혔습니다. 이어 하루 뒤인 8월 1일 상원은 전체회의를 통해 '스티븐스 주한 미 대사'를 확정했습니다. 브라운백 의원은 성명에서 "크리스토퍼 힐(Hill) 국무부 동아태 차관보가 청문회에서 북한 인권 문제를 6자회담에서 다루겠다고 약속했기 때문에 스티븐스 주한 미 대사 지명자에 대한 인준 반대를 철회하기로 했다"고 밝혔습니다. 이에 따라 어렵게 미 상원 인준을 통과한 스티븐스는 2008년 8월 8일 콘돌리자 라이스 국무장관 앞에서 취임 선서를 한 후, 서울에 부임할 수 있었습니다.

"나는 한국을 떠나고 싶지 않아요"
한국을 사랑한 주한 미국 대사

자전거로 지방 돌며 '친근한 미국 대사' 이미지 심어

2008년 1월 주한 미 대사로 지명된 후 7개월간 미 상원에서 인준이 안 돼 낙마할 뻔했던 캐슬린 스티븐스는 같은 해 9월 23일 서울에 부임했습니다. 평화봉사단원으로 1975년 한국과 인연을 맺은 후 33년 만에 주한 미 대사로 부임할 때 인천공항은 특별한 환영 행사를 기획했습니다. 공항 입국장에 그가 예산중학교에서 한국 학생들과 함께 찍은 사진을 크게 걸어 놓았습니다. 입국하던 스티븐스는 이를 보고 크게 감동했습니다. 자신이 한국을 좋아하는 것보다 한국이 더 자신을 좋아하는 것을 느꼈다고 나중에 말합니다.

1953년 한미 동맹이 맺어진 이래 첫 여성 대사, 첫 한국 근무 평화봉사단 출신의 스티븐스는 이전의 권위적인 남성 대사들과는 다른 행보를 보여주기 시작합니다. 그는 서울 광화문의 대사관과 정동 대사관저에서 벗어나 한국 사회로 뛰어드는 방법을 택했습니다. 한국에서의 미국 이미지 개선을 위해서는 공공 외교가 필요한 시점이 됐다고 판단한 겁니다.

스티븐스는 전임자들이 찾아갈 생각을 하지 않았던 지방 소도시를 돌며 한국인들의 여론을 청취했습니다. 시골 장터를 찾아 촌부(村婦)의 손을 잡고 얘기했습니다.

자신의 관저에 한미 청소년 100명이 모인 가운데 당시 '사랑비'로 유명한 가수 김태우 콘서트를 갖기도 했습니다. 정동에 주한미대사관저가 자리 잡은 후 대중가수 콘서트가 열린 것은 처음이었습니다. 1980년대 반미(反美)의 진원지였던 광주광역시의 여고(女高)에서 강연한 것도 양국 관계를 가깝게 하려는 노력의 하나였습니다. 그중에서도 스티븐스를 한국에 대중적으로 알린 것은 자전거를 타고 대한민국 전국을 다니면서 공공외교를 한 겁니다.

6·25 60주년에 낙동강 전투 지역 라이딩

스티븐스는 자전거 매니아로 프로 사이클리스트에 맞먹는 실력을 갖추고 있습니다. 저도 몇 차례 그와 라이딩을 함께한 적이 있는데, 한번 속도를 내면 도저히 따라갈 수 없었습니다. 그가 주한 미 대사 시절 그를 밀착 경호하던 여성 경찰관이 있었습니다. 그는 자전거를 타고 내달리는 스티븐스 대사를 경호하기 위해 자전거를 배웠습니다. 이 경찰관은 저에게 "스티븐스 대사가 속력을 내면 무시무시하다. 그를 자전거를 타고 가면서 그를 경호하려다가 죽을 뻔한 위기를 몇 차례 넘겼다"고 했습니다.

스티븐스는 처음엔 대사관 관계자들과 자전거를 타다가 차츰 우리나라의 정치, 경제, 문화계 인사들과 자전거를 타며 긴밀한 관계를 맺었습니다. 크고 작은 자전거 모임을 갖던 스티븐스는 2010년 6·25 전쟁 60주년을 맞아 큰 구상을 했습니다. 한국의 대학생들과 함께 낙동강 전투 지역을 1주일 동안 자전거로 달리며 한미동맹의 소중함을 일깨우는 것이었습니다.

'심은경 대사와 함께 달리는 자전거 길 600리'로 명명된 이 행사는 미 대사와 자전거 라이딩을 한다는 것 때문에 큰 인기를 모았습니다. 낙동강 전적지를 다니면서 함께 피 흘렸던 한미 양국의 군인들을 추모하고, 자유의 소중함을 깨쳤습니다.

스티븐스는 자신의 블로그에 "한국 학생들은 전쟁이 끝난 지 수십 년이 지난 후 태어난 세대로, 현재의 부유하고 현대적인 한국만 알고 있었다. 하지만 그들은 할아버지·할머니 세대가 겪은 전쟁의 고통을 기리기 위해 이 라이딩에 참여했다"고 썼습니다.

주한미국대사관

캐슬린 스티븐스 주한미국대사(왼쪽)가 2010년 '심은경 대사와 함께 달리는 자전거길 600리' 행사에서 손뼉을 치고 있다.

한미 FTA 홍보 위해 서울~진도 자전거 종단

스티븐스는 2011년 한미 FTA(자유무역협정)를 홍보하기 위해 다시 자전거와 관련된 행사를 기획했습니다. 서울에서 진도까지 1주일간 자전거를 타고 가며 한미 FTA와 한미 동맹의 중요성을 알리자는 취지였습니다. 행사도 미국의 현충일(매년 5월의 마지막 월요일) 연휴와 한국의 현충일 사이로 잡았습니다.

워싱턴 특파원을 마치고 2011년 서울로 복귀한 저는 그의 한반도 종단 라이딩 첫날 구간에 참여했습니다. 주한 미국 대사관의 토머스 언더우드 지역 총괄 담당관, 애런 타버 공보관과 1970년대 평화봉사단원으로 그와 함께 한국에 파견됐던 빌 하워드씨, 주한 미군 장병 등 약 20여 명이 동행했습니다.

스티븐스의 한반도 종단 라이딩이 시작된 날은 2011년 5월 28일 토요일이었습니다. 주한미대사관저 앞에서 출발, 하루 종일 90㎞를 달리는 동안 스티븐스는 줄곧 선두를 유지했습니다. 약 3시간을 달려 도착한 곳은 경기도 의왕시의 삼천리자전거 사옥이었습니다. 스티븐스는 이곳에서 삼천리자전거 임직원들에게 한미 FTA의 필요성을 강조했습니다.

"한국의 자전거 업체는 미국 부품들을 수입해 세계 최고의 자전거를 만들고 있습니다. 한미 FTA가 하루빨리 시행돼 8%의 관세가 철폐됨으로써 한국 자전거의 경쟁력이 더욱 커지기를 기대합니다."

그는 유네스코의 세계 문화유산으로 지정된 수원 화성(華城)에 이르자 정조의 아버지 사도세자가 뒤주에서 사망한 역사에 대해 설명했습니다. 근처에서 부채춤 공연이 벌어지는 것을 보자 갑자기 진로를 바꿔 다가간 후 탄성을 지르기도 했습니다. 6·25전쟁에 참전한 미군이 1950년 7월 북한군과 첫 전투를 벌인 곳에 세워진 경기도 오산시 세교동의 '유엔군 초전비(初戰碑)'에 헌화도 했습니다. (이 부근에서 체력이 바닥난 저와 주한미대사관 직원 두 명은 대열에서 낙오했습니다. 주한 미군 헌병대가 낙오자들을 찾으러 와 미군 트럭을 타고 오산 미군 기지로 갔습니다.)

스티븐스 일행은 이후 원래 계획대로 군산의 GM 자동차 공장, 아산의 충무공 이순신 장군 묘소 등을 둘러보며 진도까지 내려가는 여정을 무사히 마쳤습니다.

"한미관계는 자전거처럼 어떤 경우에도 전진해야"

이런 경험을 바탕으로 스티븐스는 2018년 미국의 자전거 전문 매체에 '한국에서의 자전거 외교'라는 제목의 글을 썼습니다. 그는 "서울을 벗어나면, 포장된 국도를 따라 로드 바이킹을 즐길 수 있었다. 그곳에서는 여전히 내가 1970년대에 경험했던 한국의 농촌 풍경을 엿볼 수 있었다"고 했습니다. 그는 자전거에서 내려 농부들과 이야기를 나누었는데, "자동차에서 내리는 것보다 자전거에서 내리는 것이 더 친근하고 솔직한 대화를 이끌어내는 데 도움이 되었다"고 했습니다. 이 기고문은 "자전거 타러 한국에 가세요. 그리고 한국의 사람, 음식, 환대를 경험하세요"라고 끝을 맺습니다.

그는 자신의 저서 〈내 이름은 심은경입니다〉에서는 이렇게 말한 바 있습니다. "(한·미 관계는) 자전거처럼 항상 앞으로 나아가야 합니다. 가는

2011년 KOICA가 캐슬린 스티븐스 주한미대사를 홍보 모델로 한 '당신은 가슴 뛰는 삶을 살고 있습니까'라는 제목의 광고.

길에 때로는 오르막도 있고 장애물도 있습니다. 때로는 예상보다 빨리 움직일 때도 있습니다. 모든(어떤) 경우에도 우리는 전진해야 합니다."

"연예인처럼 자신의 인기에만 신경 쓴다" 비판도

스티븐스는 이 같은 공공 외교에 힘입어 외국 대사로서는 처음으로 대한민국 정부 기관의 홍보 모델이 되는 진기록을 세웠습니다. 2011년 외교부 산하 한국국제협력단(KOICA)이 해외 봉사단을 모집하면서 그를 홍보 모델로 기용한 겁니다. KOICA는 그의 평화봉사단 경력에 주목, '당신은 가슴 뛰는 삶을 살고 있습니까'라는 제목의 광고를 만들었습니다. 3년 임기를 마치고 곧 떠나는 스티븐스는 KOICA 홍보 모델을 한국인들이 이별 선물로 주는 훈장(勳章)으로 여기는 듯했습니다. 이는 2000년대 중반 "미국과의 동맹을 재고해야 한다" "한국과 이혼하라"는 목소리가 두 나라에서 공개적으로 나올 정도로 불안정했던 양국 관계가 안정됐음을 상징하는 것이기도 했습니다.

스티븐스의 공공 외교가 호평(好評)만 받은 것은 아니었습니다. 그가 재임한 시기는 2010년 북한의 천안함 폭침, 연평도 포격으로 극도로 긴장된 상태였습니다. 미국은 이례적으로 서해에 항공모함 조지워싱턴호를 진입시키기도 했습니다.

이 과정에서 외교부 관계자들로부터는 스티븐스에 대한 불평을 여러 차례 듣기도 했습니다. 당시 한 고위급 외교관은 "스티븐스 대사가 한국에서 일반 시민들을 만나는 데 주력하며 자신의 인기에만 신경을 쓰고 있다. 우리는 연예인이 아니라 언제든 백악관의 오바마 대통령과 통할 수 있는 사람이 필요하다"고 비판했습니다.

한·미 관계의 내실을 다지기보다는 일반 한국인을 상대로 미국의 이미지를 다듬는 '공공 외교'에만 신경을 쓴다는 지적이 미 국무부에서도 나왔습니다. 제주에서 해녀(海女) 체험을 하고, 연극 공연 무대에 서고, 자전거를 타고 장거리 여행을 하는 데 많은 비중을 두는 것 같다는 지적이었습니다. 미국의 한 외교관은 "스티븐스의 후임인 성 김 대사에게는 '해녀 체험' 같은 것은 하지 말라는 얘기도 나왔다"고 했습니다.

2011년 스티븐스가 부임한 지 3년이 가까워오자 한국계 성 김 대북특사가 주한 미 대사로 내정됐습니다. 그러자 스티븐스는 7월 13일 그의 집무실에서 저와 이임 인터뷰를 했습니다. 스티븐스는 1시간이 넘는 인터뷰에서 "앞으로 무슨 일을 하든지 한국과 관련된 일을 하고 싶다"고 했습니다. 주로 이런 문답이 오고 갔습니다.

- 1975년 평화봉사단원으로 처음 한국 땅을 밟으면서 시작된 당신의 '한국 사랑'이 쉽게 끝날 것 같지 않다.

대한사이클연맹

캐슬린 스티븐스 전 주한 미대사는 2013년 세종문화상 한국문화부문 수상자로 선정된 후, 상금 중 일부를 대한사이클연맹에 기부했다. 스티븐스가 재임시절 자전거를 함께 타던 구자열 대한 사이클 연맹 회장과 악수를 하며 활짝 웃고 있다.

"내가 대사로 부임한 후, 자주 쓰는 한국말이 '인연'이다. 영어로 번역하기 어려운 말인데, 커넥션(connection)보다 깊은 뜻을 담고 있다. 나와 한국이 바로 그런 인연이 있다고 생각한다. 몸은 떠나더라도 양국 동맹을 더 튼튼히 하고 북한 문제를 해결하는 데 기여하고 싶다."

- 어려운 일도 많았을 텐데.

"서울에 온 날이 미국의 리먼 브러더스가 무너진 다음 날이다. 한국 신문을 보면서 경제 위기가 우리를 어디로 데려갈지 걱정스러웠는데 잘 극복됐다. 늘 힘들고 도전적인 문제는 북한이었다. 천안함과 연평도 사건 때는 상황이 매우 심각했다. 미국은 분명하고 강한 메시지를 북한에 보냈다. 대북 억지력을 유지하기 위해 계속 노력할 것이다."

- 후임자인 성 김 대사 내정자에게 어떤 말을 해 주고 싶나.

"미국 대사 업무는 자전거 타기와 비슷하다. 계속 페달을 밟아야 한다. 멈추면 쓰러지고 만다. 성 김은 훌륭한 주한 미국 대사가 될 것으로 의심치 않는다."

인터뷰를 마칠 무렵 그의 소감을 물었습니다. 그러자 그가 이렇게 말했습니다. "나는 정말로 한국을 떠나고 싶지 않아요. 한국은 나를 에너지가 넘치도록 만드는 나라입니다. 이임(離任)하더라도 한국은 언제나 내 마음속에 있을 거예요." 그때 스티븐스의 표정은 금방이라도 눈물이 쏟아질 것 같았습니다. 그 말에 진심이 담겨 있다고 생각했습니다. 스티븐스는 이후 그의 희망대로 워싱턴 DC의 한미경제연구소장에 이어 코리아소사이어티의 회장으로 활동하고 있습니다.

P.S. 계속되는 심은경의 한국 자전거 타기

스티븐스의 한국에서의 자전거 타기는 계속되고 있습니다. 그는 2024년 11월에도 외국 언론인들과 함께 자전거로 DMZ을 횡단하는 행사를 가졌습니다.

한국에서 스티븐스와 함께 자전거를 타는 주요 인사로는 구자열 LS그룹 이사회의장, 가수 김창완씨, 김수남 전 검찰총장, 김동환 전 자전거 국가 대표 선수, 이명숙 트라이애슬론(철인 3종) 선수, 전상우 전 주한미대사관 공보관 등이 있습니다.

스티븐스는 2013년 문화체육관광부가 주관한 제32회 세종문화상 한국 문화부문 수상자로 선정됐습니다. 그는 세종문화상 상금 3000만원 중 1000만원을 한국의 자전거 문화 확산을 위해 써달라며 대한사이클연맹에 기부했습니다.

문을 열자 '대한제국 주미공사관'이 나타났다

2024년 9월 워싱턴 DC의 주미대한제국 공사관 건물이 미국의 국가사적지(NRHP·National Register of Historic Places)에 등재됐습니다. 영어로 Old Korean Legation(옛 대한제국공사관)이라는 명칭으로 지정돼 앞으로는 미국의 법령에 의해서 보호받게 됩니다. 미국내 한국 정부 건물이 미 연방정부의 국가사적지가 된 것은 처음입니다.

이곳은 한미외교의 현장으로 미국 역사에서도 중요한 장소라는 점이 건물의 핵심가치로 인정됐다고 합니다. 아울러 건물의 내외부 모두 원형 보존 상태가 양호하고, 복원 및 리모델링 공사를 통해 역사적 공간으로 잘 재현된 것이 등재된 배경으로 거론됩니다.

공사관 매도 100주년 계기로 되찾기 운동 본격화

워싱턴 특파원으로 활동할 때인 2010년 한일 병합 100주년을 맞아 미국의 한인 사회에서 대한제국 공사관을 되찾아야 한다는 여론이 형성됐습니다. 1910년 단돈 5달러에 강제 매각됐던 공사관 건물을 되찾기 위한 운동이 본격화한 겁니다. 윤기원 역사보존협회 회장과 로널드 콜먼 전 미 연방 하원의원(변호사)이 2010년 6월 버지니아주에서 '주미공사관 건물 매도 100년'을 맞아 기자회견을 했습니다.

이들은 공사관을 되찾아 보존하기 위해서는 한국뿐 아니라 미국에서의 여론도 중요하다고 보고, 연방의회를 대상으로 서명운동을 벌이기로 했습니다. 미국에 사는 대한제국 의친왕의 딸 이해경 씨도 기자회견에 참석, 공사관 되찾기의 필요성을 호소했습니다. 서명운동을 시작하자마자 첫 에드워즈, 실베스트레 레이어스, 진 그린 등 하원의원 7명이 공감해 서명했습니다.

주미대한제국공사관 홈페이지

워싱턴 DC의 주미대한제국 공사관이 미국의 국가사적지로 등재됐다. Old Korean Legation(옛 대한제국공사관)이라는 명칭으로 지정돼 앞으로는 미국의 법령에 의해서 보호받게 된다.

윤 회장은 "공사관 건물은 미국 행정부 관리였던 세스 L. 펠프스가 1877년 건축하고, 국무부 차관급이던 그의 사위가 대한제국에 매입을 알선한 것"이라며 "미국으로서도 보존 가치가 있는 건물"이라고 했습니다. "양국에 중요한 의미를 가진 이 건물을 속히 사들여 제대로 보존해야 한다"고 강조했습니다. 윤 회장은 미국에서 여행사를 운영하다가 워싱턴에 대한제국 공사관이 있음을 알고 역사보존협회를 만들어 되찾기 운동을 펼쳐왔습니다.

콜먼 전 의원은 1983년 이후 민주당 소속으로 14년간 7선(選)을 기록한 중진 정치인이었습니다. 그는 한국인 부인 조경숙씨의 권유로 이 운동에 적극 나섰습니다. 콜먼 전 의원은 "미국 수도 워싱턴에 남은, 100년 넘은 한국의 첫 재외 공관을 보존하는 것은 한미동맹 차원에서도 의미가 크다"며 "가능한 모든 방법을 동원해서 중요성을 알리겠다"고 했습니다.

백악관 북쪽 로간 서클에 있는 주미공사관은 1882년 한미 수교 후인 1891년 고종이 사들였습니다. 지하 1층, 지상 3층에 방 9개가 있으며 대한제국 유품도 일부 간직돼 있을 정도로 보존상태가 좋은 것으로 알려졌습니다. '대조선 주차(駐箚·주재) 미국 화성돈(華盛頓·워싱턴) 공사관'으로 명명된 이 건물에는 박정양 초대 주미공사가 1층을 집무실로 사용하고, 직원과 가족은 2, 3층을 썼습니다. 당시 대한제국의 재정 상태로는 거액인 2만5000달러를 들여 매입했으나, 일제는 이를 겨우 5달러에 강제로 사들인 다음 10달러에 미국인에게 팔아버린 기록이 남아 있습니다.

워싱턴=이하원 특파원

미국 워싱턴 DC 북서부 로건 서클 15번지에 있는 옛 대한제국 워싱턴 공사관의 현재 모습(오른쪽 사진). 건물주 티모시 젠킨스 씨가 보관 중인 20세기 초의 사진(왼쪽)과 비교하면 큰 구조 변경 없이 잘 보존된 것을 알 수 있다. 병풍이 사라진 자리에 장식장이 놓이고 샹들리에도 바뀌었지만 거울과 탁자의 위치는 그대로다.

매입 시명운동　대한제국 駐美공사관 건물 내부 공개

벽난로·거울·칸막이… 100년 전 모습 그대로

워싱턴DC의 북서부의 로간(Logan) 서클에 위치한 지하 1층, 지상 3층짜리 대한제국 주미공사관 내부가 11일 본지의 요청으로 공개됐다. 1891년 대한제국이 매입했던 '대조선 주차(駐箚·주재) 미국 화성돈(華盛頓·워싱턴) 공사관'은 100년이 훨씬 지난 후에도 당시의 구조를 그대로 간직하고 있었다.

1910년 이 건물이 강제로 매각되기 전에 1층을 찍은 사진 2장과 지금의 건물 내부를 비교한 결과 벽난로와 거울, 칸막이와 창문 등의 주요 구조물이 전혀 변하지 않고 그대로인 것을 확인했다. 특히 식당의 대형 거울은 매각되기 전에 찍은 사진 속의 거울과 크기도 비슷했으며 그 위에 대한제국과 관계있는 것으로 해석할 수 있는 꽃문양도 있었다. 이 건물의 2층에는 4개의 침실과 2개의 화장실이 있었으며, 3층은 중간에 얇은 기둥만 있을 뿐 대형 거실로 사용되고 있었다.

이 건물은 대한제국이 공사관으로 구입한 후 100년이 지났지만 그동안 건물 주인이 자주 바뀌지 않았기 때문에 과거의 모습을 그대로 보존할 수 있었던 것으로 추정된다. 1977년 이 건물을 구입한 후 33년 동안 거주해 온 티모시 젠킨스(Jenkins)씨는 "이 건물이 갖는 역사적 의미를 고려해 가급적 원형 그대로 유지하려고 했다"고 말했다.

이 공사관 건물은 미국의 19세기 말 행정부 관리였던 세스 L. 펠프스(Phelps)가 1877년 건축한 것이며, 국무부에서 차관급으로 근무하던 그의 사위가 대한제국에 매각을 알선했다.

지난 6월부터 유기원 미 역사보존협회 회장과 로널드 콜먼(Coleman) 전 연방하원의원이 주미공사관 건물 매각 100주년을 맞아 이를 영구 보존 및 매입하기 위한 서명운동을 벌이고 있다.

워싱턴=이하원 특파원
May2@chosun.com

옛 주미공사관의 내부 모습을 보도한 2010년 8월 13일자 조선일보 지면.

건물주, 취재에 일절 응하지 않다가 공개

공사관 되찾기 서명운동을 취재, 기사화하면서 공사관 내부 상황이 어떤지 궁금해졌습니다. 공사관 내부를 취재해 알리면 되찾기 운동이 더 확산되겠다는 판단이 들었습니다. 건물주 연락처를 확보 후, 여러 차례 연락을 했습니다. 그러나 건물주는 일절 취재에 응하지 않았습니다. 다른 매체에도 마찬가지였습니다.

그렇게 한 달이 지난 후 마지막 방법을 썼습니다. 제 연락처와 함께 인터뷰를 하고 싶다는 내용의 편지를 써서 건물주의 우편함에 남겨 놓았습니다. 조선일보가 한국에서 가장 오래된 신문이고, 발행부수가 가장 많으며 한미관계를 중시하는 신문이라는 점도 명기해 놓았습니다.

가족들과 함께 약 1주일간의 휴가를 마치고 돌아오는 길에 건물주로부터 연락을 받았습니다. 건물 내부를 보여주겠다는 겁니다. 2010년 8월 11일 설레는 마음으로 옛 공사관으로 향했습니다. 건물주의 안내로 문을 열고 들어가자 1층부터 100년 전 모습을 보존한 외교공간이 나타났습니다. 1891년 대한제국이 매입했던 '대조선 미국 화성돈 공사관'은 100년이 훨씬 지난 후에도 당시의 구조를 그대로 간직하고 있었습니다. 1910년 이 건물이 강제로 매각되기 전에 1층을 찍은 사진 2장과 지금의 건물 내부를 비교한 결과 벽난로와 거울, 칸막이와 창문 등의 주요 구조물이 전혀 변하지 않고 그대로인 것을 확인했습니다.

특히 식당의 대형 거울은 매각되기 전에 찍은 사진 속의 거울과 크기도 비슷했으며 그 위에 대한제국과 관련 있는 것으로 보이는 있는 꽃 문양도 있었습니다. 이 건물의 2층에는 4개의 침실과 2개의 화장실이 있었으며, 3층은 중간에 얇은 기둥만 있을 뿐 대형 거실로 사용되고 있었습니다. 이 건물은 대한제국이 공사관으로 구입한 후 100년이 지났지만 그동안 건물 주인이 자주 바뀌지 않았기 때문에 과거의 모습을 그대로 보존할 수 있었습니다.

2012년에 문화재청이 뒤늦게 매입해 공개

건물주인 티모시 젱킨스 씨는 1964년 예일대 로스쿨을 졸업한 흑인 법률가로 워싱턴 DC에 위치한 공립대학교 District of Columbia 대(UDC) 총장을 역임한 엘리트였습니다. 그는 한국 정부가 이 건물의 역사성을 중시, 매입하려는 의사가 있음을 잘 알고 있었습니다. 1977년 이 건물을 구입 후 33년 동안 거주해 온 젱킨스 씨는 "이 건물이 갖는 역사적 의미를 고려해 가급적 원형 그대로 유지하려고 했다"고 강조했습니다. 1970년대 말 워싱턴 DC에서 이 건물을 지었던 남북전쟁 당시의 영웅 펠프스를 기리기 위해 매입 후 기념건물로 활용하려고 했다는 일화도 들려줬습니다.

그는 "한국 국민들에게 이 건물이 소중한 의미를 지니고 있음을 알고 있다. 우리 가족이 33년 동안 살아온 이 건물을 6개의 조건만 맞으면 양도할 수 있다"고 했습니다. 그가 내건 6개의 조건은 구체적이었습니다. "나와 가족들이 영구히 살 수 있는 '편안한 건물'로 이전하고, 이에 수반되는 비용을 모두 지불할 것"을 요구한 것입니다.

젱킨스 씨는 "경제적으로 발전한 한국이 비용의 문제로 이 문제를 10년 넘게 끌고 자꾸만 이것 저것 물어보며 귀찮게 하는 것에 대해서는 이해하지 못하겠다"고 했습니다. 그동안 한국정부에서 이 건물의 매입을 위해 자신과 접촉한 부동산 업자만 6~7명에 이른다고 했습니다. 그는 "앞으로 더 이상 공개하지 않겠다"고도 했습니다. 당시 젱킨스 씨로부터 취재한 이런 내용은 기사화하지 않았습니다. 그 대신 주미대사관 관계자에게 이런 사실을 알려주고 매입 협상에 참고하도록 했습니다.

공사관 내부가 그대로 보존되고 있다는 사실이 본지 보도로 알려지고, 미국내에서 서명 운동이 진행되면서 매입 협상은 속도를 내기 시작했습니다. 2012년 우리 정부는 원래 공사관 매입 비용으로 책정했던 30억 원보다 훨씬 더 많은 금액을 주고 이를 사들였습니다. 이에 대해 건물주인 젱킨스 씨가 너무 무리하게 요구했다는 비판도 나왔습니다. 저는 그런 측면도 있으나 그가 30년 넘게 건물을 그대로 관리하고 내부 시설을 보존한 것은 인정해야 하지 않나, 그런 생각을 했습니다. 정부 관계자들이 좀 더 책임감을 갖고 전략적으로 움직였다면 우리 정부가 훨씬 더 신속하고, 유리하게 매입할 수 있었을 겁니다.

매입 이후 국가유산청은 5년간의 자료조사와 복원 공사를 통해 현재 일반인 관람이 가능하도록 만들었습니다. 저는 서울로 복귀 후 워싱턴 DC에 몇 차례 출장을 갔지만 아직 이곳을 방문하지 못했습니다. 다음에 워싱턴 DC를 방문하게 되면 가장 먼저 공사관을 다시 찾아볼 생각입니다.

카터의 NYT 친북 기고문에 발칵 뒤집힌 워싱턴 정가

미국의 39대 대통령 지미 카터가 2024년 12월 29일 100세로 별세했습니다. 역대 최장수 미국 대통령이었던 그는 퇴임 후에 국제 평화와 인권 문제에 헌신하며, 2002년 노벨평화상을 수상하는 등 전 세계적인 존경을 받았습니다. 그의 별세 소식에 조 바이든 대통령과 도널드 트럼프 당선인 등 미국 정치권의 주요 인사들은 깊은 애도를 표하며 추모 성명을 발표했습니다.

북한 외국문출판사(外國文出版社)가 운영하는 '조선의 출판물' 홈페이지는 지난 2021년 9월 발간한 화보 '위대한 수령 김일성 동지께 드린 선물' 화보에서 1994년 6월 방북한 지미 카터 전 미국 대통령 부부한테서 받은 동장식 접시를 공개했다.

조태열 외교부 장관도 2일 주한미국대사관을 찾아 조문록에 "평생을 국제 평화와 번영에 헌신했던 카터 전 대통령을 기억하며, 그의 유산이 밝은 미래로 이어지길 기원한다"는 글을 남겼습니다.

퇴임 후, 카터의 업적은 분명 높게 평가받아야 할 부분이 많이 있습니다. '가장 성공한 전직 미국 대통령'이라는 평가 속에 전 세계의 원로로 활동해 왔습니다. 1994년 김일성 북한 주석과의 '대동강 뱃놀이'로 이어진 그의 첫 번째 방북이 당시 한반도 긴장 완화에 기여한 것으로 평가되기도 합니다.

그런데 그의 인생 전체에서 남북한에 대해 다른 잣대를 들이대고, 북한의 대변인 처럼 활동한 것은 유감입니다. 카터는 1970년대 박정희 정권에는 인권 문제를 제기하며 주한미군 철수를 추진, 대한민국을 불안하게 만들었습니다. 이와는 대조적으로 북한의 잔혹한 독재체제와 비확산 체제 위반, 북한 인권에는 침묵하며 대화만을 강조, 결과적으로 김일성 일가의 대남 정책에 활용됐다는 비판이 나옵니다.

카터가 별세하자 미국 사회는 추모 분위기를 띄우지만, 그의 잘못된 대북관에 대해서는 부정적인 입장을 숨기지 않았던 시절이 있었습니다.

리버먼 상원의원 "기절할 정도" "끔찍하다"고 비판

워싱턴 특파원으로 근무하던 2010년 9월 16일이었습니다. 워싱턴 DC는 이날 카터 때문에 한바탕 큰 소동이 일었습니다. 워싱턴 DC의 정계, 관가(官街)와 싱크탱크의 한반도 전문가들 사이에서는 온종일 "카터 전 대통령의 뉴욕타임스 기고문 읽었느냐"는 말이 오고 갔습니다.

미사일이 열리면서 꽃을 든 손이 나오는 삽화와 함께 실린 카터의 기고가 날이 밝자마자 비판의 대상이 된 겁니다. 저는 그날 저녁까지 최소한 3차례의 한반도 관련 모임 안팎에서 카터의 기고에 대한 '탄식'이 나온 것을 목격했습니다.

2010년 8월 북한이 억류했던 미국인 아이잘론 말리 곰즈 석방을 명목으로 방북했던 카터는 '북한은 협상을 원한다'는 기고에서 일방적으로 북한의 입장을 전달했습니다. "북한이 미국·한국과 포괄적인 평화협상, 한반도 비핵화 협상 재개를 바란다는 분명하고 강력한 신호들을 받았다"고 했습니다.

당시 납치했던 선박 송환과 이산가족 상봉 제의 등을 '긍정적인 메시지'로 규정하며 지체 없이 즉각 대화 재개에 나서야 한다고 했습니다. 북한이 6자회담을 먼저 깨고 나간 것이나, 2010년 3월 천안함 폭침에 대한 비판은 전혀 없었습니다.

그의 기고문이 나온 직후, 이날 오전 상원 군사위원회에서 이에 대한 비판이 공개적으로 표출됐습니다. 한때 카터와 같은 당에 소속돼 있었던 조 리버먼 상원의원은 '기절할 정도(stunning)', '끔찍한(awful)'이라는 단어를 써 가며 그를 비판했습니다.

"카터 전 대통령이 우리에게 (북한으로부터) 여러 차례 샀던 똑같은 말을 사라고 한다"고 목소리를 높였습니다. "그가 천안함 사태를 언급하지 않았다"고도 지적했습니다.

미 국무부의 커트 캠벨 동아태 차관보(바이든 행정부의 국무부 부장관)도 "천안함 사건에 대한 언급이 그의 기고에서 빠진 것에 대해 놀랐다"는 말로 리버먼 의원의 입장에 동조했습니다. 한·미경제연구소(KEI) 세미나에서 잭 프리처드 KEI 소장은 "카터 전 대통령의 기고문이 훌륭하다고 생각하지 않는다"는 말로 비판적인 입장을 밝혔습니다.

김정일 못 만난 두번째 방북

2010년 8월 방북한 카터는 예상과는 달리 2박 3일간 평양에 머물렀지만 끝내 김정일 국방위원장을 만나지 못하고 귀국했습니다. 1994년 김일성과의 '대동강 뱃놀이'로 세계의 이목을 집중시켰던 카터 주연의 '한반도 드라마'는 재연되지 않았습니다.

2010년 8월 25일 평양에 도착한 카터는 미국인 곰즈의 석방을 이끌어냈지만, 26일 김정일이 갑자기 중국으로 떠나는 바람에 그를 만나는 데는 실패했습니다. 1994년 방북 당시 그의 아버지인 김일성을 만나 영변 핵시설 동결 및 남북 정상회담 개최 용의 발언을 이끌어냈지만 두 번째 방북에서는 김정일의 얼굴도 보지 못했습니다.

카터가 1994년 김일성으로부터 융숭한 대접을 받은 것을 떠올리며 김정일 면담에 대한 확실한 보장이 없는 상태에서 북한을 방문, 민망한 상황을 자초했다는 분석이 많았습니다. 김정일이 미국의 전직 대통령을 방문하게 한 후 중국으로 떠나버림으로써 당분간 미국과의 대결구도를 계속 가져가겠다는 입장을 밝혔다는 해석도 나왔습니다.

그런데, 당시 취재에 따르면, 오바마 정부 내에서는 카터가 김정일을 만나지 못한 것에 대해 다소 안도하는 기류가 있었습니다. 카터가 미국인 곰즈를 데리고 평양을 출발한 후 이례적으로 그의 방북 과정을 공개함으로써 다시 한번 자신들과 아무런 관계가 없음을 강조한 것이 이에 대한 방증입니다. 국무부의 필립 크롤리 공보담당차관보는 성명을 통해 "(미국) 정부는 이번 방북을 제안하거나 주선하지 않았다"고 했습니다. "곰즈의 건강이 미국에서 즉각적인 치료를 받지 않으면 심각한 위험에 처할 수 있다는 판단을 토대로 정부는 북한의 방북 제안을 수용하겠다는 카터 전 대통령의 결정에 동의한 것"이라고 했습니다.

굳이 공개하지 않아도 될 내용을 밝힘으로써 카터가 방북 당시 김영남 최고인민회의 상임위원장과 논의한 것을 바탕으로 대북정책에 관여하는 것에 대해 부정적 의사를 표명한 것입니다.

오바마 대통령은 카터가 억류된 미국인의 석방을 위해 평양을 방문하는 것을 최종적으로 승인했지만, 크게 내키지는 않았습니다. 두 사람의 관계에 대해 정통한 워싱턴 DC의 외교소식통은 "오바마 대통령이 카터 전 대통령을 크게 예우하는 것도 아니고, 카터 역시 오바마에게 두드러지게 친근감을 보이지 않았다"고 했습니다. 그럼에도 불구, 카터가 건강상태가 좋지 않은 곰즈 구출을 명목으로 '비공식 특사'가 된 것은 카터가 워낙 적극적으로 나왔기 때문입니다. 카터와 오랫동안 친분이 있는 조지아대의 박한식 교수가 북한과 구체적인 일정을 협의했습니다.

다시 논란 부른 세 번째 방북

카터는 2011년 4월 세 번째 이자 마지막 방북에서도 논란을 일으켰습니다. 카터를 단장으로 하는 전직 국가수반(首班) 모임인 '디 엘더스(The Elders)' 회원들은 2011년 4월 26일 베이징을 떠나 평양에 도착, 백화원 영빈관에서 박의춘 외무상을 만났습니다. 디 엘더스 방북단에는 카터 외에 마르티 아티사리 전 핀란드 대통령, 그로 브룬트란드 전 노르웨이 총리, 메리 로빈슨 전 아일랜드 대통령이 포함됐습니다.

카터는 이때 "1994년 김일성 북한 주석이 자신을 매우 따뜻하고 친근하게 대했는데 이번에도 환영받았다"고 블로그에 썼습니다. 김일성과 '(대동강에서) 잊지 못할 6시간의 뱃놀이'를 했으며 그의 사망에 대해 슬퍼한 것도 소개했습니다.

북한의 2010년 3월 천안함 폭침, 11월 연평도 포격 도발을 겪은 이명박 정부는 카터의 활동을 인정하지 않았습니다. 2011년 4월 26일 김성환 외교통상부 장관은 카터의 방북 후, 김정일의 메시지를 가져올 가능성과 관련, "(남북 간 채널도 있는데) 북한이 굳이 제3자를 통해 우리와 얘기할 필요는 없다고 생각한다"고 말했습니다. 김 장관은 이날 정례브리핑에서 "북한은 이미 우리와 여러 대화채널이 열려 있으며 북한 매체를 통해 '우리 민족끼리'를 얘기하고 있지 않으냐"며 이 같이 말했습니다.

김 장관이 카터를 '제3자'로 지칭한 것은 그가 어떤 메시지를 가져오든지 크게 무게를 두지 않겠다는 입장을 밝힌 것입니다. 김 장관은 카터의 방북 효과에 대해서도 "현재로서는 그다지 크게 기대하지 않는다. 북한이 굳이 민간인을 통해 우리측에 메시지를 보낼 필요가 있겠는가 하는 생각이 든다"는 말로 평가절하했습니다. 또 "이번 방북은 순전히 개인적 방문일 뿐, (미국) 정부와 관련이 있는 것은 아니다"라고 강조했습니다.

이 브리핑은 카터가 주도한 방북을 비판적으로 보고 있는 이명박 정부의 기류를 보여주는 것입니다. 한·미 양국 정부는 카터 전 대통령의 이번 방북이 순수한 의도에서 출발했을지는 몰라도 북한에 이용당할 가능성이 크다고 봤습니다.

김 장관이 우려했던 대로 카터는 평양에 이어서 서울에 와서 북한의 입장을 대변했습니다. 특히 그는 북한 인권 문제에 대해서 실망스러운 발언을 했습니다. "북한에 인권 문제가 존재하지만 우리가 직접 통치하지 않는 입장에서 간섭할 문제는 아니라고 생각한다. 한국과 미국이 의도적으로 대북 식량 지원을 중단한 것은 명백한 인권침해다." 카터는 전 세계 분쟁의 중재자로 나서며 '휴머니스트'로 살아왔지만, 북한 인권 증진을 위해 이후에도 의미 있는 발언을 한 적이 없습니다.

김정일 사망하자 조전 보내 "방북하고 싶다"

2011년 12월 17일 김정일이 사망했습니다. 그러자 카터는 김정일의 아들 김정은 중앙군사위 부위원장 앞으로 조전(弔電)을 보냈습니다. 북한 조선중앙통신에 따르면, 카터는 조전에서 북한 주민에게 애도의 뜻을 표하고, 영도자로서 새로운 책임을 지게 된 김정은 부위원장에게 성과가 있기를 기원했습니다.

북한 주민을 굶어 죽이고, 대한항공 폭파사건을 비롯한 테러를 자행해 온 독재자에게 조전을 보내는 것은 전직 미국 대통령이 할 일은 아니었습니다. 더욱이 그는 조전에서 "북한을 다시 방문하게 되기를 희망한다"고 했습니다. 김정은은 그러나 카터의 방북 요청을 받아주지 않았습니다. 카터는 다시 평양을 가고 싶어했으나, 그의 방북 기록은 2011년 4월에서 더 이상 연장되지 못했습니다.

P.S. 북한 자유주간과 겹친 카터의 방북

2011년 4월 카터가 세 번째 방북했을 때 '북한자유주간' 행사가 서울에서 개최되고 있었습니다. 행사 주최측은 카터가 방북한 다음날 서울 세종로에서 납북자 이름 부르기 행사를 개최했습니다. 6·25전쟁 납북인사가족협의회의 이미일 이사장은 "꿈에도 잊지 못하는 가족들이 조국과 가족에게 돌아오길 바라며 정성 들여 이름을 부르려고 한다"고 했습니다. 구순(九旬)의 그의 어머니 김복남씨가 떨리는 목소리로 남편 이성환씨의 이름을 불렀습니다. 지난 60년간 북한에 억류된 이들의 이름이 28일 새벽까지 불렸습니다.

장애인으로 태어나 몸이 약한 이 이사장은 철야 행사가 끝난 후 병원에 입원했습니다. 병상에서 전화가 연결된 이 이사장은 목이 쉬어 있었습니다. 카터가 김정일을 만나지 못한 채 서울을 방문한 것이 자연스레 화제에 올랐습니다. 그의 목소리엔 카터에 대한 노여움이 묻어났습니다.

"김정일 일가는 8만 명이 넘는 납북자들의 생존 여부에 대해 알려주지도 않는 범죄 집단이에요. 미국의 대통령을 지낸 분이 그런 사람과 대화를 하겠다고 가서 지난해에 이어 또 속고 오다니…." 장애 때문에, 아버지의 납북으로 힘들게 살아온 이 이사장은 카터보다 김정일 체제의 본질을 더 잘 파악하고 있었습니다.

카터는 평화와 인권 증진이라는 이상을 위해 헌신하며 많은 이들에게 영감을 주었지만, 북한 문제와 관련해서는 균형을 잃었다는 평가를 피할 수 없을 듯합니다. 그가 북한을 방문하면서도 이미일 이사장을 비롯한 납북자 가족, 탈북자, 북한인권단체 관계자들을 만나는 균형감을 가졌더라면

"북한 독재체제를 대변했다"는 비판을 받지 않았을 것이라는 생각을 합니다. 북한자유주간과 겹친 카터의 방북입니다.

06

러시아, 중국과 대한민국 외교

푸틴, 대한민국 국회서 '주한미군 철수' 연설하려 했다

일방적으로 일정 늘려 하루 일찍 도착한 푸틴

2024년 북한 김정은 국무위원장과의 정상회담에서 냉전시대의 '자동개입' 조항을 부활시켜 동북아시아의 긴장을 고조시킨 블라디미르 푸틴 러시아 대통령. 그는 2001년 2월 서울을 방문했는데 당시에도 큰 문제를 일으켰습니다.

그 전조(前兆)는 푸틴이 일방적으로 방한 일정을 앞당길 때부터 보이기 시작했습니다. 원래 푸틴은 그해 2월 27일 오전 국빈(國賓)으로 도착할 예정이었습니다. 그런데 방한 1주일 전 러시아 정부가 일정 변경을 통보했습니다. "푸틴 대통령이 예정보다 빨리 26일 밤 12시쯤 서울에 도착하기를 바란다. 이정빈 외교통상부 장관이 굳이 공항에 영접 나올 필요는 없다."

초청자 입장은 생각하지 않은 채 한밤중에 입국하겠다는 겁니다. 일방적인 통보에 청와대와 외교부는 기분이 좋지 않았습니다. 긴급 논의를 거쳐 "국빈방문이 한밤중에 이뤄진 적이 없고, 경호상 위험하다. 불필요한 오해를 불러일으킬 수도 있다"며 자정에 도착하는 것은 거부했습니다. 그 대신 "27일 오전 6시 이후나, 28일 저녁 10시 이전이면 괜찮다"는 절충안을 제시, '26일 저녁 10시 서울공항 도착'으로 최종 합의했습니다.

2000년 5월 대통령에 취임한 푸틴은 국제사회에 잘 알려지지 않은 정치인이었습니다. 지금은 모든 정상회담에 1~2시간은 늦기로 유명한 지각대장인데, 왜 한국에는 하루 일찍 오겠다는 것인지 알 수 없었습니다. 푸틴이 한밤중에 서울에 도착하기를 바란 것은 그의 야행성 기질과 관련이 있다는 분석이 유력했습니다. 보통 새벽 2~3시까지 일하고 아침에 늦게 일어나는 습관을 갖고 있는데, 원래대로 27일 오전 10시 서울에 도착하면 비행기에서 숙면을 취하지 못해 무리한 일정이 될 것을 우려했다는 겁니다. 어쨌든 푸틴의 일정 변경 이유를 잘 모르는 가운데, 이정빈 장관을 비롯한 외교부 관계자들은 이날 저녁 늦게 서울 공항에 나가 국빈으로 방문하는 그를 영접해야 했습니다.

푸틴, 이회창 한나라당 총재 면담 전격 통보

러시아 측은 푸틴이 한나라당 이회창 총재를 만나기로 한 사실도 방한 직전인 24일 우리 정부에 전격 통보했습니다. 이 면담은 러시아 측과 한나라당이 직접 교섭해 이뤄졌습니다. 이 총재는 1997년 대선에서 김대중 후보에게 패배했지만, 2002년 차기 대선에서 당선이 유력시됐습니다. 푸틴으로서는 대한민국의 차기 대통령으로 유력한 정치인을 만나 우호적인 관계를 맺는 것이 좋다고 생각했지만, 김대중 정부로서는 기분 좋

김대중 대통령이 2001년 2월 27일 저녁 방한중인 푸틴 러시아 대통령을 위해 마련한 환영만찬에서 건배하고 있다.

은 일은 아니었습니다.

이런 배경 속에 푸틴은 28일 서울 롯데호텔에서 약 30분간 이 총재를 면담했습니다. 푸틴은 "국가관계는 정당을 초월해야 하며 한국과 러시아에서 어느 당이 집권하든 국가이익을 생각해야 한다"고 했습니다. 그런 푸틴에게 이 총재는 "(대북) 포용정책은 1980년대부터 추진돼 온 것으로 다음 정권 때도 계속돼야 하지만, 안정성·투명성이 보장돼야 한다"고 강조했습니다. 푸틴 대통령은 면담에서 이 총재를 러시아로 초청했습니다.

실제로 이 총재는 같은 해 11월 5일간 러시아를 방문했습니다. 당시 이 총재의 러시아 방문에는 부인 한인옥 여사와 김진재 부총재, 박명환 정재문 권철현 김무성 임태희 전재희 남경필 의원 등 8명의 한나라당 의원이 수행하고 출입기자들도 동행, 대규모 방문단이 됐습니다. 일부 매체가 이 총재의 푸틴 면담 가능성을 거론했지만, 성사되지 않았습니다. 이런 에피소드 속에 푸틴의 방한 중 미국과 관련된 사건이 동시다발적으로 발생하는 전대미문의 일이 벌어졌습니다.

정상회담 만찬장에서 '주한미군 철수' 삭제 요구

2월 27일 청와대에서 열린 김대중·푸틴 대통령 정상회담에서 조지 W 부시 신(新) 미국 행정부가 반대하는 탄도탄요격미사일(ABM) 조약의 '보존과 강화(preserve and strengthen)' 조항이 포함된 공동성명이 발표됐습니다. 그러자 한국 언론은 물론 뉴욕타임스가 "김대중 대통령이 한미 정상회담 1주일을 앞두고, 미국의 국가미사일방어(NMD)체제를 둘러싼 논쟁에서 공개적으로 러시아 편을 들었다"고 보도하면서 논란이 커지기 시작했습니다.

푸틴이 국회 연설에서 주한미군 철수를 언급하려다가 우리 측이 하루 전에 연설문 초안을 입수, 불발됐던 일도 이때 일어났습니다. 푸틴의 연설문 초안에서 주한미군 관련부분이 된 삭제된 상황은 이재춘 주러시아 대사가 자신의 회고록 '외교관으로 산다는 것'에 밝혀놓았습니다. 이 회고록과 당시 관계자들에 따르면, 2월 27일 청와대에서 양국 정상회담이 끝난 후, 국빈 만찬장에서 드라마 같은 일이 벌어졌습니다.

이 대사가 만찬장 헤드테이블 옆인 2번 테이블에서 드미트리 메드베데프 크렘린 행정실장(푸틴의 측근으로 2008~2012년 러시아 대통령. 현 국가안보회의 부의장) 과 대화하고 있을 때입니다. 만찬이 끝날 무렵 외교부의 이수혁 구주국장(차관보 겸 북핵 6자회담 수석대표, 국정원 제1차장, 국회의원, 주미대사 역임)이 이 대사에게 급히 다가왔습니다. 이 대사를 만찬장 밖으

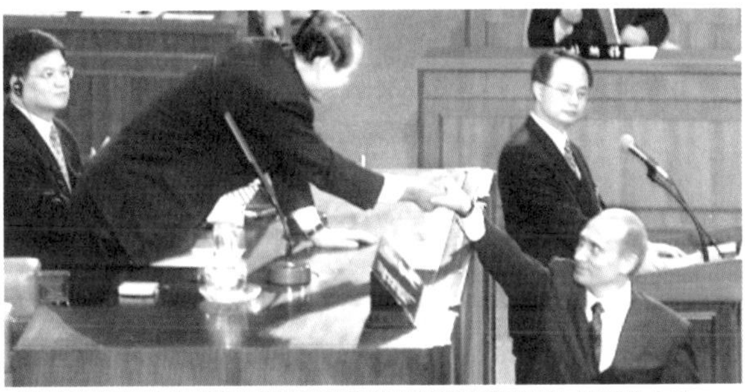

◇블라디미르 푸틴 러시아 대통령이 28일 국회 본회의에서 연설을 마치고 이만섭 국회의장과 악수하고 있다. /朱宪中기자 wjjoo@chosun.com

ABM조약이란

美·蘇간 요격미사일 제한

NMD란

美본토 미사일 방어체제

탄도탄요격미사일(Anti-Ballistic Missile·ABM) 조약은 1972년 미국과 소련이 체결한 것으로, 양측의 요격미사일 개발과 배치를 제한하는 내용을 담고 있다. 쌍방이 각기 ABM기지 2곳(76년 개정 때 1곳으로 축소)만을 건설할 수 있도록 허용하고 전국 규모의 미사일 방어 시스템 구축은 금지한 것이 골자다. 또한 우주공간에서의 이동식 미사일방어체제 구축도 금지시키고 있다.

북한·이라크 등 이른바 '불량국가'들의 미국에 대한 미사일 공격 위협에 대응하기 위해 미국이 추진하고 있는 NMD(국가미사일방어)체제는 미 본토 전역에 복수의 미사일 기지 구축을 목표로 하고 있어 ABM 조약에 위배된다. /呂始東기자

"국가관계는 정당 초월해야" 푸틴
"對北정책 투명성 보장 필요" 李총재

訪韓 마지막날 30분 면담

블라디미르 푸틴 러시아 대통령은 방한 마지막날인 28일 국회를 방문, 보처럼 본회의장을 가득 메운 여야 의원들의 박수와 환대 속에 한·러 관계발전과 한반도 평화보장 지원 등을 골자로 특별연설을 했다.

푸틴 대통령은 오전 11시부터 본회의장에서 20분 가량 자신감 넘치는 어조로 연설했다. 특히 국가미사일방어(NMD)체제를 추진하려고 ABM(탄도탄요격미사일)조약 개정을 주장하는 미국에 불만을 표시하고, 미국의 최근 이라크 공습 등 독자적인 강경외교 노선을 비판했다.

푸틴 대통령은 "한반도 문제 해결과정에서 ①남·북한 평화과정 및 협력은 외부 개입없이 당사자들간에 이뤄져야 하고 ②평화적·외교적 방법으로 해결돼야 하며 ③러시아 및 다른 국가들이 국제법적 보장을 통해 한반도의 안전을 보장해야 하고 ④한반도에서 대량 파괴무기의 철폐와 비핵국가 지위 보장이 전제돼야 하며 ⑤러시아 지역경제 발전을 위한 다자간 프로젝트에 남·북한의 공동 참여가 필요하다"고 말했다.

푸틴 대통령은 오후 2시50분부터 약 30분간 서울 롯데호텔에서 이회창(李會昌) 한나라당 총재와 면담을 가졌다. 푸틴 대통령은 "국가관계는 정당을 초월해야 하며 한국과 러시아에서 어느 당이 집권하든 국가이익을 생각해야 한다"고 말했다.

이 총재는 "포용정책은 1980년대부터 추진돼 온 것으로 다음 정권 때도 계속돼야 한다"면서 "그러나 대북정책은 안정성·투명성이 보장돼야 한다"고 말했다. 푸틴 대통령은 이 총재에게 러시아 방문을 초청했다.

/金昌均기자 ck-kim@chosun.com

푸틴 러시아 대통령의 2001년 2월 28일 국회 연설을 보도한 조선일보 3월 1일자 4면

로 데리고 나간 이 국장의 보고 내용은 충격적이었습니다. 다음 날 오후에 국회 본회의장에서 푸틴이 행할 연설문을 입수했는데, 주한 미군 철수를 주장하는 내용이 포함되었다는 겁니다. 이 국장이 러시아 측 실무진에게 수정을 요구했지만, 말을 듣지 않아 달려왔습니다.

이 대사는 심각한 사태가 벌어질 수 있다고 판단했습니다. 바로 만찬장으로 들어가 로슈코프 차관을 불러내 연설문 문제를 제기했습니다. 그러자 로슈코프 차관이 프리호드코 외교수석, 이바노프 외무장관을 불러냈습니다. 이 대사는 이들에게 주한 미군 관련 내용을 삭제하라고 요구했습니다. "만일 초안 그대로 연설하려 한다면 내일 국회 연설일정은 취소될 수밖에 없다"고 강경하게 나갔습니다. 한러 정상회담 공동성명을 통해 한국의 ABM 지지가 알려지면서 "한국이 러시아 편을 들었다"는 관측이 나오는 상황에서 푸틴이 국회에서 주한미군 철수 주장을 한다면 파장은 걷잡을 수 없이 커질 수 있었습니다.

그러자 러시아 측은 자신들끼리 협의를 거친 후, 이 대사에게 주한미군 관련 부분을 볼펜으로 지우고 "이렇게 하면 되겠느냐"고 했습니다. 러시아 측은 정상회담 공동성명에 ABM조약의 '보존과 강화'를 포함시켜 성과를 올린 상황에서 굳이 무리할 필요가 없다는 판단을 한 듯 합니다. 그럼에도 청와대와 외교부 실무진은 안심하지 못했습니다. 실제로 푸틴이 국회 연설에서 주한미군 철수를 언급하려고 마음먹으면 이를 막을 방법이 없었기 때문입니다.

외교관들 조마조마한 가운데 푸틴 국회 연설

우리 측 관계자들이 마음을 졸이는 가운데 푸틴이 방한 마지막 날인 2001년 2월 28일 국회를 방문했습니다. 본회의장을 가득 메운 여야 의원들의 박수와 환대 속에 본회의장에 입장했습니다. 2022년 러시아가 우크라이나를 침공하고 군수물자를 지원받기 위해 북한과 밀착, 비난받고 있는 지금과는 180도 다른 분위기였습니다. 푸틴은 오전 11시부터 20분간 한·러 관계발전과 한반도 평화보장 지원 등을 골자로 특별연설을 했습니다. 자신감 있는 어조였습니다. 푸틴은 NMD 체제를 추진하려고 ABM조약 개정을 주장하는 미국에 불만을 표시하고, 미국의 이라크 공습 등 독자적인 강경외교 노선을 비판하기도 했습니다.

푸틴은 한반도 문제 해결 과정에서 남북한 평화과정은 외부 개입 없이 당사자들 간에 이뤄져야 하고, 러시아 및 다른 국가들이 국제법적 보장을 통해 한반도의 안전을 보장해야 한다고 했습니다. 러시아 지역경제 발전을 위한 다자간 프로젝트에 남·북한의 공동 참여가 필요하다고도 했습니다. 다행히도 푸틴의 입에서 주한미군 관련 발언이 나오지 않자 청와대와 외교부 관계자들은 가슴을 쓸어내렸습니다.

이 대사는 자신의 책에서 푸틴이 주한미군 철수를 언급하려 했던 배경에 대해 이같이 추정합니다. "언젠가 내가 로슈코프 차관과 이야기를 나누던 중에 그가 남·북 정상회담도 성사되었으니 이로써 한반도에서의 평화정착이 이루어지면 주한미군의 존재도 불필요하지 않겠느냐는 말을 꺼낸 일이 있었다. 그때 나는 논리적으로는 그 말이 맞지만, 우리의 현실은 아직 주한 미군 문제를 거론할 만한 상황에 와 있지 않다고 다소 부드럽게 대응한 일이 있었는데, 이미 그때 로슈코프 차관이 나의 반응을 자신의 주장에 반대하지 않은 것으로 오판한 듯 싶었다."

외교부 관계자들은 당시 푸틴이 국회에서 '주한미군 철수' 연설을 하려 했던 상황을 아찔했던 순간으로 기억합니다. 푸틴의 주한미군 철수 연설 계획은 즉각 알려지지 않았다가 이정빈 장관이 3주 후에 공개함으로써 세상에 알려졌습니다.

푸틴, 'ABM 공동성명'으로 한미관계 농락하다

한러 정상회담 성명에 부시가 반대하는 'ABM 보존과 강화' 명시

2001년 2월 블라디미르 푸틴 대통령의 방한은 20여 년이 지난 지금도 외교적인 측면에서 철저한 복기가 필요한 사안입니다. 푸틴은 당시 국회에서 '주한미군 철수' 연설을 하려 한 것은 물론, 한미 관계를 뒤흔드는 공동성명을 통해 외교부의 장·차관이 잇따라 물러나도록 했습니다. 1948년 정부 수립 후, 우리나라 외교사에서 정상회담 공동성명이 문제가 돼 외교부 장·차관이 교체된 것은 푸틴의 2001년 방한 때가 유일합니다.

전대미문의 외교 참사는 2001년 2월 27일 청와대에서 김대중 대통령과 푸틴의 정상회담이 끝난 직후 표면화됐습니다.

그날 오후 3시쯤 외교부를 담당하고 있던 저는 청와대를 출입하던 선배 기자로부터 전화를 받았습니다. "한러 정상회담 공동성명에 민감한 부분이 있는 것 같으니 알아보라"는 지시였습니다. 같은 시각, 다른 언론사의 외교부 출입기자들도 소속사로부터 비슷한 지시를 받았습니다.

한·러 정상회담에서 발표된 공동성명을 급히 살펴보니 상당히 길었습니다. A4용지 9장 분량으로 다른 정상회담 성명보다 훨씬 더 길었는데, 국제문제가 언급된 5항이 한눈에 들어왔습니다.

"대한민국은 지난 1972년 체결된 탄도탄요격미사일(ABM)조약이 전략적 안정의 초석이며, 핵무기 감축 및 비확산에 대한 국제적 노력의 중요한 기반이라는데 동의하였다. 양측은 ABM조약을 보존하고 강화하는 가운데 전략무기 감축협정 II(START II)의 조기 발효와 완전한 이행, 그리고

START Ⅲ의 조속한 체결을 희망하였다."

저를 비롯한 일부 외교부 출입기자들은 이 문구가 한 달 전 출범한 조지 W 부시 미 행정부 가 추진하려는 국가미사일방어(NMD) 체제를 반대하는 의미로 해석될 수 있음을 알아차렸습니다. 2001년 1월 출범한 부시 행정부는 '힘의 우위'를 바탕으로 한 새로운 스타일의 외교안보정책을 수립하고 있었습니다. 특히 북한, 이라크, 이란의 미사일 공격을 막는다는 명분으로 NMD체제를 강력히 추진할 태세였습니다. 이를 위해 요격미사일 개수 등을 제한한 ABM조약의 개정을 요구하고 있었습니다. (2001년 9·11 테러 이후 부시 대통령은 테러와의 전쟁을 수행하면서 다음해 1월 이라크·이란·북한을 '악의 축'으로 지명합니다.)

3시 30분쯤 한러 정상회담 공동성명을 브리핑하기 위해 외교부 관계자가 기자실을 찾아오자마자 출입 기자들이 질문을 쏟아 부었습니다. "한러 공동성명에 ABM조약의 '보존과 강화'를 명시한 것은 미국의 NMD체제에 대한 반대를 의미하는 것 아닌가", "다음 달 한미 정상회담을 앞

2013년 11월 13일 푸틴 러시아 대통령이 서울 소공동 롯데호텔 앞에서 열린 러시아 대문호 알렉사드르 푸시킨 동상 제막식에 참석, 연설하고 있다. 푸틴은 2001년 방한 당시 부시 미 대통령이 반대하는 '탄도탄요격미사일(ABM)조약의 강화와 보존'을 관철시키며 한미 동맹을 흔들어놓았다.

두고, 한러 공동성명에 미국을 자극할 수도 있는 부분을 넣은 것은 어떤 의미인가."

이에 대해 외교부 관계자는 한러 공동성명에 언급한 ABM조약 관련 문구는 국제적으로 통용되는 표현이며, NMD체제와는 아무런 관련이 없다고 했습니다. 이같은 표현이 "2000년 4월 핵확산금지조약(NPT)평가회의, 유엔 안보리 상임5개국 공동선언문, 2000년 7월 오키나와 G8정상회의 공동코뮤니케에 공통으로 들어가 있는 표현이므로 문제될 것이 없다"고 강조했지요. 그러나 외교부 출입기자들은 이 표현이 다자회의가 아니라 한러 양자 간 정상회담 후 발표된 성명에 포함된 사실에 주목했습니다. 또, 이 문구가 국제적으로 통용되더라도 새로 취임한 부시 대통령과 다음 달 한미 정상회담을 앞두고 이런 내용이 들어간 것은 외교적으로 미숙한 조치라고 봤습니다.

더욱이 이보다 앞서 6일 전인 2월 21일 이정빈 외교부 장관이 상공회의소 초청연설을 통해 NMD 체제에 대해 부정적인 발언을 한 바 있었습니다. 이 장관은 "미국이 NMD 문제를 생각하는 원인은 일부 국가가 장거리미사일을 개발하고, 그 미사일로 미국 본토가 위협을 받을 수 있다는 이유 때문"이라며 "미국이 NMD를 강력히 추진하는것 보다는 이같은 원인제공 문제를 해결하는 것이 더 빠르고 쉬운 것이 아닌가 생각한다"고 했습니다. 새로 출범한 부시 행정부에는 기분 나쁘게 들릴 수도 있는 발언이 사전에 있었던 겁니다.

외교부, "국제사회에서 쓰는 가치중립적 표현 썼다"고 주장

이런 배경 때문에 외교부 출입기자 중 상당수는 한러 정상회담 공동성명에 포함된 ABM 관련 내용이 가볍지 않다고 생각했습니다. 외교부는 기자들의 문제제기가 심상치 않다고 보고, 긴급회의를 가졌습니다. 약 2시간 뒤인 오후 5시 30분쯤 최영진 외교정책실장(외교부 차관, 주유엔대사,

주미대사 역임)이 기자실을 찾아왔습니다. 한러 정상회담 담당 부서가 아니라 군축·비확산을 담당하는 부서의 책임자가 설명하러 온 겁니다.

"오늘 공동성명에 포함된 ABM조약 관련 내용은 지난해 미국도 찬성한 내용이다. 이 표현은 가치 중립적인 표현이다. NMD와 관련된 문제라기보다는 핵무기를 어떻게 감축할 수 있느냐 하는 것이다." "이 조항이 미국이 추진하는 NMD체제에 마치 반대하는 것처럼 보도한다면, 잘못된 것"이라며 보도자제를 요청하기도 했습니다.

그러나, 중앙 일간지 대부분은 한·러 공동성명 중 ABM조약과 관련된 부분을 일제히 가판(街販)신문부터 기사화했습니다. 한·러 공동성명 내용이 공개돼 러시아는 물론 다른 모든 국가에서 알게 될 텐데, 우리만 이를 모른 척할 수 없다고 판단한 겁니다. 조선일보는 'ABM조약 개정 반대, 美 입장과 상반(사진)', 중앙일보는 '반(反) NMD 러 입장 우회표현', 한국일보는 'ABM조약 보존·강화 논란', 한겨레는 '미 NMD추진 견제 우회 언급' 등의 제목으로 눈에 띄게 보도했습니다. 가판 신문에 미처 이 기사를 쓰지 않은 일부 매체는 시내판에 게재하기도 했습니다.

정부는 이날 저녁 다시 긴급회의를 가진 후, 각 언론사 데스크들을 접촉해 기사의 수위를 낮추려 했으나 무위에 그쳤습니다. 정부 당국자들은 "한국 언론이 NMD체제, ABM조약 내용도 모르고, 센세이셔널리즘으로 보도하고 있다"고 비판했습니다. 하지만, 정부의 이런 주장은 위기를 모면하기 위한 것임이 곧 드러났습니다.

NYT "DJ가 한미 정상회담 앞두고 러시아 편들었다"

다음날인 28일. 일본의 아사히(朝日) 신문은 한러 정상회담을 다룬 기사 제목을 "한·러, ABM조약은 중요"를 제목으로 뽑으며 이를 비중 있게 보도했습니다. 미국의 뉴욕타임스는 더 적극적으로 나왔습니다. 이 신문은 "김대중 대통령이 한미 정상회담 1주일을 앞두고, 미국의 NMD체제를 둘러싼 논쟁에서 공개적으로 러시아 편을 들었다"고 했습니다. 이 신문은 "미군 3만7000명의 도움으로 보호받는 한국의 김 대통령의 이런 선언은 지금까지 미국의 아시아 동맹국들에 의한 입장 표명 중 가장 강한 것"이라고 했습니다. 영국 파이낸셜 타임스는 '한국이 미국의 NMD체제를 비판하다'는 기사에서 "한국이 미 동맹국과의 대열을 흐트러뜨렸다"고 했습니다. 한국 언론뿐만 아니라 외국 언론이 일제히 이 문제의 심각성에 주목한 것입니다.

아시안 월스트리트 저널은 "김(대통령)의 실수" 라는 제목의 사설을 통해 "미사일방위에 대한 김 대통령의 실수는 그가 세계 안보라는 어려운 문제를 해결하는 데 필요한 강한 의지력이 결핍돼 있음을 보여준다"고 논평했습니다. 이 신문은 "한국의 외교통상부가 한러 공동성명에 미국에 대한 어떠한 비판도 없다고 부인하는 성명을 서둘러 발표했다는 사실은 바로 이것이 얼마나 큰 실수였는지를 보여주고 있다"고 평가했습니다.

러시아의 대표적 일간지 이즈베스티야지(紙)는 "한국 대통령이 미국의 계획에 반대 입장을 공식적으로 표명한 것은 푸틴 대통령의 외교적 승리"라고 했습니다. 일본 니혼게이자이(日本經濟)신문은 "이번 회담은 경제협력과 한반도 안정을 주로 다뤘지만 '숨은 주제' 는 대미 정책이었다"며 "러시아 측은 햇볕정책을 지지하는 대신 미국이 도입하려는 NMD를 견제했다"고 평가했습니다. 전 세계 주요 언론이 한러 정상회담 공동성명 내용을 크게 보도하면서 이 사건은 1주일 앞으로 다가온 김 대통령의 미국 방문에도 큰 영향을 끼치게 됩니다.

'간도협약은 무효'… 국감 자료집 급히 회수한 외교부

2004년 10월 초, 국회 국정감사가 시작됐을 때의 일입니다. 당시 알고 지내던 국회 외교통상위 소속 A의원의 보좌관이 전화를 걸어왔습니다. "외교부에서 국회의원들에게 배포한 국감 자료집 중 한 권을 교체해야 한다며 이를 회수하고 새 자료집을 줬는데, 무슨 일이 있는지 아느냐"는 겁니다.

다른 정부 부처도 그렇지만, 외교부는 특히 다른 나라와 관련된 일이 대부분이기에 외부로 나가는 자료를 만들 때 신중에 신중을 기합니다. 이

2004년 8월 23일 반기문 외교통상부 장관이 고구려사 왜곡 문제를 논의하기 위해 방한한 우다웨이 중국 외교부 부부장을 만나고 있다. 우다웨이 부부장은 당시 우리 정부에 간도 영유권 문제를 거론하지 않겠다고 약속할 것을 요구한 것으로 알려졌다.

미 배포된 국감 자료집을 바꾸려고 외교관들이 일일이 외통위 의원들을 찾아다닌 것은 뭔가 문제가 생겼음을 의미했습니다.

비밀리에 취재를 해 보니, 외교부가 국회의원들에게 회수하고 새로 배포한 자료는 '국감 자료집 7권'이었습니다. 각각 300페이지에 가까운 신구(新舊) 자료집을 확보 후, 두 권을 나란히 놓고 한 장씩 넘겨가며 비교했습니다. 다른 부분은 이상이 없는데 186, 188쪽이 달라진 것을 발견했습니다. 원래 배포된 '국감자료집 7권' 186쪽엔 "을사보호조약이 무효인 만큼 이 연장선상에서 간도(間島)협약은 무효"라고 했는데, 새로 배포된 자료집에는 이런 내용이 들어가 있지 않았습니다. 그 순간 기사를 써야겠다는 생각이 들었습니다.

고구려사 문제에 이어 간도 문제 제기돼

2004년은 중국의 고구려사 왜곡에 이어 간도 문제가 불거지면서 우리 국민의 관심이 높았던 때입니다. 9월 3일 59명의 한국 국회의원이 간도를 중국에 넘겨준 간도협약 무효 결의안을 제출하자 주한 중국대사관이 이에 민감하게 반응하기도 했습니다.

간도는 통상 남부 만주 지역 중 두만강 북쪽 땅(동간도)을 뜻하지만, 압록강 북쪽도 서간도로 불려 왔습니다. 이곳은 원래 고구려와 발해의 옛 땅으로 조선과 청 나라가 1712년 백두산 정계비를 만들 때 합의한 것처럼 조선 영토였습니다. 특히 19세기 중반부터 이곳에서 땅을 개간하는 한국인이 급증, 간도협약 당시 동간도에만 10만여 명의 한국인이 살고 있었습니다. 1900년 대한제국은 간도 조선인 보호용으로 두만강 인근에 변계경무서를 설치했습니다. 1902년엔 간도관리사 종3품 이범윤을 간도에 파견하기도 했습니다.

일본은 1905년 을사조약으로 한국의 외교권을 박탈한 후, 1909년 간도에 대한 중국의 영유권을 인정했습니다. 그 대가로 만주 철도·광산 등 이권을 보장받은 게 간도협약입니다. 1905년 조선의 외교권을 박탈한 을사조약이 강압에 의한 무효조약이므로 이에 근거한 간도협약도 국제법상 무효라고 봐야 할 것입니다.

간도협약이 무효가 되면, 이론적으로는 간도협약 이전에 존재했던 한·중 국경선이 양국의 국경선이 됩니다. 국제법상 영토문제의 대체적인 시효 만료가 100년이므로 2009년 이전에 공식적으로 문제를 제기해야 한다는 주장도 당시 분출했습니다. 중국의 고구려사 왜곡 목적이 간도 때문이라는 분석도 있었습니다. 동북공정의 33개 연구과제 중에서 12개는 한·중 변경(邊境)과 관련된 것이었습니다.

우다웨이, 간도 영유권 문제 거론

이렇듯 간도 협약은 중국에서 볼 때 민감한 문제였습니다. 중국은 2004년 8월 고구려사 왜곡 문제 논의를 위해 방한했던 우다웨이(武大偉) 외교부 부부장을 통해 우리 정부가 간도의 영유권 문제를 거론하지 않겠다는 것을 약속해달라고 요구했습니다. 이 사실은 조선일보가 2004년 9월 11일자 1면에 비중 있게 보도했습니다.

우다웨이는 최영진 외교부 차관 등에게 "한국이 동북지방 영토 국경 문제에서 중국 정부와 국민을 우려시키는 시도가 있다"며 간도문제를 언급했다고 합니다. 그는 "간도 영유권은 중국의 중요한 관심사"라며 "한국이 이 문제를 절대 거론하지 않겠다는 합의를 해 달라"고 요구한 것으로 알려졌습니다. 이에 우리 정부는 중국의 요구를 거부했습니다.

이런 분위기 속에 조선일보 문화부 유석재 기자가 간도 관련, 의미 있는 단독 보도를 했습니다. 유 기자는 2004년 9월 9일 [두만강 이북 '간도는 조선땅' 1909년 일제 제작 지도서 '증거' 발견]이라는 제목의 1면 톱기사를 썼습니다.

朝鮮日

1920년 3월 5일 창간

chosun.com

두만강 이북 '간도는 조선땅'

1909년 日帝제작 地圖서 '증거' 발견

토문강을 두만강 아닌 송화강 지류로 표기… 中주장 뒤집어

1909년 淸·日협약에 따른 간도의 중국 이양은 근거 없어져

조선일보 2004년 9월 9일자 1면 톱 기사는 일본이 간도지역을 중국에 넘겨준 '청·일 간도협약'의 바탕이 됐던 '토문강=두만강'설을 정면으로 반박하는 지도가 발견됐다고 전하고 있다.

일본이 간도지역을 중국에 넘겨준 '청·일 간도협약'의 바탕이 됐던 '토문강=두만강'설을 정면으로 반박하는 지도가 발견됐다는 겁니다. '토문강(土門江)'을 두만강(豆滿江)이 아닌 별개의 송화강 지류로 분명히 밝힌 이 지도는 1909년 '청·일 간도협약' 당시 일본 측이 만든 것이었습니다. '조선과 청의 국경인 토문강은 두만강의 또 다른 이름'이라고 줄곧 주장해 온 중국에 대한 중요한 반박자료일 뿐 아니라 간도가 조선 땅이었음을 밝히는 중요한 자료였습니다. 이상태 국사편찬위원회 사료조사실장이 서지학자 고 이종학 씨의 소장자료 중에서 찾아내 공개한 이 지도는 '메이지

(明治) 42년(1909년) 10월, 축척 40만 분의 1'이라고 기록돼 있습니다.

이 지도는 백두산 부근에서 동북 방향으로 흐르다가 다시 북쪽으로 꺾여 송화강과 합류하는 하천에 '토문강'이라는 이름을 명기해 놓았습니다. 동쪽으로 흐르는 강에는 '두만강'이라 적어 토문강과 두만강이 같은 강의 다른 이름일 수 없음을 분명히 했습니다. 1712년(숙종 38년) 세워진 백두산 정계비는 '압록강과 토문강을 조선과 청의 경계로 삼는다'고 적었으나 '토문강'을 송화강의 지류로 해석한 한국과 달리 중국은 '토문강=두만강' 설을 내세워 간도지역이 청나라 영토였다고 주장해 왔습니다.

朝鮮日

1920년 3월 5일 창간

chosun.com

정부 "間島협약은 무효"

國監자료집에 밝혀… 의원들에 배포했다 수거

中과의 마찰 우려, 관련부분 없애

우리 정부가 1909년 중국과 일본 간에 체결된 간도협약이 무효라는 입장의 국감 자료집을 배포했다가 회수한 것을 보도한 조선일보 2004년 10월 13일자 1면 톱 기사.

신구 자료집 비교해 보니 간도 협약 기술 바뀌어

이렇듯 간도와 관련된 관심이 고조된 상황에서 외교부가 국감 자료집에 '간도협약은 무효'라는 입장을 밝혔다가 이를 정정한 것은 주목할 만한 사안이었습니다. 이런 배경에서 2004년 10월 13일 조선일보 1면에 다음과 같은 기사를 1면 톱 기사로 게재했습니다.

> 우리 정부가 1909년 중국과 일본 간에 체결된 간도(間島)협약이 무효라는 입장을 정하고 있는 것으로 밝혀졌다. 외교통상부는 이 같은 정부 입장을 밝힌 '국정감사자료집'을 국회의원들에게 배포했다가 중국과의 외교마찰을 우려해 수거한 것으로 12일 밝혀졌다. 이 문제에 관한 정부의 공식 입장이 드러난 것은 이번이 처음이다. 간도협약은 사실상 조선의 영토였던 간도를 일본이 중국에 넘겨준 대가로 만주 철도설치권 등 특권을 얻은 조약이다. 간도협약이 무효라면 백두산과 두만강 북쪽 지역이 우리나라 영토라는 것이 우리 정부의 입장이 되는 것이다.
>
> 본지가 입수한 외교부의 '국정감사자료 7권'은 186쪽 '1909년 청나라와 일본의 간도협약내용'마지막에 간도협약이 무효임을 밝히고 있다. 이 부분은 "우리 정부는 1905년 우리의 외교권을 박탈한 을사조약이 강박에 의해 체결된 무효조약인 만큼, 이의 연장선상에서 일본이 우리의 의사와 무관하게 체결한 1909년 간도협약은 무효라는 입장을 견지함"〈사진〉으로 돼 있다.
>
> 외교부는 지난 5일 국정감사에서 이 자료집을 배포했다가 중국과의 외교마찰을 우려해 자료집을 수거키로 결정, '간도협약은 무효' 부분을 삭제한 새 자료집과 교환했다. 새 국감 자료집에는 "간도문제는 북한을 포함한 여러 나라가 관련돼 있는 아주 복잡하고 민감한 문제로서, (중략) 신중히 다뤄나가야 할 문제"라는 입장만 남겨뒀다. 이와 관련, 정부 관계자는 "간도협약이 무효라는 것이 우리의 확고한 입장이지만, 최근 중국이 고구려사 문제와 관련해서도 간도협약 부분에 민감하게 반응하고 있는

점을 고려해 이를 대외에 밝히지 않기로 했다"고 말했다.

외교부가 '간도협약은 무효'라는 입장을 국감 자료집에 밝혔다는 사실이 알려지자 외교부는 반기문 장관 주재 실국장회의에서 이 문제를 논의했습니다. 조약국과 아시아·태평양국 관계자들이 수차례 대책을 논의하는 등 민감한 반응을 보였습니다.

외교부 관계자는 "정부가 간도협약은 무효라는 입장을 갖고 있는 것이 국민들에게 알려져 좋은 측면이 있으나 중국과의 관계가 껄끄러워질까 우려된다"고 말했습니다. 이날 회의에서는 이 기회에 앞으로 간도협약이 무효라는 것을 분명히 할 필요가 있다는 의견도 제시됐고, 그에 반대되는 입장도 피력돼 논쟁이 벌어졌다고 합니다.

외교부 이규형 대변인은 이날 오전 이 문제에 대해 브리핑을 하기로 했으나 정부 고위 관계자들이 "더 깊이 논의할 필요가 있다"고 제동을 걸었습니다. 그 결과 브리핑이 수차례 연기된 끝에 정부는 당일 아무런 발표를 하지 않았습니다. 이례적인 일이 벌어진 겁니다.

'간도협정 무효 → 행정 착오 → 법리적 무효'… 중국 눈치보며 오락가락

중국과 마찰 우려한 노무현 정부

2004년 10월 초 '간도협약은 무효'라고 밝힌 국정감사 자료집을 국회에 배포했다가 회수한 파문이 퍼져가는 가운데, 같은 달 14일 반기문 외교부 장관이 정례 브리핑을 가졌습니다. 반 장관은 이 자리에서 "자료 제출과정에서 실무자들 간에 행정적 착오가 있었다. 양해를 구한다"고 했습니다.

2009년 9월 4일 주한 중국대사관 앞에서 민족회의 김영기 대표 등 회원들이 국제사법재판소에 간도 영토문제를 정식 제소한 확인서를 보여주며 청일간의 간도협약 무효와 간도 반환을 요구하고 있다.

반 장관은 "간도협약은 법리적으로, 또 국제정치적으로 보는 것이 있고 복잡한 고려 요소가 있다"며 이같이 밝혔습니다. 또 "간도협약은 복잡하고 민감한 문제로 좀 더 정확한 역사적 고증과 신중한 입장이 필요하다는 입장을 (이전에) 발표했었다"고도 했습니다.

간도협약은 을사조약으로 우리 외교권을 강탈한 일본이 1909년 압록강과 두만강 북쪽의 간도를 청나라에 넘겨준 협약을 말하는데, 이에 대해 무효라고 하지 않고 "신중한 입장이 필요하다"로 후퇴한 겁니다.

외교부의 이 같은 입장은 중국과의 외교마찰을 우려했기 때문입니다. 같은 날 청와대도 외교부와 같은 방향으로 움직였습니다. 정우성 청와대 외교보좌관도 이날 불교방송에 출연, "조약 문구라든지 법리적으로 볼 것이 아니다. 간도 문제가 중국과 우리 사이의 영토와 국경 문제가 되는 것은 전혀 바람직하지 않다"고 했습니다. "단순히 조약이 유효하냐 아니냐의 문제가 아니라 더 크게 봐야 한다"고 했습니다.

외교부는 조선일보가 이 사안을 보도한 후, 브리핑을 갖기로 했다가 이를 하루 연기하면서까지 대책을 논의했습니다. 그 결과 미래의 영토보다는 현재의 한·중관계를 우선적으로 고려하기로 결정을 내렸던 겁니다.

조약국과 아태국 논쟁

2004년 간도협약 사례는 여러 면에서 복기할 필요가 있습니다. 정부 내부의 검토와 토론을 거쳐 작성된 후 국회의원들에게 배포된 자료를 단순한 행정적 착오로 보기는 어렵습니다. 외교부는 국감자료집 7권 186쪽에 "을사보호조약이 무효인 만큼 이 연장선상에서 간도협약은 무효"라는 입장을 밝힌 데 이어 188쪽에는 "1941년 이전의 중국과 일본 간 모든 조약을 무효화한 중·일 평화조약과 별개로 간도협약은 원천무효"라는 표현을 명기했습니다.

당시 조약국은 간도 문제를 제기하면 중국과의 외교 마찰이 불가피하나 간도가 우리 땅이라는 주장을 해 놓지 않으면, 나중에 통일된 후 이 문제를 제기하기 힘들다는 입장이었습니다. 중국을 향해 간도협약은 무효라는 입장을 밝히는 것은 반드시 필요하다는 겁니다. 더 늦기 전에 이를 제기해서 나중에 외교적 카드로 사용할 수 있어야 한다는 입장이었습니다.

이에 비해 중국을 직접 담당하는 아시아·태평양국에서는 이 문제를 제기할 경우 득실을 많이 따졌습니다. 당시 외교부는 중국의 고구려사 왜곡 문제를 해결하는 데 외교력을 집중시키고 있었기에 양국 간 갈등 확대는 바람직하지 않다고 봤습니다. 또, 간도에 대한구체적인 지리적 정의도 정리되지 않은 상태에서 문제를 제기했다가 오히려 중국에 당할 수 있다는 우려도 있었습니다. 특히 조약국에서 이 문제를 담당했던 외교관 K과장의 법리적 입장이 지나치게 강하다고 비판하기도 했습니다.

어떤 외교관은 "우리의 영토 권리를 주장하면서도 중국과의 관계를 악화시키지 않는 외교력을 발휘하라는 요구가 있지만, 솔직히 우리는 그런 힘이 없다"고 털어놓았습니다. 또 다른 정부 관계자는 "북핵문제 해결을 위한 6자회담, 고구려사 왜곡시정 문제가 시급한 상황에서 간도협약 문제를 이슈화하는 것은 실익이 없다"고 잘라 말하기도 했습니다.

간도협약 인정한 북한

외교부는 간도협약을 인정한 북중 국경 조약도 고려했습니다. 1962년 평양에서 김일성과 저우언라이 중국 총리가 서명한 북한과 중국 간의 '조·중 변계(邊界)조약'은 압록강·두만강을 국경으로 정해 1909년의 간도협약을 사실상 추인하는 내용이었습니다. 이에 따라 북한은 간도 영유권 문제를 일절 제기하지 않고 있습니다. 나중에 통일이 된다면 국제법에 따라 북한이 맺은 조약을 승계할 수 밖에 없지 않느냐는 판단도 있었다고 합니다.

외교부의 이런 입장과는 달리 상당수 민간 전문가들은 우리가 하루라도 빨리 이 문제를 제기하지 않으면 간도는 영영 중국 영토로 굳어질 수 있다고 주장했습니다.당시 신형식 백산학회 회장(상명대 초빙교수·한국고대사)은 "언제 어떤 방식으로 통일이 될지 아무도 모르는 일"이라며 "간도 문제를 공식적으로 논의조차 못하게 하는 것은 말이 되지 않는다"고 했습니다. 신 회장은 "일제가 제작한 지도에도 드러나듯 간도는 명백한 우리 영토였고, 1909년의 청·일 간 간도협약은 국제법상으로도 무효"라며 "만일 정부가 제기하지 못한다면 국회와 학계에서라도 이 문제를 이슈화해야 할 것"이라고 했습니다. 노영돈 인천대 교수(국제법)는 "중국이 국가 주도로 자신의 국익에 유리한 이론화 작업을 추진하는 데 비해 우리 정부는 '외교적 마찰' 운운하며 이런 논의를 스스로 회피하려고 하는 것이 문제"라고 했습니다. 중국 정부와의 '조용한 조율'을 할 것이 아니라 오히려 문제를 삼음으로써 중국에 대한 '카드'로 이용해야 한다는 것이 전문가들의 지적이었습니다.

9일 만에 다시 바뀐 정부 입장

그런데 이렇게 '행정 착오'로 봉합될 것 같았던 간도협약 문제는 외교부가 다시 입장을 바꿔 주목받았습니다. 조선일보의 간도협약 보도 후 9일 만인 2004년 10월 22일 다시 열린 외교부에 대한 국정감사는 간도협약 청문회처럼 진행됐습니다. 한나라당의 정문헌, 최병국 의원 등에 이어 같은 당의 이성권 의원(현 국민의힘 의원)이 간도 문제를 조목조목 짚었습니다.

• 이성권 의원

처음에 이 자료(국정감사 자료집)가 제출되는 과정과 바뀌게 되는 과정에 어떤 논의와 어떤 형태의 얘기들이 오고갔는지 설명을 좀 부탁드리겠습니다.

• 반기문 외교통상부장관

그래서 조약국에서는 법리적인 측면을 검토를 했고요, 그다음에 아태국에서는 여러 가지 현재의 한중관계라든지를 감안해서 했습니다.

• 이성권 의원

좋습니다. 방금 법리적 측면이라고 말씀을 하셨습니다. 법리적 측면이라는 것은 국제법상의 측면을 말씀하시는 거 아닙니까?

• 반기문 외교통상부장관

예.

• 이성권 의원

그렇게 얘기를 하시면 결국은 외교통상부도 국제법상으로는 인정을 한다는 말씀 아닙니까?

• 반기문 외교통상부장관

그래서 아까 아침에 노영돈 교수의 여러 가지 참고인 진술 또 여러 위원님들 말씀이 많이 계셨기 때문에 그 역사적인 측면은 제가 반복은 하지 않겠습니다. 간도협약에 관해서는 법리적으로는 무효라고 생각을 할 수 있습니다.

• 이성권 의원

법리적으로는 무효라고 생각할 수 있지요, 그렇지요?

이 의원은 국감 전에 간도협약에 대해 질의했을 때 외교부로부터 '무효'라는 답변을 받았던 사실을 상기시키며 반 장관을 상대로 "법리적으로는 무효"라는 답변을 이끌어냈습니다. 이는 다음날 신문에 반기문 외교통상부 장관이 "간도협약은 법리적인 측면에서 무효라고 할 수 있으나 영유권문제는 (법적 문제와) 분리해서 접근 하는 게 중요하다"고 말했다고 보도됐습니다. "간도협약이 무효라고 해서 간도문제가 해결되는 것은 아니다. 이런 입장이 한중 관계에 새로운 사안을 발생시킨다고 보지는 않는다”, “간도문제는 통일이라는 민족적인 과제를 어떻게 달성할 수 있는지를 종합적으로 고려해서 접근할 필요가 있다”는 입장도 전했습니다.

반 장관이 이날 국회 답변을 이용해 밝힌 ‘법리적 무효’는 9일 전의 ‘행정적 착오’와는 다른 입장으로 ‘간도협약이 법적으로는 무효이나 간도 영유권문제는 법적인 측면과 분리해서 접근한다’는 쪽으로 정부 입장이 다시 정리됐음을 뜻합니다. 국회에서 간도협약은 무효라는 사실을 밝히면서도 당장 중국에 제기하지는 않겠다는 뜻을 표명한 절충안이라고 할 수 있습니다.

이렇게 입장이 재정리된 배경에는 우리의 영토와 관련된 문제인데 나중에 우리나라에 불리하지 않게 해석될 여지를 남겨 놓아야 한다는, 정권 차원의 문제 제기가 있었던 것으로 알려졌습니다. 당시 86 운동권 세대가 장악한 노무현 청와대에서 간도협약을 인정했다는 비판을 듣기 싫어 ‘법리적으로는 무효’라는 부분이 강조되기를 강하게 바랐다는 겁니다.

한편, 당시 청와대 내부에서 중국에 “간도협약을 제기하지 않겠다”는 약속을 해 주고 반대급부로 북핵 문제 등에서 더 큰 협조를 얻는 것이 낫지 않느냐는 주장도 나왔다고 합니다.

2009년 간도협약 100주년 맞아 간도 되찾기 운동

2004년 외교부 국정감사 당시 간도협약 관련 국감 자료집이 회수된 사태에 대해 전직 외교부의 고위 관계자는 이렇게 평가했습니다. “정부의 모든 공식입장은 어떤 비판도 소화할 정도로 여유가 있어야 한다. 첫 자료집에서 무효라는 입장이 발표된 이상 그에 맞는 논리로 대응하면 좋았는데, 이를 회수해서 중국 눈치를 보는 것처럼 보인 것은 잘못”이라고 지적했습니다. 다른 전직 외교관은 “간도협약을 비롯해 중국과의 여러 사안에 대해 일본 관련 문제에서 취하는 엄격함의 단 몇 분의 1이라도 가져야 한다"며 "지금이라도 정부와 민간이 1.5 트랙에서 간도협약은 무효라는 입장을 체계적으로 정리해 언제든 중국에 사용할 수 있는 외교적 카드로 만들어 활용해야 한다"고 제언했습니다.

간도협약은 2009년 간도협약 체결 100주년을 맞아 전국 곳곳에서 간도 되찾기 운동이 벌어졌습니다. '간도 영유권 회복을 위한 국민운동본부'가 만들어져 국민청원운동이 펼쳐지기도 했습니다. 이명수 자유선진당 의원(대표발의) 등 국회의원 50명은 이 협약이 원천적으로 무효임을 선언하는 결의안을 국회에 제출했습니다. 학계에서도 중국의 입장을 반박하는 회의가 다수 열리기도 했습니다.하지만 이후 간도협약은 다시 주목받는 큰 계기를 갖지 못한 채 국민의 관심에서 멀어져 갔습니다.

P.S. 중국에 대한 신중론도 신중하게 해야

2004년 10월 22일 외교통상부 국정감사에는 간도협약과 관련해 노영돈 인천대 교수가 참고인으로 나왔습니다. 당시 노 교수는 "(간도협약에 대한 정부의) 신중론 자체도 신중하게 해야 한다"는 말로 우리 정부의 '신중한' 대응을 비판했는데, 되새겨볼 만하다고 생각해 소개합니다.

"(간도협약) 당시 대한제국은 제3국에 해당합니다. 따라서 조약법상 제3국에 대한 효력, 상대적 효력이라고도 하는데요. 과거부터 국제 관습법으로 확립되어 온 것이 조약은 제3국에 아무런 이익도 해도 주지 않는다는 것이 있습니다. 따라서 제3국인 대한제국에는 그 조약 자체는 아무런 효력이 미치지 않고요, 따라서 기존의 외교적으로 진행되었던 간도분쟁은 해결된 바가 없다, 적어도 우리 측에서는 그 조약의 구속을 받지 않는다고 말할 수 있습니다."

"(간도 협약에 대한 우리 정부의 입장이) 통상 신중하게 접근해야 된다는 신중론으로 표현되는 것으로 알고 있습니다. 그런데 중국이 더 더욱이나 동북공정이라는 것을 추진하고 있는 마당에서 보면 간도문제는 우리가 당연히 제기해야 되는 문제임에도 불구하고 아직 그렇지 못한 측면에서 또 정책적으로나 학문적으로 연구가 부족하다는 측면에서 보면 해야 될 일이 많은 것이지 신중하다고 해서 덮어둘 일이 아니라고 생각합니다. 따라서 신중론 자체도 신중하게 해야 된다고 생각합니다."

07

일본과 대한민국 외교

"위안부가 아니라 성 노예"…
클린턴 장관 발언에 일본 반발

고위급 취재원, 지나가는 말로 언급

외교안보 분야를 취재하고 기사를 쓰다 보면 한반도를 넘어서 다른 나라에도 영향을 미치는 경우가 종종 있습니다. 이명박 정부가 들어서면서 한미 관계는 호전됐는데, 일본에서 자민당 패배로 미일관계가 좋지 않았던 2012년에도 그런 경험을 했습니다.

2012년 7월 초, 미국을 잘 아는 고위급 취재원을 만나 이런저런 얘기를 나눴습니다. 국제정세에 대한 대화가 계속되고 있을 때 힐러리 클린턴 미 국무장관 이야기가 나왔습니다. 클린턴이 여권 향상에 힘쓰는 페미니스트인데 특히 위안부 문제에 대해 관심이 많다는 겁니다. 그가 지나가는 이야기로 말했습니다. "국무부 부하 직원이 힐러리에게 한일관계에 대해 보고하니, 일본군 위안부(comfort women)라고 쓰지 말고 성 노예(sex slaves)로 쓰라고 지시했다고 하더군요."

귀가 번쩍 뜨이는 이야기였습니다. 미국은 그동안 우리가 느끼기에는 너무하다 싶을 정도로 한일 간의 역사 분쟁에 개입하지 않았습니다. 그런데 미국의 국무장관이 위안부를 성 노예로 써야 한다고 지시했다니….

대화를 마치고 다른 취재원들에게 전화를 걸어 관련 취재에 착수했습니다. 어렵지 않게 그런 사실이 있었다는 것을 확인했습니다. 이를 당시 정치부장에게 보고했더니 1면에 쓰자고 했습니다. 이에 따라 2012년 7월 9일 자에 이런 기사가 게재됐습니다.

힐러리 클린턴 미 국무장관이 한일 과거사 문제와 관련, '일본군 위안부(comfort women)'라는 표현 대신 '강제적인 일본군 성 노예(enforced sex slaves)'라는 명칭을 써야 한다고 말한 것으로 8일 확인됐다. 서울의 외교 소식통에 따르면 클린턴 장관은 최근 미 국무부의 고위 관계자로부터 한일(韓日) 과거사와 관련된 보고를 받는 자리에서 이 고위 관계자가 '일본군 위안부'라는 표현을 쓰자 "일본군 위안부'라는 표현은 잘못된 것"이라며 "(일본에 의해 동원된) 그들은 '강제적인 일본군 성 노예'였다"고 말했다는 것이다. 국무부 고위 관계자는 이후 일본군 위안부 대신 성 노예라는 표현을 사용해서 보고를 마쳤다고 한다. 미국은 지금껏 한일 과거사 문제에 끼어들지 않는다는 입장을 지켜 왔다. 비록 비공개 석상에서 나온 것이긴 하나 클린턴 장관의 이번 언급은 일본군 성 노예 문제를 다루는 일본 정부의 자세가 바뀌어야 한다고 지적한 것으로 보인다.

모든 미국 문서에 '위안부' 대신 '성노예' 표기 지시

방한한 클린턴 미 국무장관이 2009년 2월 20일 유명환 외교부 장관과 회담 직후 외교부 청사에서 기자회견을 갖고 기자들의 질문을 받고 있다.

1면에 2단 크기로 나간 이 기사가 큰 파문을 일으킬 것으로 기대하지 않았습니다. 그런데 한국에서 쓴 이 기사는 다음 날 미국의 '넬슨 리포트'가 받아서 후속 보도를 하면서 관심을 끌기 시작했습니다. 넬슨 리포트는 발행인 크리스토퍼 넬슨이 1986년 창간한 유료 정보지로 주로 워싱턴 정계의 소식을 전해왔습니다. 넬슨은 한국을 비롯한 동북아시아에 관심이 많아서 조선일보 영문판을 매일 같이 읽어오다가 제가 쓴 클린턴의 성 노예 발언 기사를 발견하고, 미 국무부를 취재했습니다.

그 결과 클린턴이 미국의 모든 문서와 성명에 일본어 '위안부(comfort women)'를 그대로 번역한 말을 쓰지 말라고 지시한 사실이 있음을 확인함으로써 제 보도가 정확했음을 입증했습니다. 넬슨 리포트는 "클린턴 장관의 이 발언은 일본에 충격을 주고 있으며 미국이 한국은 물론 (성 노예 피해를 입은) 중국·인도네시아·필리핀·호주·뉴질랜드·네덜란드의 편을 들어서 공식적으로 일본과 맞선다는 것으로 읽히고 있다"고 전했습니다. 미 국무부 패트릭 벤트렐 부대변인도 9일 정례 브리핑에서 "2차 세계대전 당시 이 여성들(일본군 성 노예)에게 일어난 일은 비참했다"며 "이에 대한 미국 정부의 공식 입장은 '심각한 인권 위반'이라는 것"이라고 밝혔습니다.

클린턴의 이 표현은 당시 미국 정부와 정치권에서 일본군 성 노예 문제를 새롭게 인식해야 한다는 분위기가 형성됐다는 것을 보여줬습니다. 미 연방하원은 2007년 일본군 성 노예 결의안을 채택했는데, 이 결의안은 '성 노예(sex slavery)'라는 표현을 써가면서 일본의 책임을 명시했습니다. 당시 톰 란토스 연방하원 외교위원장은 "일본 정부가 아시아와 태평양의 젊은 여성들을 성 노예로 강제동원한 것에 대한 책임을 인정해야 한다"고 했습니다.

종합 제28468호 조선일보

'성노예' 표현 쓴 클린턴 "모든 문서에 '위안부' 금지"

日 "성노예는 틀린 표현"

힐러리 클린턴 미국 국무장관이 최근 미국의 모든 문서와 성명에 일본어 '위안부(comfort women)'를 그대로 번역한 말을 쓰지 말라고 지시했다고 미국의 넬슨 리포트가 9일 보도했다. 넬슨리포트는 워싱턴 DC의 정가에서 주로 읽히는 온라인 뉴스 매체다.

클린턴 장관은 최근 국무부 고위 관리로부터 보고를 받을 때 '일본군 위안부' 대신에 '강제적인 성노예(enforced sex slaves)'라는 표현을 써야 한다고 지시한 바 있다.(**본지 9일자 A1면**) 이에 대해 일본은 겐바 고이치로(玄葉光一郎) 외무상이 직접 반박하고 나섰다.

◇클린턴이 가장 강경

넬슨 리포트는 "클린턴 장관의 이 발언은 일본에 충격을 주고 있으며 미국이 한국은 물론 (성노예 피해를 입은) 중국·인도네시아·필리핀·호주·뉴질랜드·네덜란드의 편을 들어서 공식적으로 일본과 맞선다는 것으로 읽히고 있다"고 전했다. 미 국무부 패트릭 벤트렐 부대변인도 9일(현지시각) 정례브리핑에서 "2차 세계대전 당시 이 여성들(일본군 성노예)에게 일어난 일은 비참했다"며 "이에 대한 미국 정부의 공식 입장은 '심각한 인권위반'이라는 것"이라고 밝혔다.

클린턴 장관의 이 표현은 최근 미국 정부와 정치권에서 일본군 성노예 문제를 새롭게 인식해야 한다는 분위기가 형성됐다는 것을 보여준다. 미 연방하원은 2007년 일본군 성노예 결의안을 채택했다. 이 결의안은 '성노예 활동(sex slavery)'이라는 표현을 써가면서 일본의 책임을 명시했다. 당시 톰 란토스 연방하원 외교위원장은 "일본 정부가 아시아와 태평양의 젊은 여성들을 성노예로 강제동원한 것에 대한 책임을 인정해야 한다"고 했다.

美 국무·日 외상 대립 힐러리 클린턴 미국 국무장관(오른쪽)과 겐바 고이치로 일본 외상이 지난 8일 도쿄에서 공동 기자회견을 가진 뒤 회견장을 떠나고 있다. 양국은 클린턴 장관이 언급한 '일본군 성노예' 표현 문제로 갈등을 겪고 있다. 로이터 뉴시스

美하원 5년전 성노예 결의안 일본 정부의 책임 분명히 해

日 "성노예 표기 막아라" 총력

한국은 여전히 '종군위안부'

◇일본의 미국 내 성노예 추모비 철거 움직임이 역효과 불러

서울의 외교 소식통은 "클린턴 장관은 한국계 미국인들이 자발적으로 미국 내에 세운 '성노예 추모비'에 대해 일본 정부와 정치권이 철거를 요구하는 것에 대해 비판적"이라며 "그가 최근 공식 문서에 위안부가 아닌 '성노예'로 표기할 것을 지시한 데는 반성할 줄 모르는 일본에 대한 경고의 의미도 있다"고 했다.

◇일본 외무상이 직접 나서서 반박

겐바 고이치로 일본 외무상은 10일 국회에서 "클린턴 국무장관이 일본군 위안부를 '성노예'라고 표현했다는 보도의 사실 여부를 확인하도록 지시했다"고 밝혔다. 그는 "만약 미 국무장관이 성적 노예라는 표현을 사용했다면 지금까지의 총리의 사죄 표명, 위안부 지원을 위한 아시아여성기금 창설 등의 조치를 설명하고, 이는 틀린 표현이라고 말하겠다"고 했다.

일본은 2007년 미 하원 결의안에 이어 미국 공문서에 '성노예' 표현이 등장할 경우, 이 표현이 공식 표기로 자리잡게 될 가능성에 대해 크게 우려하고 있다. 이렇게 될 경우, 미국은 물론 다른 모든 나라에 성노예 표현이 확산될 가능성이 크기 때문이다.

이번 사안에 대해 우리 정부는 공식 반응을 보이지 않고 있다. 우리 정부는 공식적으로는 '종군위안부' 표현을 사용하고 있는 데다 우리가 직접 미국에 '성노예' 표현을 써 달라고 요구하기 난처한 입장이라는 것이다. **도쿄=차학봉 특파원** hbcha@chosun.com

이하원 기자 May2@chosun.com

클린턴 장관이 모든 문서에 '위안부' 표현을 금지했으며 일본이 이에 반발한다는 내용의 조선일보 2012년 7월 11일 후속기사.

서울의 외교 소식통은 "클린턴 장관은 한국계 미국인들이 자발적으로 미국 내에 세운 '성 노예 추모비'에 대해 일본 정부와 정치권이 철거를 요구하는 것에 대해 비판적"이라고 했습니다. "클린턴 장관이 최근 공식 문서에 위안부가 아닌 '성 노예'로 표기할 것을 지시한 데는 반성할 줄 모르는 일본에 대한 경고의 의미도 있다"고 했습니다.

겐바 일본 외무상 강하게 반발

한국과 미국에서 이 같은 보도가 잇달아 나오자 일본 외무성이 나서기 시작합니다. 겐바 고이치로(玄葉光一郎) 일본 외무상은 국회에서 "클린턴

국무장관이 일본군 위안부를 '성 노예'라고 표현했다는 보도의 사실 여부를 확인하도록 지시했다"고 밝혔습니다. 그는 "만약 미 국무장관이 성적 노예라는 표현을 사용했다면 지금까지의 총리의 사죄 표명, 위안부 지원을 위한 아시아여성기금 창설 등의 조치를 설명하고, 이는 틀린 표현이라고 말하겠다"고 반발했습니다.

일본 외무성은 클린턴의 발언이 부적절하며 위안부 문제는 이미 과거 여러 차례 사과와 보상을 통해 해결된 사안이라고 주장했습니다. '위안부'라는 용어가 국제적으로 통용되고 있으며, 이를 변경할 필요가 없다고도 했습니다. 일본은 2007년 미 하원 결의안에 이어 미국 공문서에 '성 노예' 표현이 등장할 경우, 이 표현이 공식 표기로 자리 잡게 될 가능성에 대해 크게 우려했습니다. 이렇게 될 경우, 미국은 물론 다른 모든 나라에 성 노예 표현이 확산할 가능성이 크기 때문입니다.

이 문제는 국내에서도 관심을 모았습니다. 본지 보도 이후 열린 7월 13일 국회 외교통상통일위 전체회의에서 민주통합당 심재권 의원이 김성환 외교통상부 장관에게 관련 질문을 하면서 확산했습니다. 이날 국회 외교통상통일위 전체회의에서 심 의원과 김 장관 간에는 이런 논의가 오갔습니다.

• 심재권 의원
아까 우리 존경하는 인재근 위원께서도 기림비 문제를 말씀하셨는데, 단적으로 장관님 우리도 '위안부'라는 용어 대신에 '성노예'다라는 말을 써야 되지 않겠습니까? 어떻게 생각하세요?

• 김성환 외교통상부장관
저는 검토할 용의가 있습니다. 그것은 우리 당사자 분들과 협의해서, 지금 쓰고 있는 위안부라는 표현 자체가 과거에 그분들의 의견을 다 반영해서 만든 용어로 알고 있습니다. 그러나 지금이라도 같이 협의해서 용어는 바꿀 수 있다고 생각합니다.

• 심재권 의원

저는 굉장히 상징적인 의미를 갖는다고 생각합니다. 심지어 미국에서조차, 또 국제적으로 일반적으로 이것은 '강제된 성 노예다'라고 표현을 하는데, 동양적 의식에서 점잖게 표현을 하려고 그랬는지 아니면 일본의 비위를 맞추려고 이렇게 표현했는지 모르지만 위안부라는 표현은 적절치 않다고 생각합니다. 저는 이제 우리가 보다 직설적으로 '성노예'라는 표현으로 써야 된다고 보면서 우리 장관께서 이 문제를 정부 내에서 제기해 주시고 그렇게 바꾸는 노력을 해 주시기 바랍니다.

• 김성환 외교통상부장관

예, 그렇게 하겠습니다.

심 의원이 "위안부 대신 성 노예라는 표현으로 바꿔야 하는 것 아니냐"고 하자 김 장관이 "지금이라도 용어는 살아계신 분들과 협의해서 바꿀 수 있다"고 한 겁니다.

이에 대해 당시 한국정신대문제대책협의회(정대협·2018년 정의기억연대로 이름 변경)는 "우리의 마음을 읽어준 것 같아 매우 고맙고 힘이 된다"고 밝혔습니다. "클린턴 장관은 평소 여성 인권 문제에 대한 의지를 보여온 사람으로서 이번 발언은 매우 의미 있고 진실하다"고도 했습니다. 당시 윤미향 정대협 상임대표(나중에 민주당 국회의원)는 힐러리의 '강요된 성 노예(enforced sex slave)'에 대해 "유엔과 국제노동기구(ILO)의 보고서 등 국제사회에서는 이미 일본군 위안부 제도에 대해 성 노예라고 규정하고 있다"고 했습니다. 하지만 당시 피해 당사자들이 위안부라는 용어를 그대로 사용해야 한다고 주장하면서 굳이 국문 표현을 '성 노예'로 변경할 필요는 없다는 판단을 내려 현재 국문으로는 위안부라는 용어가 계속 사용되고 있습니다.

악화된 미일관계가 '성 노예' 발언에 영향 미쳤나

그렇다면 클린턴은 왜 이런 발언을 했을까요? 무엇보다 여성 권익 신장을 주장해 온 클린턴이 '위안부'라는 용어가 그들이 겪은 실제적 고통과 성 착취를 정확하게 반영하지 않는다고 생각했기 때문입니다. 이는 국제 사회, 특히 유엔에서도 지지받는 표현입니다. 클린턴은 '성 노예'라는 용어는 이들의 강제성과 폭력성을 명확히 드러낸다고 생각했습니다.

정치적으로는 2009년부터 일본 민주당이 집권하면서 반미 성향이 강해져 미일 관계에 긴장을 초래한 것이 배경이었습니다. 민주당은 자민당과는 달리 미국과의 관계를 재조정하려고 했습니다. 하토야마 유키오 총리는 오키나와의 후텐마 미군 기지를 오키나와 외부로 이전하겠다고 약속하기도 했습니다. 이는 그의 선거 공약 중 하나였지만, 미국과의 기존 협정을 무시하는 결정이었습니다. 일본 민주당 정부는 미국 대신 중국과의 관계를 강화하려고 했습니다. 이는 전통적으로 미국과 긴밀한 관계를 유지해 온 일본의 외교 정책과는 다른 방향이어서 미국 안팎에 우려를 불러일으켰습니다.

2012년 12월 자민당이 총선에서 승리, 재집권하면서 아베 신조 총리 2기 체제가 시작됐습니다. 미국과의 관계를 최우선으로 한 아베 총리 체제에서 미일관계는 단순히 회복되는 차원을 넘어서 인도 태평양 전략을 동시에 추진하면서 한 단계 더 높아졌다는 평가가 나옵니다. 하지만, 클린턴 장관의 지시 이후, 미국의 공문서에 "comfort women"과 "sexual slavery"가 번갈아 사용되거나 병기되는 경향이 자리잡았으며 미일관계가 최고조에 이른 지금에도 이런 현상은 계속되고 있습니다.

주한 일본대사를 거짓말쟁이로 만든 아베 총리

벳쇼 고로 대사, 관훈토론회에 나와 소신발언

'대통령 후보 토론회'로 널리 알려진 관훈 토론회는 질문이 까다롭기로 유명합니다. 중견 언론인 단체인 관훈클럽이 1977년부터 주최하는 이 토론회는 주요 사안에 대해 적당히 넘어가지 않고, 날카로운 질문을 하는 토론회로 알려져 있습니다. 이 때문에 김수환 추기경이 1985년 관훈토론회에 초청됐을 때 "한편 인정받는 것 같으면서 동시에 매서운 시험관들 앞에서 구두시험을 치는 것 같은 두려움이 있었다"고 말한 바 있습니다.

관훈클럽은 국내 주요 인사들외에도 미국, 일본, 중국 등 주요 국가가 서울에 파견한 대사들을 불러 토론회를 가지려 하지만, 긍정적인 반응을 얻어내기가 쉽지 않습니다. 저도 관훈 클럽 임원을 하면서 주요국 대사들을 토론회에 불러내려 했지만, 손사래를 치는 이들이 대부분이었습니다.

특히 일본 대사들이 소극적이었습니다. 약 50년의 관훈 토론회 역사에서 주한 일본 대사가 나온 것 단 두 차례에 불과합니다. 1984년 마에다 도시카즈(前田利一) 대사와 2013년 벳쇼 고로(別所浩郎) 대사만이 용기를 냈습니다.

저는 2013년 4월 벳쇼 대사가 나온 관훈 토론회에 패널로 참가했습니다. 2시간 가까이 토론하고, 점심도 프레스센터 20층의 무궁화실에서 함께했습니다. 벳쇼 대사는 2012년 10월 서울에 부임 전에 주미대사관 참사관, 북동아과장, 총합외교정책국장, 외무심의관을 역임 후, 사무차관 물망에도 올랐던 엘리트 외교관입니다. 가까이서 관찰한 그는 실력과 용기를 갖춘 외교관이었습니다.

일본 대사의 자발적인 무라야마 담화 언급

그는 토론회 모두(冒頭)에 통역시간을 포함, 40분간 연설을 했습니다. "한일관계에 대한 진심을 알리고 싶다"며 긴 연설을 했습니다. 벳쇼 대사는 "(2012년 12월 취임한) 아베 신조(安倍晋三) 총리는 한국을 기본적인 가치를 공유하는 가장 중요한 이웃나라라고 정의한다. 이런 나라에 부임하게 돼 기쁘다. 하지만 작년은 일본과 한국과의 관계에서 굉장히 어려운 해였다"는 말로 연설을 시작했습니다. 작년은 이명박 대통령의 독도 방문이 있었던 2012년을 말합니다.

그는 "일한(日韓) 관계는 (동북아) 지역, 전 세계에서 중요하다는 것이 제 신념이다. (영토와 과거사 같은) 개별적인 문제가 이런 중요한 관계 전체를 해치지 않도록 노력하고자 한다"고 말하더니 "역사문제에 대해 한 마디만 더하겠다"며 예상치 못했던 말을 했습니다.

2015년 9월 20일 오전 서울 강남구 코엑스에서 '한일축제한마당'이 열리고 있는 가운데 고로 벳쇼 주한 일본대사와 윤병세 외교부장관이 나란히 앉아있다.

"1995년의 무라야마(村山) 담화는 내각회의에서 정식으로 결정된 일본 정부의 공식입장이다. 이 자리에서 일부 인용하겠다. '식민지 지배로 인해서 다대(多大)한 손해를 주었습니다. 이런 역사적 사실을 진심으로 사죄합니다' 이 부분은 꼭 알아주셨으면 한다." 그는 "무라야마 이후의 내각은 이런 공식 입장을 일반인에게 말하고 있으며 아베 내각도 역대 내각과 같은 입장"이라고 했습니다.

토론을 위해 벳쇼 대사와 나란히 앉아 있던 기자는 그가 자발적으로 일제의 아시아 침략에 대해 사죄한 무라야마 담화를 거론한 데 대해 놀랐습니다. 무라야마 담화는 일본 정부의 종군위안부(성노예)에 대한 관여를 인정한 1993년 고노(河野) 담화와 더불어 일본이 과거사 문제에 대해 가장 적극적으로 사과한 것입니다.

그가 무라야마 담화 계승 문제를 언급한 것은 배경이 있습니다. 아베 총리는 2012년 9월 자민당 총재에 당선될 때부터 무라야마 담화, 고노 담화를 모두 수정하겠다는 입장을 밝혀 국내외에 파문을 일으켰습니다. 미국도 이에 대해선 우려했습니다. 같은 해 12월 총선에서 자민당이 승리, 아베 내각이 출범하자 스가 요시히데(菅義偉) 관방장관은 "(역사 문제에 대해) 역대 내각의 생각을 이어가겠다"며 진화에 나섰습니다.

하지만 여진은 계속됐습니다. 아베 총리는 2013년 2월엔 일본군 위안부에 대해 일본 정부의 관여를 인정한 고노 담화와 관련, "군이 직접 나서서 위안부를 모집했다는 증거가 없다"고 발언하며 자신의 소신 발언을 이어갔습니다. 이런 상황에서도 벳쇼 대사는 관훈 토론회에 나와 아베 내각이 무라야마 담화를 지킬 것이라고 확언한 겁니다.

그래서 제가 토론회의 첫 질문을 하면서 이렇게 말한 것이 기록으로 남아있습니다. "벳쇼 대사께서 무라야마 담화를 인용해 준 것을 감사드린다. 대사의 오늘 말씀을 대사뿐만 아니라 일본의 모든 정치인이 공유하길 기대합니다."

그런데, 이날 무라야마 담화 계승에 대한 벳쇼 대사의 '다짐'과 기자의 '기대'가 허상(虛像)이 돼버린 데는 불과 1주일도 걸리지 않았습니다.

아베 "무라야마 담화 그대로 계승 않는다"

아베 총리는 벳쇼 대사의 관훈토론회 5일 후인 4월 22일 일본 의회에 출석했습니다. 여기서 무라야마 담화를 "그대로 계승하지는 않을 것"이라고 '선언'했습니다. "전후 50년에는 무라야마 담화, 전후 60년에는 고이즈미 담화가 나왔기에 전후 70년(2015년)을 맞아 미래 지향적인 새로운 담화를 발표하겠다"고도 했습니다. 그 후, 더 큰 논란을 일으킨 "침략의 정의는 정해져 있지 않다"는 망언(妄言)이 나왔습니다.

과거사와 관련, 숱한 망발(妄發)을 해 온 그가 말한 '미래지향적인 담화'는 100% 예측이 가능했습니다. 우리 외교부 당국자는 "새 담화에는 일본 정부의 책임을 흐리고, 사죄의 수위를 낮출 가능성이 크다"고 했습니다. 지난 9일 도쿄에 부임한 박철희 주일대사는 당시 서울대 일본연구소장 자격으로 "무라야마 담화는 아시아 전체와 관련된 것인데 이를 수정한다는 것은 '역사의 반성에 기초한 전후(戰後) 발전'의 중요한 축을 무너뜨리는 것"이라고 비판했습니다.

벳쇼 대사는 2000년 4월부터 당시 고이즈미 준이치로 총리의 외교 비서관으로 활동할 때부터 아베와 인연을 맺어왔습니다. 2002년 당시 관방 부장관이던 아베와 함께 고이즈미 총리를 수행해 북한을 다녀오기도 했지요.

이런 인연으로 그가 아베 총리의 신임이 두터운 외교관이라고 말하는 이들도 있었습니다. 하지만, 아베 내각이 무라야마 담화를 계승할 것이라고 예견한 벳쇼 대사는 이를 부인한 아베 총리때문에 하루아침에 '고개 숙인 남자'가 돼 버렸습니다.

아베 총리의 망언 때문에 벳쇼 대사는 4월 25일 외교부로 초치(招致)됐습니다. 이때 그는 눈을 질끈 감은 모습을 보이기도 했습니다. 부임한 지 5개월 만에, 관훈토론회에 나온 지 1주일 만에 자신이 했던 발언이 아베 총리에 의해서 부정됨에 따라 아무런 정치적 역할을 못하는 '식물 외교관'이 될 뻔한 위기에 처했습니다.

아베의 문제적 발언 후 외교부에 초치돼

이후 아베 총리는 자신의 무라야마 담화 관련 발언에 대한 반발이 국내외에서 커지자 공식적으로는 무라야마 담화를 포함한 과거의 입장을 유지한다는 입장을 밝혔습니다. 그렇지만, 아베 총리의 진심은 무라야마 담화, 고노 담화를 부정하는 것이라는 인식이 국내외에 확산됐습니다.

아베 총리는 2015년 제2차 세계대전 종전 70주년을 맞아 발표한 담화에서 직접적인 사과보다는 이전 정부의 사과를 반복하는 형태로 표현했습니다. 아베 총리는 일본의 미래 세대가 과거에 대한 사과를 계속하지 않도록 하겠다고 강조했는데, 이는 한국과 중국 등 주변국의 비판을 받았습니다.

저는 특명전권대사가 주재국에서 공개석으로 한 발언을 1주일 만에 사실상 거짓말로 만들어 버린 지도자는 리더로서 자격이 없다고 생각했습니다. 그러면서 벳쇼 대사는 무라야마 담화를 어떻게 해서든 흠집내려는 아베의 진심을 잘 알고 있었을 텐데, 왜 공개 토론회에서 '아베 총리의 무라야마 담화 계승'을 확언했는지 궁금했습니다.

그렇게 함으로써 아베 총리와 본국 정부에 '무라야마 담화는 반드시 지켜져야 한다'는 자신의 소신을 전달한 것은 아닐까, 그런 생각도 해 봤습니다. 벳쇼 대사는 한일관계 개선에 진심이었으며 다른 대사들이 회피하는 관훈 토론회에도 나오는 용기 있는 대사였지만, 이후 그의 발언이 큰 무게감을 갖지 못한 것은 안타깝습니다.

P.S. 벳쇼 대사와 공노명 외교부 장관

벳쇼 대사는 한국 근무를 마치고 2016년 주유엔대사로 부임했습니다. 벳쇼 대사는 유엔에서 조태열 대사(현 외교부장관), 니키 헤일리 미국 대사와 긴밀히 공조하며 대북 제재를 이끌어내는 데 기여했습니다.

벳쇼 대사는 공로명 전 외교부 장관의 구순(九旬) 기념 문집인 '공로명과 나'에 흥미로운 에피소드를 남겨 놓았습니다. 공 전 장관의 인품과 한국과의 인연을 소중히 여기는 벳쇼 대사를 잘 보여주는 일화라고 생각해 소개합니다.

"내가 무엇보다 강하게 느끼고 있는 것은 공로명 장관이 몸으로 실천해 온 프로 정신입니다. 이는 국적과 관계없이 모든 외교관의 귀감이라고 할 만합니다. 공 장관의 큰 족적을 후세에 남기는 것은 국제관계가 점점 더 복잡해지는 요즘, 매우 의미있는 생각합니다. 나는 공 장관보다 22살이나 어리기 때문에 카운터파트로서 직접 만나 일을 한 적은 없습니다. 내가 일본 외무성에서 한국을 담당하는 북동아시아 과장에 내정되었을 때, 공 장관은 마침 주일 한국대사로 계셨습니다. 대사와 과장이라는 격의 차이는 있었지만, 고명한 공로명 장관과 함께 일을 할 수 있게 된 것이 대단히 기뻤습니다. 아쉽게도 공 대사는 내가 과장에 취임하기 직전인 1994년 12월, 외교부 장관으로 발탁돼 한국으로 돌아가게 됐습니다. 영전을 축하하면서도 직접 만나 뵐 기회가 사라져 아쉽게 생각했던 것을 잘 기억하고 있습니다.

하지만 그 인품을 접할 기회는 생각지도 않은 방식으로 일찍 찾아 왔습니다. 공 장관이 일본을 떠난 후 얼마 안 있어 외무장관이라는 새로운 입장에서 일본을 방문했을 때였습니다. 공 장관이 바쁜 일정을 마치고 귀국하는 날, 나는 담당과장으로서 의전상 배웅을 하기 위해 숙소를 찾았습니다. 특별히 세리머니가 있던 것도 아니어서 공 장관은 엘리베이터에서 내려 곧바로 차로 향했습니다. 차들이 움직이는 것을 보고 나서, 내가 한국대사관 직원들과 막 작별인사를 하고 있던 바로 그때, 갑자기 차들이 멈춰 섰습니다. 무슨 일인가 하고 주위가 조금 웅성거릴 때, 공 장관이 차에서 내려 아, 글쎄 나를 향해 곧바로 걸어오는 것이 아니겠습니까. 조금 긴장해서 기다리고 있으니까 공 장관은 싱글벙글 웃으면서 내게 손을 내밀더니 "차가 떠날 때까지 벳쇼 과장의 모습을 보지 못해 실례를 했다"고 말했습니다. 의전을 넘어 한 세대 정도 차이가 나는 후배에게도 따뜻한 마음으로 곧바로 접한다는 것을 마음속 깊이 느낀 순간이었습니다."

한국계 고교의 고시엔 첫 경기에 긴장한 일본 경찰

고시엔(甲子園) 고교 야구는 일본인 1억 2300만 명을 신도로 거느린 거대한 종교 같습니다. 매년 일본 열도 전체를 들썩거리게 하는 초대형 행사입니다. 요미우리신문이 2020년 10대 국내 뉴스 중 하나로 '코로나로 인한 고시엔 중단'을 꼽은 것은 이 대회의 무게감을 보여줍니다.

고시엔 야구는 일본 효고현 니시노미야(西宮)시 한신 고시엔 구장에서 열리는 고교 야구대회의 통칭입니다. 마이니치신문이 주최해 3월 열리는 '봄 고시엔'은 선발고교야구대회, 아사히신문이 주관하는 8월 '여름 고시엔'은 전국고교야구선수권대회로 불립니다. 1915년 시작돼 올해로 106회를 맞은 여름 고시엔에는 일본의 3957개 고교 중에서 지역 예선을 거쳐 49개 학교가 본선에 진출했습니다.

일본의 한국계 민족학교인 교토국제고가 2년 만에 다시 출전한 2024년 여름 고시엔에서 우승, 일본 열도는 물론 물론 한국 전역을 놀라게 했습니다. 1963년 고교 과정이 만들어진 후, 전교생이 150명에 불과한 교토국제고는 2021년 처음으로 '봄 고시엔' 본선에 오른 뒤, 여름 고시엔에서 4강까지 오르는 기적을 연출했는데 2024년 처음으로 우승을 한 겁니다.

교토국제고, 처음 고시엔 진출하며 뉴스메이커 돼

고시엔 야구는 출전 학교 교가 연주, 모든 경기 NHK 생중계의 두 가지 특징을 가지고 있습니다. 이 때문에 2021년 교가가 한국어인 교토국제고가 처음으로 고시엔에 출전했을 때 일본 우익의 테러 가능성 때문에 당시 학교 고위 관계자들, 재외 공관, 일본 경찰이 긴장했던 기억이 떠오릅니다.

교토국제고의 한국어 교가는 "동해 바다 건너서 야마토(大和) 땅은 거룩한 우리 조상 옛적 꿈자리~."로 시작합니다. 4절에는 "힘차게 일어나라 대한의 자손"이라는 구절도 있습니다. 어려웠던 시절 한국인의 기개가 느껴지는 가사입니다.

'동해바다~' 한국어 교가 NHK 통해 울려 퍼져

박경수 전 교토국제고 교장 페이스북

일본의 한국계 민족학교인 교토국제고가 14일 여름 고시엔에서 2연승을 거두고 16강전에 진출했을 때의 NHK 화면.

2021년 3월 일본 선발고교야구대회(봄 고시엔)에 교토국제고가 처음 진출했을 때 도쿄 특파원으로 일하던 저는 현장 취재를 갔습니다. 첫 시합에서 교토국제고가 연장 접전 끝에 시바타고(미야기현)에 5 대 4로 역전승을 거뒀습니다. 선수 전원이 일본 국적인 교토국제고는 이날 6회까

지 2 대 0으로 끌려갔습니다. 7회 초 만루 기회에서 3득점, 역전에 성공했습니다. 이후 시바타고가 1점을 만회해 연장전에 돌입했으나 10회 2점을 얻어 5 대 4로 승리했습니다. 약 4000개의 고교 야구부 중에서 고시엔 본선에 진출한 것도 경이적인데, 첫 경기에서 승리함으로써 새로운 기록을 만들었습니다.

A10 조선일보 101 사회

"동해 바다~" 한국말 교가, 일본 전역에 울려퍼지다

교도연합뉴스

24일 일본 효고현 니시노미야시의 고시엔 구장에서 제93회 일본 선발고교야구대회(고시엔 대회)에 첫 출전한 교토국제고 선수들이 시바타고(미야기현)를 5대4로 이긴 뒤 장내에 울려 퍼지는 한국어 교가를 듣고 있다. 교토국제고는 10회 연장전 승부 끝에 승리했다.

한국계 교토국제고, 고시엔 야구대회 첫 출전… NHK 통해 생중계

1500명 응원단 감격속 교가 불러
재일동포들 전세버스 타고 집결
1차전 10회 연장 접전끝에 역전승

日우익 반감에 경찰 보호속 경기
NHK, 동해를 '동쪽의 바다' 번역
자막 내보내… 왜곡 방송 논란도

"동해 바다 건너서 야마토(大和) 땅은 거룩한 우리 조상 옛적 꿈자리~."

24일 일본 야구의 성지(聖地)로 불리는 효고현 니시노미야시의 고시엔(甲子園) 구장. 일본 선발고교야구대회(봄에 열리는 고시엔 대회)에 처음 출전한 한국계 교토(京都)국제고가 연장 접전 끝에 시바타고(미야기현)에 5대4로 역전승을 거뒀다. 고시엔 전통에 따라 상대 팀이 부동자세로 경의를 표하는 가운데 교토국제고의 한국어 교가가 울려 퍼졌다. 앞서 1회 말 공격이 끝난 후, 모든 출전 학교 교가를 소개하는 전통에 따라 이 학교 교가가 처음으로 고시엔 구장에서 불려졌다. 두 차례 모두 NHK를 통해 일본 전국에 생방송됐다.

삼루 측에 위치한 약 1500명의 교토국제고 응원단은 감격한 표정으로 교가가 방송되는 것을 지켜봤다. 이 학교의 왕청일 전 이사장은 "한국어 교가가 방송될 때 흐르는 눈물이 멈추지 않았다"고 했다. 한국 대학 입학을 목표로 공부 중이라는 3학년 구로가와 아스카는 "고시엔 구장에서 교가를 듣게 돼 정말로 기분이 좋았다"며 활짝 웃었다. 교토국제고는 오는 27일 2차전 시합을 갖는데, 이때에도 다시 교가가 방송된다.

선수 전원이 일본 국적인 교토국제고는 이날 6회까지 2대0으로 끌려갔다. 7회 초 만루 기회에서 3득점, 역전에 성공했다. 이후 시바타고가 1점을 만회해 연장전에 돌입했으나 10회 2점을 얻어 5대4로 승리했다. 박경수 교장은 "다른 학교와는 달리 운동장이 작아 외야 연습은 다른 구장을 빌려서 해왔다"며 "그런 상황에서도 고시엔에 진출해 1승을 거둬서 너무 고맙다"고 했다.

교토국제고는 전체 학생 수가 131명에 불과하다. 이런 미니 학교가 일본의 약 4000개 고교 야구단 중 32개 팀만 출전하는 고시엔에 외국계 학교로는 처음 진출한 데 이어 첫 승리까지 거둔 것이다. 100년 가까운 역사를 가진 고시엔에서 "경이적인 기록을 세웠다"는 평가를 받는다. 이 경기를 보기 위해 24일 아침부터 재일교포들은 전세 버스 20여 대에 나눠 타고 고시엔 구장에 집결했다. 오사카의 같은 한국계 학교인 건국, 금강학교도 학생들을 보내 응원했다.

1947년 재일교포들이 세운 이 학교는 1990년대 심각한 운영난을 겪었다. 학생 수가 줄자 학교를 살리기 위해 1999년 창단한 것이 야구부였다. 그때부터 야구에 관심 있는 학생들이 오기 시작했다. 2004년 일본 교육법 제1조 적용을 받는 학교로 전환, 지금은 한국 교육부와 일본 문부성의 재정 지원을 받는다. 일본 학생이 60% 이상이어서 사실상 '한일 연합' 성격을 갖고 있다. 당시 이사장을 역임한 이우경(87) 교토 민단 고문은 "학교의 성격을 바꿔 일본인 학생을 받아들이기로 했을 때 '학교를 팔아먹는다'는 비판을 받기도 했다"며 "우리 학교 졸업생과 학생들이 한일 관계를 밝게 만든다는 생각을 하면 그것은 올바른 결정이었다"고 했다.

일반 관람객들은 눈치채지 못했지만, 이날 경기는 일본 경찰과 주일(駐日) 한국 공관이 긴장한 가운데 펼쳐졌다. 한국계 학교가 고시엔에 진출한 데 대해 일부 일본 우익은 반감을 보였다. 특히 '동해'로 시작하는 한국어 교가가 전국에 생방송되는 걸 문제 삼았다. 이 때문에 교토국제고는 일본 경찰에 학생과 선수 보호를 요청했고, 오사카총영사관과 고베총영사관도 경찰에 신경 써 줄 것을 요구했다. 이 학교 선수들도 '만약의 사태'를 우려, 기존과 다른 출입구를 통해 야구장에 들어가야 했다.

NHK는 교토국제고 교가를 방송하면서 '동해'를 '동쪽의 바다'로 번역한 일본어 교가 자막을 내보냈다. 하단엔 "일본어 번역은 학교가 제출했다"고 소개했다. 이에 대해 박경수 교장은 "우리는 교가 음원(音源)을 제공했을 뿐, 그런 일본어 자막을 보낸 적이 없다"고 했다. 앞서 교도통신은 마이니치신문과 함께 대회를 주최하는 일본고교연맹이 '동해'를 '동쪽의 바다'로 번역한 일본어 자막을 만들어 NHK에 제공할 것이라고 보도한 바 있다. 일본의 한 중견 언론인은 "학교가 그런 자막을 보낸 적이 없는데 NHK가 왜곡 방송을 했다면 큰 문제가 될 수 있다"고 했다. 이 학교의 김안일 야구부 후원회장은 "일본에는 다른 외국계 학교도 많아 영어 등으로 된 교가도 부른다"며 "70년 넘게 불러온 교가를 문제 삼는 것은 어불성설"이라고 말했다.

니시노미야시(효고현)=이하원 특파원

2021년 일본 선발고교야구대회(봄 고시엔)에 처음 출전한 교토국제고가 연장 접전 끝에 시바타고(미야기현)에 5대4로 역전 승리후 한국어 교가가 울려 퍼졌다. 조선일보는 이를 2021년 3월 25일자 사회면에 톱 기사로 보도했다.

고시엔 전통에 따라 상대 팀이 부동자세로 경의를 표하는 가운데 교토국제고의 한국어 교가가 울려퍼졌습니다. 앞서 1회 말 공격이 끝난 후, 모든 출전 학교 교가를 소개하는 전통에 따라 이 학교 교가가 처음으로 고시엔 구장에서 불려졌습니다. 두 차례 모두 NHK를 통해 일본 전국에 생방송됐습니다.

삼루 측에 위치한 약 1500명의 교토국제고 응원단 모두 감격한 표정이었습니다. 재일교포 사회는 1947년 교토조선중학으로 시작한 교토 국제고의 고시엔 진출로 축제 분위기였습니다. 이 경기를 보기 위해 아침부터 재일교포들은 전세 버스 20여 대에 나눠 타고 고시엔 구장에 집결했습니다. 오사카의 같은 한국계 학교인 건국, 금강학교도 학생들을 보내 응원했습니다. 왕청일 전 교토국제고 이사장은 "한국어 교가가 방송될 때 눈물이 멈추지 않고 흘러내렸다"고 했습니다. 한국 대학 입학을 목표로 공부 중이라는 3학년 구로가와 아스카는 "고시엔 구장에서 교가를 듣게 돼 정말로 기분이 좋았다"며 활짝 웃었습니다.

테러 가능성에 사복경찰 배치, 다른 출입구로 선수들 입장

일반 관람객들은 눈치채지 못했지만, 이날 경기는 일본 경찰과 주일(駐日) 한국 공관이 긴장한 가운데 펼쳐졌습니다. 한국계 학교가 고시엔에 진출한 데 대해 일부 일본 우익은 반감을 보였습니다. 특히 '동해'로 시작하는 한국어 교가가 전국에 생방송되는 걸 문제 삼았습니다.

이 때문에 교토국제고는 일본 경찰에 학생과 선수 보호를 요청했고, 오사카총영사관과 고베총영사관도 경찰에 신경 써 줄 것을 요구했습니다. 이 학교 선수들도 '만약의 사태'를 우려, 기존과 다른 출입구를 통해 야구장에 들어가야 했습니다.

당시 저는 고시엔에 첫 출전한 교토국제고 사연이 기사화할 가치가 있다고 판단, 사전에 교토에 내려가 현장 취재하다가 이런 내용을 알게 됐습니다. 첫 경기 당일 교토역에서 교토국제고 응원단과 함께 고시엔 구장으로 이동, 3루 응원단석에서 취재하면서 혹시 우려했던 사태가 일어나지 않을지 염려했습니다. 다행히 관계자들이 걱정했던 일은 벌어지지 않았습니다.

약간 문제가 됐던 것은 NHK가 교토국제고 교가를 방송하면서 '동해'를 '동쪽의 바다'로 번역한 일본어 교가 자막을 내보낸 겁니다. 하단엔 "일본어 번역은 학교가 제출했다"고 소개했습니다. 이에 대해 박경수 교장은 "우리는 교가 음원(音源)을 제공했을 뿐, 그런 일본어 자막을 보낸 적이 없다"고 했습니다. 이에 앞서 교도통신은 마이니치신문과 함께 대회를 주최하는 일본고교연맹이 '동해'를 '동쪽의 바다'로 번역한 일본어 자막을 만들어 NHK에 제공할 것이라고 보도한 바 있습니다.

일본의 한 중견 언론인은 "학교가 그런 자막을 보낸 적이 없는데 NHK가 왜곡 방송을 했다면 큰 문제가 될 수 있다"고 했습니다. 이 학교의 김안일 야구부 후원회장은 "일본에는 다른 외국계 학교도 많아 영어 등으로 된 교가도 부른다"며 "70년 넘게 불러온 교가를 문제 삼는 것은 어불성설"이라고 말했습니다.

“조선학교 학생들은 그 배 타고 일본으로 돌아가라”

재일교포 북송 ①

1959년 12월 14일 일본 니가타항에서 북한 청진항으로 가는 첫 ‘귀국선’에 재일 동포들이 승선한 가운데 환송행사가 열리고 있다. 선박 옆면에는 “재일동포들의 귀국을 열렬히 환영합니다”라는 플래카드가 걸려 있다.

2024년 12월 14일은 재일교포 북송 사업이 시작된 지 65주년이 되는 날이었습니다. 1959년 14일, 재일교포 975명이 일본 니가타(新潟)항에서 출발한 귀국선을 타고 ‘지상 낙원’이라 불리는 북한으로 향했습니다. 이후 1984년까지 25년 동안 약 9만 3000명의 재일교포가 북송됐습니다. 귀국선은 약 200차례에 걸쳐 운항되었습니다.

1962년엔 김정은 북한 국무위원장의 생모 고용희가 10살 때 부모 손에 이끌려 니가타항에서 북송선을 탔습니다. 1959년부터 25년에 걸쳐 재일교포들이 북송된 사건은 북한 정부가 끌고 일본 정부가 등 떠민 합작 사업으로 희대의 인권 유린 사건입니다.

2018년 6월 도쿄 특파원으로 부임할 때 꼭 다뤄야겠다고 생각했던 취재 아이템들이 몇 개 있었는데, 재일교포 북송 사업은 취재 리스트의 상단에 있었습니다.

고3 때 북송된 가와사키 씨 43년 만에 탈북

도쿄에 부임한 후 얼마 안 돼 재일교포 북송 문제를 취재할 계기가 생겼습니다. 2018년 8월 말, 조총련계 조선학교 고3 때 북송 사업에 속아서 북한에 건너갔다가 2003년 43년 만에 탈북한 가와사키 에이코(川崎榮子) 씨 사연을 알게 됐습니다.

그는 당시 비슷한 처지의 탈북자들을 모아 김정은 정권 앞으로 총 5억 엔의 손해배상 소송을 도쿄지방재판소에 냈는데, 관련 기사가 조선일보 제휴사인 마이니치신문에 실렸습니다. 아침 일찍 사무실에서 이 기사를 읽자마자 마이니치신문사 편집국 4층의 사회부로 올라갔습니다. (조선일보 도쿄 지국은 마이니치신문사 건물 3층에 있습니다.) 마이니치신문 데스크를 통해 그의 연락처를 확보하고 이같은 내용의 기사를 써서 서울로 보냈습니다.

기사를 쓴 데 이어서 9월 3일 도쿄 도심에서 가까운 키바(木場)에서 가와사키 씨를 만나 인터뷰를 했습니다. 가와사키 씨의 삶은 파란만장(波瀾萬丈)이라는 말로도 부족합니다.

그는 북송사업이 시작된 다음 해인 1960년 고등학교 3학년 때 북송선을 타고 청진으로 갔습니다. 원래는 자신이 태어난 일본을 떠나 북한에 가는 것에 소극적이었으나 한국에서 4·19가 발생하자 생각을 바꿨습니다. 조총련이 "한국은 이승만 체제가 곧 붕괴되고 사회주의 통일이 될 텐데 미리 북한에 가서 이를 준비하자"고 선동하자 생각을 바꿨습니다.

그의 아버지가 눈물을 흘리며 북한행을 말렸지만, 결심을 꺾지 못했습니다. 당시 일본 사회에서 '조센징'에 대한 노골적이고 조직적인 차별도 북한을 택하는 데 영향을 미쳤습니다.

가와사키 씨는 1987년 북한에서 결혼해 1남 4녀를 낳았습니다. 남편이 사망하고 1990년대 아사자(餓死者)가 속출하는 것을 보고 탈북을 결심해 2003년 초반 딸 하나를 데리고 사선(死線)을 건넜습니다. 2004년 일본에 정착한 그는 2007년 '일본인'이 됐습니다. 일본 국적을 선택한 것은 북송 사업 피해자를 돕기 위한 일을 하기 위해서였습니다. "내가 일본 국적이기 때문에 만약 내가 북한의 위협을 받거나 위해를 당하게 되면 일본 정부가 나서지 않을 수 없습니다. 귀환 사업에 책임이 있는 일본 정부가 이 문제 해결에 열심히 나서라는 뜻도 있습니다."

북송 59년 만에 다시 니가타항 찾은 가와사키 씨

가와사키 씨는 20세기 소선이 일본제국에 병탄(倂呑)되고, 한반도가 분단되고, 남북이 대치하는 상황이 만든 비극의 희생자라고 할 수 있습니다. 재일교포 북송 사업에 대한 관심이 거의 없는 상황에서 이 문제의 심각성을 알려 가와사키 씨와 비슷한 처지의 사람들을 도울 필요가 있다고 생각했습니다.

마침 2019년 12월은 북송사업 60주년이 되는 해였습니다. 가와사키 씨에게 송선을 탔던 니가타항을 방문해 회상하는 기획을 제안했습니다. 그는 자신의 아픈 기억에도 불구, 니가타항에서 북송사업의 실상을 전하기로 했습니다.

조선학교 고3때 북한에 속아서 일본을 떠났다가 43년 만에 탈북한 재일교포 가와사키 에이코 씨가 2019년 11월 북송사업 60주년을 앞두고 자신이 귀국선을 탔던 니가타항을 찾아 당시 상황을 설명하고 있다.

2019년 11월 29일 가와사키 씨와 함께 그가 59년 전에 북송선을 탔던 니가타항을 찾아갔습니다. 도쿄역에서 신칸센을 타고 니가타로 가는 동안 그는 회한에 젖은 듯 별로 말이 없었습니다. 그날 니가타항의 날씨는 맑았습니다. 바람도 별로 불지 않았습니다. 그는 12월 14일 '재일교포 귀환 사업' 시작 60년을 앞두고 악몽처럼 남아 있는 과거를 회상했습니다.

"1960년 북송선이 떠날 때는 굉장한 분위기였습니다. 조총련 계열 조선학교 취주악단이 나와서 계속 쿵작거렸습니다. 지상 낙원에 간다는 들뜬 분위기였지요. 재일교포뿐 아니라 일본인들도 나와서 열성적으로 환송했습니다."

가와사키 씨 등을 태운 북송선은 일본 해상보안청 함정의 인도를 받아서 출항했습니다. 배가 일본 영해를 벗어날 때 일본 함정에서 "이제 공해로 들어갑니다. 안녕히 가십시오"라는 인사를 했다고 기억했습니다.

도착 첫날부터 먹을 것 없어 "속았다"고 느껴

2박 3일간 운항했던 북송선에서 북한 관리들로부터 처음 받은 지시는 일본에서 가지고 온 음식을 모두 바다에 버리라는 명령이었습니다. 북한 사람들은 일본 음식을 좋아하지 않는다는 겁니다. 가와사키 씨는 그때 불안감이 엄습했다고 했습니다. "왜 먹는 음식을 일본 식품이라고 버리라고 하는 걸까. 그러면 '메이드 인 재팬'인 재일교포도 좋아하지 않는다는 것 아닐까."

가와사키 씨는 배가 청진항에 접근할 때부터 무언가 이상하다고 느꼈습니다. 청진항 일대가 온통 잿빛이었고 높은 빌딩이라곤 보이지 않았습니다. 환영 인파 속 사람들은 쌀쌀한 날씨인데도 제대로 옷을 갖춰 입거나 양말을 신은 사람이 드물었습니다. '지상 천국'이라던 선전과는 딴판이었습니다.

가와사키 씨는 북송선이 청진항 부두에 접안할 무렵 선착장에서 고래고래 고함을 지르던 조선학교 선배를 기억하고 있었습니다. 자신보다 먼저 북송선을 타고 북한에 도착했던 그 선배는 배에 타고 있던 조선학교 학생들에게 북한 군인들이 못 알아듣도록 일본어로 "내리지 말라"고 외쳤다. "조선학교 학생들은 단 한 명도 내리지 마라. 다시 그 배를 타고 일본으로 돌아가라."

배에서 내린 재일교포들이 "속은 것 아니냐"고 웅성거리기 시작했습니다. 집단 합숙소에 들어간 가와사키 씨와 재일교포들은 첫날 저녁부터 먹을 것이 없어서 제대로 먹지 못했습니다. 생지옥 생활의 시작이었습니다. 북한으로부터 속았다는 것을 깨달은 그가 청진에 도착해 가장 먼저 한 것은 일본의 가족들이 북한으로 오지 못하도록 하는 것이었습니다. “이런 비인간적인 생활은 나 혼자만으로 충분하다고 생각했습니다. 그래서 가족들에게 편지를 썼습니다. 소학교 4학년인 남동생이 대학을 졸업하고 결혼한 뒤에 만나자는 내용만 계속 써서 보냈습니다. 절대 북한에 오지 말라는 뜻이었습니다.” 다행히도 그의 부모는 딸이 ‘지옥에서 보낸 편지’의 의미를 깨닫고 북한행을 단념했습니다.

"적십자사가 제대로 북송 심사 안 한 것이 한스럽다"

재일교포 북송 ②

재일교포 북송 사업 피해자로 43년 만에 탈북한 가와사키 에이코(川崎榮子) 씨가 2019년 당시 도쿄 특파원이었던 필자와 함께 니가타(新潟)항을 찾았습니다. 그곳은 1960년 그가 귀국선을 탔을 때에 비해 크게 달라진 것이 없었습니다. 300m 길이의 항구에 정박 중이던 일본 해상보안청 함정은 북송선을 연상시켰습니다. 당시 니가타시는 북송사업을 기념하기 위해 니가타항 주변 도로 양측에 버드나무를 500그루가량 심기도 했습니다. 북송사업은 지금도 '버드나무 도리(길)'라는 명칭이 쓰일 정도로 25년간 활발하게 진행됐습니다.

가와사키 씨가 니가타에 와서 미군이 남기고 간 합숙소에서 며칠을 보낸 후 탄 북송선은 만경봉호가 아니라 소련 국적의 배였습니다. 그는 북송 초기에는 북한의 김일성이 이승만 정권을 의식해 소련 배를 선택했다고 했습니다. "이승만 대통령이 당시 북송 사업에 강하게 반대, 공해상에서 북송선을 가로막을 수 있다는 얘기가 돌았어요. 그래서 그런 문제를 차단하기 위해 소련 배를 투입했다고 믿는 사람들이 많았습니다. 소련 배는 (한국 군함이 막아서는) 만약의 사태를 위해서 무장을 하고 있었다고 생각했습니다."

한참 동안 동해를 바라보던 그는 자신이 북한에 있었던 세월이 원망스러운 듯 단호한 어조로 말했습니다. "여기 니가타항에서 북송선을 탔던 재일교포 9만 명에게 시간을 돌려서 다시 물어본다면 단 한명도 북한에 가지 않겠다고 할 겁니다."

특히 그는 자신의 잘못된 판단을 바꿀 수 있는 마지막 기회를 놓쳤던 것을 안타까워 했습니다. "북송선을 타기 전날 국제적십자사의 곱게 생긴 스위스 출신 여성이 나를 심사했습니다. '본인 의사로 가느냐'는 형식적인 질문이 전부였습니다. 1분도 채 안 걸렸습니다. 그때 제대로 심사가 이뤄졌다면 많은 사람의 운명이 바뀌었을 겁니다."

1960년 스위스 여성 요원이 1분간 형식적인 심사

니가타항을 나와서 가와사키 씨의 안내로 한 일본인을 만나러 갔습니다. 1959년부터 니가타항에서 재일교포 북송선이 떠날 때마다 현장을 취재해 '니가타협력회 뉴스'를 만들어 배포했던 일본인 고지마 하루노리(小島晴則·당시 88세) 씨였습니다.

북한에서 43년 만에 탈출한 가와사키 에이코 씨가 2019년 11월 니가타(新潟)를 다시 찾아 아직도 남아 있는 북송사업 기념비를 가리키고 있다. 니가타현 조총련 본부와 조선인귀국협력회가 니가타항 근처에 북송사업을 기념하는 버드나무를 심어 '버드나무도리'로 불린다.

그는 한국의 기자가 북송사업 60주년을 취재하러 온 것에 대해 놀라며 회한(悔恨) 섞인 얘기를 했습니다. "북송선을 타는 순간 재일교포들에게는 지옥이 시작된 겁니다. 당시는 모든 일본 신문과 TV가 북한이 지상낙원이라고 선전해서 그것을 몰랐습니다. 결과적으로는 내가 그들을 지옥으로 보내는 데 일조했다는 '구야미(뉘우침, 후회라는 의미의 일본어)'가 있습니다."

"재일교포들을 지옥에 보내는 데 일조했다"

그는 이런 마음을 담아 2016년 북송 사업이 진행되던 현장을 알린 '귀국자 9만 3000여 명 최후의 이별'이라는 제목의 자료집을 출간했습니다. 공산당원이던 그는 젊었을 때 재일조선인귀국협력회의 니가타 지부에서 사무국장을 맡아 '니가타협력회 뉴스'의 실질적인 편집장으로 활동했습니다. "한 달에 세 차례가량 귀환 사업 관련 신문을 발간했습니다. 니가타항에서 떠나는 이들을 사진 찍고, 기사 쓰고 약 5000부를 찍어서 각계에 보냈습니다."

고지마 씨가 변한 것은 1960년대 3주간 북한을 방문한 뒤부터입니다. "북한 체제는 잘산다고 하는데 그게 아니었어요. 사람의 얼굴은 거짓말을 안 합니다. 가서 만나보니 모두 영양실조의 얼굴을 하고 있었습니다." 그는 돌아와서 귀국협력회 활동을 중단했습니다. 공산당에서도 탈당했습니다. 1997년부터는 북한에 의해 납치된 여중생 메구미 구출을 위해 일하고 있습니다. 그는 재일교포 북송 사업이 일본 사회에서 이대로 잊혀서는 안 된다는 생각으로 자신이 편집했던 신문과 사진을 모아서 자료집을 냈습니다.

고지마 씨는 "귀환 사업은 재일교포뿐만 아니라 일본인 처와 자녀 6000여 명도 관련된 일"이라며 "일본인 납치 문제만 중요한 것이 아니다. 9만명이 지옥에 있는 것을 모른 척하면 아베 총리는 비웃음을 당할 것"이라고 말했습니다. 당시 아베 신조 총리가 북송 사업에 대해서는 한

마디도 하지 않은 채 납북자 문제에만 매달린 것을 비판한 겁니다.

가와사키 씨와 고지마 씨의 증언대로 올해로 시작된 지 65주년을 맞는 '북송 사업'은 역사상 유례가 없는 국제 사기극이었습니다. 1959년부터 25년간 북송된 9만 3340명은 최소의 인권도 보장받지 못한 채 차별대우에 시달렸습니다. 이중엔 일본 국적자도 6000여 명 있었습니다.

북송 사업이 시작될 당시 김일성 북한 정권은 재일교포의 노동력과 재력을 필요로 했습니다. 재일교포를 흡수해 한국과의 체제 경쟁에서 앞서겠다는 의도도 있었습니다. 일본 정부로선 대부분 일본 강점기에 끌려와 불만을 가진 한국인을 내보낼 필요가 있었습니다. 1950년대 말 일본 체제는 "식민지배에 원한을 가진 한국인을 한 명이라도 더 일본 땅에서 내보내는 것이 좋다"는 판단하에 북한의 '귀환사업'을 적극 지지했습니다. 일본의 공산당부터 자민당까지, 일본의 언론 매체와 사회단체까지 나서서 재일교포를 북한에 보내는 데 열성적이었습니다. 일본과 북한의 이해관계가 맞아떨어진 셈입니다. 북한의 지원을 받은 조총련이 북한을 '지상낙원'으로 선전하며 사업에 앞장섰습니다. 한국 정부는 당시 외교력을 총동원해 이를 막으려 했지만 실패했습니다.

일본 법원, 2심에서 관할권 인정

1959년 12월 귀국선이 처음 니가타현의 니가타항을 출발할 당시에는 소련 선박 두 척이 동원됐고 5만여 명이 모여 북송 사업을 축하했습니다. 이후 만경봉호가 니가타항과 청진항을 오가며 재일교포를 실어 날랐습니다. 북송된 재일교포들의 참담한 생활상이 알려지면서 비판이 제기됐으나 이 문제가 일본 정부 차원에서 표면화된 적은 없습니다. 일본 정부는 북송 사업의 파장 확대를 극도로 경계하고 있습니다.

일본 정부뿐 아니라 법원도 이들의 피해 구제에 소극적이었는데,

2018년 8월 가와사키 씨 등 5명이 김정은 정권을 상대로 일본 법원에 5억 엔의 손해배상 소송을 제기하면서 기류가 변하기 시작했습니다.

당시 도쿄특파원이었던 저는 북송사업 피해자들을 돕는 일본인 변호사들로부터 일본 법원 내부의 기류에 대해 상세하게 들을 수가 있었습니다. 통상 다른 나라 정부를 상대로 하는 소송은 국제법상 인정되지 않습니다. 그런데, 일본에서 2009년 제정된 '대(對)외국 민사(民事)재판권법'에 의해 북한은 미승인 국가로 '국가면제'를 받을 수 있는 외국에 해당하지 않아 재판이 가능하다는 해석이 나오기 시작했습니다. 또 북한이 사기행위로 재일교포를 데려간 후 출국을 허락하지 않은 것은 일종의 납치이기에 민법상 불법행위 시효가 적용되지 않는다는 분석도 나왔습니다. 북한에서 억류됐다가 고문 후유증으로 사망한 미 대학생 오토 웜비어 부모가 2018년 미 법원에 제기한 손해배상 소송이 인정된 것도 영향을 미쳤습니다. 미 법원은 김정은 정권의 책임을 물어서 5억달러의 손해배상을 명령했습니다.

'김정일 피고' 첫 재판 2021년 열려

이런 분위기 속에 2021년 10월 도쿄 지요다구 도쿄지방재판소에서 가와사키 씨 등 북송사업 피해자 5명이 김정은을 상대로 소송을 제기한 지 약 3년 만에 첫 재판이 열렸습니다. 북한이 국제법상 주권 면제 조항 대상이 되지 않는다는 판단하에 정식 재판이 시작됐다는 점에서 역사적이었습니다.

당시 현장을 취재한 최은경 조선일보 특파원에 따르면 가와사키 씨는 북에 남겨둔 가족 이야기를 할 때 고개를 떨군채 눈물을 흘렸습니다. 그가 탈출한 후, 북한에 남았던 손자는 살해당했다고 진술했습니다. 그는 "북송 사업으로 건너간 9만여 명 대다수는 정신적인 충격, 빈곤, 정치범 수용소 생활 등으로 사망했지만 그 자녀와 손주 수십만 명이 살아있다"

며 “이들이 목숨을 건 탈북을 하지 않고 정정당당하게 일본으로 돌아올 수 있게 해달라”고 호소했습니다.

2021년 10월 14일 ‘재일동포 북송사업’에 대해 북한 정부를 상대로 손해배상 소송을 제기한 가와사키 에이코(중앙) 등 원고와 지지자들이 플래카드를 들고 재판정으로 가고 있다.

이같은 호소에도 2022년 3월 1심에서는 북송 사업으로 북한에서 발생한 억류와 관련한 재판 관할권이 일본에 없다며 소송을 기각했습니다. 하지만 같은해 10월 30일 도쿄고등재판소는 항소심에서 관할권이 없다는 원심판결을 깨고 1심 법원인 도쿄지방재판소에 재판을 다시 하라는 결정을 내렸습니다. “북한의 행위는 전체를 하나의 계속된 불법행위로 봐야 하기 때문에 관할권은 일본 재판소에 있다”고 한 것입니다.

이에 따라 일본 법원도 북한의 인권 침해 사실을 인정할 가능성이 크다는 전망이 나옵니다. 참고로, 서울중앙지법은 2023년 9월 북송재일교포협회 이태경 대표 등 탈북민 5명이 북한 정부를 상대로 낸 손해배상 청구 소송에서 북한의 인권 침해를 인정, 손해 배상을 명령한 바 있습니다. 일본 법원에서도 같은 판결이 나와 가와사키 씨 등 북송 사업 피해자들이 작은 위로를 받기를 바랍니다.

P.S. "남조선을 이용하자는 것이 김정은의 생각"

2018년 8월 가와사키 씨를 처음 만나 인터뷰할 때는 문재인 대통령, 트럼프 미국 대통령이 4월과 6월에 판문점과 싱가포르에서 김정은 북한 국무위원장을 각각 만나 회담한 직후였습니다. 남북, 미북 간 화해 분위기가 조성되는 상황에서 가와사키 씨와 이런 대화를 주고받았습니다.

-지금(2018년 8월) 남한과 북한은 화해 분위기인데.

"(쓴 웃음을 지으며) 나는 북한을 믿지 않는다. 김정은이 지금 대화에 나온 것은 북한 백성을 생각해서가 아니다. 유엔의 제재가 자신들의 사생활에 영향을 미치기 때문이다. 외국 제품으로 호화로운 생활을 하기 어려워지니까 그러는 것이다."

- 이번엔 다를 것이라고 생각하는 사람들도 많다.

"(한심하다는 듯이 바라보며) 북한이 어려울 때 문재인 대통령이 계속 러브콜을 보내자, 당 간부들이 '남조선을 이용하자'고 해서 시작된 게 이번 국면의 본질이다. 자유민주주의 체제와 독재 체제가 어울릴 수 있나."

가와사키 씨는 당시 북한이 유화적으로 나오는 상황의 핵심을 짚어냈습니다. 문재인 정부가 김정은에게 '사기' 당하던 사태의 본질을 북한 체제에서 40년 넘게 살았던 사람으로서 정확히 꿰뚫고 있었던 겁니다. 북한은 언젠가 또 다시 '우리 민족끼리'를 내세우며 표변할 수도 있는데, 가와사키 씨를 비롯한 탈북자들의 증언을 반드시 기억할 필요가 있다고 생각합니다.

08

북한과 대한민국 외교

MB, 아웅산테러 현장 참배했으나 표지석 하나 없었다

2014년 6월 6일 현충일, 미얀마 양곤에서는 윤병세 외교부 장관과 아웅산 테러 유가족 34명 등이 참석한 가운데 '아웅산 묘역 대한민국 순국사절 추모비' 제막식이 개최됐습니다. 1983년 북한에 의해 미얀마에서 테러가 발생한 지 31년 만에 현장에 추모비가 건립된 겁니다.

2014년 6월 6일 현충일에 미얀마 양곤의 아웅산 국립묘지에서 열린 아웅산 순국 사절 추모비 제막식에서 유가족 등 참석자들이 헌화·묵념하고 있다.

아웅산 순국사절 추모비 건립 계기는 2012년 이명박 당시 대통령의 미얀마 국빈 방문이었습니다. 이 대통령은 미얀마 정부의 초청으로 5월

14일 수도 네피도를 방문, 테인 세인 대통령을 만났습니다. 15일엔 양곤으로 이동, 미얀마 민주화를 상징하는 아웅산 수치 여사를 면담했습니다. 이어서 언론에 알리지 않은 채 29년 전 북한의 테러가 발생한 아웅산 국립묘지를 전격 방문했습니다. 이 대통령의 현장 방문에는 김성환 외교부 장관, 홍석우 지경부 장관, 천영우 외교안보수석, 김태효 대외전략기획관 등 소수의 수행원만 동행했습니다.

아웅산 묘지는 미얀마인들에게는 성소(聖所) 같은 곳입니다. 미얀마의 독립 영웅이자 아웅산 수치의 아버지인 아웅산과 그의 동료를 추모하는 빨간색의 추모탑과 경찰 경호동으로 구성돼 있습니다. 미얀마는 북한의 폭탄 테러가 발생한 건물을 모두 철거했으며 지금도 개방돼 있지 않습니다. 특별한 행사가 있을 때만 제한적으로 추모객을 받고 있습니다.

그런데, 북한의 테러 현장을 대한민국 대통령으로는 29년 만에 처음 방문한 이 대통령은 곤혹스러워했습니다. 이곳엔 북한의 테러와 관련된 흔적이 하나도 없었습니다. 아무런 표지석도 없었습니다. 이 대통령은 결

1983년 10월 9일 버마(미얀마) 아웅산 테러 직전 함병춘 대통령 비서실장 등이 도열해 있는 모습.

국 아웅산을 추모하는 조형물 앞에 '17대 대한민국 대통령'이라고 쓰인 조화 앞에서 묵념해야 했습니다. 이 대통령은 "미얀마 새 정부 출범 이후 첫 국빈으로 방문했기에 아웅산 묘지를 찾는 것이 예의라고 생각했다"고 했습니다. 북한의 테러에 대해선 "20세기 역사에 있을 수 없는 일이 일어났던 곳"이라며 "가족들에게 위로가 됐으면 좋겠다"고 했습니다. "이런 역사가 다시는 일어나지 말아야 한다"고 했습니다.

청와대는 이 대통령이 아웅산 묘지를 방문한 후에야 이 사실을 공개했습니다. 언론에는 네피도에서 양곤으로 이동하는 기내에서 아웅산 묘지 방문을 최종 결심했다고 브리핑했습니다. 청와대가 이렇게 신중하게 나온 배경에는 이 대통령의 아웅산 묘지 방문이 사전에 공개되면 북한의 또 다른 테러가 있을지도 모른다고 판단했기 때문입니다. 당시 상황을 잘 아는 정부 고위 관계자는 "아웅산 묘지 방문의 특수성 때문에 비록 그 가능성이 작더라도 북한의 테러 가능성에 대해 대비해야 했다"고 회고했습니다.

북한의 테러에 대비, 자동소총 무장한 암살대응팀(CAT)이 경호

미얀마와 북한은 1983년 아웅산 테러 직후 단교했습니다. 그러다가 2007년 4월 다시 관계를 정상화, 외교관계를 재개한 상태였습니다. 2007년 김영일 북한 외무성 부상이 이끄는 대표단이 미얀마를 방문, 복교 협정에 서명했습니다. 미얀마도 같은 해 7월 외무 차관을 단장으로 하는 대표단을 북한에 보내며 군사 교류를 강화, 우리로서는 북한의 움직임에 신경 쓰지 않을 수 없었습니다.

이런 상황에서 이 대통령의 신임을 받고 있던 김태효 청와대 대외전략기획관이 물밑에서 움직였습니다. 2012년 4월 주미얀마 한국대사관은 비밀 지시를 받습니다. 김태효 기획관이 다음 달로 예정된 이 대통령의 미얀마 방문을 준비하기 위해서 방문하니, 미얀마 정부 고위 관계자를 만날 수 있도록 접촉하라는 지시였습니다. 김 기획관은 당시 외교부는 물론 청와대 비서실, 경호실에 알리지 않은 채 혼자 방문했습니다. 그는 이틀간 머물면서 미얀마의 고위 관계자와 만나 이 대통령 국빈 방문 시 경호에 빈틈없이 해줄 것을 요구했습니다. 특별히 북측의 동향에 신경을 써 달라고 했습니다.

사실상 이 대통령의 특사로 방문한 김 기획관의 요청에 따라 미얀마는 최고 수준의 경계 태세에 돌입했습니다. 이 대통령이 수도인 네피도와 양곤에 머물 때 호텔은 물론 공항, 도로변에 장갑차와 수 천명의 무장 요원들을 배치했습니다. 당시 경호처는 미얀마 측의 도움을 받아 대통령이 머무는 호텔 옆 연못을 잠수사를 동원해 수색하기도 했습니다.

朝鮮日報

단기 4345년 (음력 윤 3월 26일 丁丑)

chosun.com 52판 2012년 5월 16일 수요일

北 아웅산 테러 그 자리에… 대한민국 대통령, 29년 만의 참배

이명박 대통령이 15일 미얀마의 양곤 아웅산 국립묘지를 방문, 참배하고 있다. 이곳은 지난 1983년 북한이 당시 전두환 대통령을 노리고 '아웅산 폭탄 테러'를 저질러 수행원 17명의 목숨을 앗아간 비극의 장소다. 우리나라 국가 원수가 미얀마를 찾은 것은 비극이 발생한 지 29년 만에 처음이다. 오른쪽 작은 사진은 당시 희생당한 사람들. 연합뉴스

기사 A6면

이명박 대통령이 아웅산 폭탄 테러 29년 만에 현장을 찾아 참배하는 모습이 2012년 5월 16일자 조선일보 1면에 톱 기사로 실렸다.

청와대는 대통령이 방문하는 네피도와 양곤에 대통령 전용 방탄 차량과 경호 차량을 각각 별도로 수송했습니다. 이례적으로 휴대용 권총을 소지한 경호원들뿐만 아니라 자동소총으로 무장한 암살대응팀(CAT)이 수행하게 했습니다. 또 미국 정부에도 협조를 요청, 미 정보기관으로부터 시시각각 북한 측의 움직임을 모니터했습니다. 당시 상황을 잘 아는 전직 관료는 "이 대통령의 미얀마 방문을 위해 역대 최대 수준의 경호팀과 장비가 동원됐다"고 말했습니다.

김태효 기획관은 이 대통령이 한국 대통령으로는 1983년 아웅산 테러 이후 처음으로 미얀마를 방문함에 따라 반드시 현장을 방문, 추모행사를 가져야 한다고 보고했습니다. 이 대통령이 아웅산 묘지에서 테러 희생자를 추모하는 기회를 놓쳐서는 안 된다고 했습니다. 하지만 경호처는 대통령이 방문할 정도의 경호 준비가 안 돼 있다며 반대 입장을 피력했습니다. 대의(大義)도 좋지만, 대통령을 위험에 노출시킬 수 없다는 판단이었습니다. 이같은 입장이 충돌하는 가운데, 이 대통령이 양곤으로 출발하기 전에 "아웅산 묘지로 가자"고 결정했습니다. 이 대통령은 암살대응팀의 경호 속에 아웅산 테러 폭발 현장에서 희생자들을 추모하는 행사를 가졌습니다.

조선일보 편집국장 "어떻게 테러 현장에 추모비 하나 없느냐"

이 대통령이 아웅산 묘지를 방문, 추모 행사를 가진 것은 큰 뉴스였습니다. 조선일보는 이 대통령의 현장 방문 기사가 나오자 이를 1면 톱 기사로 다루기로 했습니다. 이날 저녁 7시 조선일보 편집국 회의에서 막 편집된 초판(初版) 신문을 바라보던 당시 양상훈 조선일보 편집국장(현 조선일보 주필)이 혀를 찼습니다. "북한의 아웅산 테러로 많은 사람이 희생됐는데 어떻게 현장에 추모 표지석 하나 없을 수 있느냐." 양 국장은 당시 정치부 외교안보팀장이던 저에게 "아웅산 묘역 현장에 추모비를 세우는 방안을 강구해보라"고 지시했습니다.

이후 조선일보는 내부 논의에서 아웅산 테러가 2013년 10월이면 30주년이 되는 것에 착안, 정부에 '아웅산 테러 순국사절 추모비'를 만들자는 제안을 하게 됩니다. 미얀마에 테인 세인 신(新) 정부가 들어선 것을 계기로 한·미얀마 관계가 새롭게 정립되는 상황도 현지에 추모비를 세울 좋은 기회라고 봤습니다. 양국 관계 발전을 위해서는 늘 불편한 문제로 남아 있던 아웅산 폭탄 테러 사건을 해결하는 것이 중요하다고 판단했습니다.

아웅산 묘지를 방문했던 이명박 대통령은 물론 정부의 고위 관계자들도 테러 현장에 아무런 추모비 하나 없는 것을 씁쓸하게 생각하고 있었습니다. 이명박 정부는 조선일보의 제안이 의미가 있다고 보고 주미얀마 한국대사관에 전문을 보내 이를 양국 간 주요의제로 논의하도록 지시했습니다. 당시 주미얀마 대사관의 김해용 대사와 윤강현 공사참사관(현 법무법인 세종 고문)은 미얀마 정부의 고위 관계자들을 수차례에 걸쳐 만나 "한·미얀마 관계의 새로운 시대를 열자"며 추모비 건립의 필요성을 강조했습니다.

이어서 이명박 대통령이 2012년 10월 테인 세인 대통령을 국빈으로 초청했을 때 김성환 외교부 장관은 운나 마웅 린 외교부 장관에게 아웅산 국립묘지에 '희생자 추모비'를 건립할 수 있도록 해달라고 요청, 동의를 받아냈습니다. 그러나 처음에 계획했던 만큼 순조롭게 일이 진행되지는 않았습니다.

"한국인 추모비 너무 크다"
미얀마 반발로 건립 무산 위기

미얀마는 우리 정부의 제안을 받은 지 6개월 만에 아웅산 묘지 단지 시설을 제공하겠다는 입장을 보내왔습니다. 아웅산 묘지 경호동 건물에 인접해 있는 부지 약 260㎡(약 76평)를 내주겠다는 겁니다. 양상훈 조선일보 편집국장은 미얀마가 제시한 현장이 추모비 건립 장소로 적합한지 취재해 보라며 저를 양곤에 파견했습니다.

2012년 12월 현장을 방문했을 때 정문은 굳게 닫힌 채 나이 어린 인부들이 정원을 다듬고 있었습니다. 미얀마 정부가 제시한 부지는 정문 주차장 옆에 사다리꼴 모양을 하고 있었습니다. 이곳에 들어서자 나무 사이로 아웅산과 독립 영웅을 추모하는 빨간색의 추모탑이 보였습니다. 이 추모탑과 한국인 희생자 추모비 건립 부지 사이에서 1983년 아웅산 테러가 발생했습니다.

미얀마 정부는 추모비가 건립될 경우, 나무를 제거해서 현장 조망이 가능하게 만들겠다는 입장이었습니다. 주미얀마 대사관의 윤강현 공사참사관(법무법인 세종 고문. 주이란 대사·외교부 경제외교조정관 역임)은 "미얀마 정부가 제시한 260㎡의 부지가 넓은 편은 아니나, 아웅산 묘지 단지에 있다는 점에서 상징성이 크다"고 했습니다. 추모비가 아웅산 국립묘지 단지 내에 있으며 사건 현장을 조망할 수 있는 것이 장점으로 꼽혔습니다. 바로 앞에 주차장이 있어서 관련 행사를 할 때 편리하다는 이점도 있었습니다.

주미얀마 한국대사관은 추모비가 관광객들이 많이 방문하는 '쉐다곤 파고다'와 100m도 채 떨어져 있지 않은 곳에 세워지게 되는 것에 의미를 뒀습니다. 쉐다곤 파고다는 미얀마를 대표하는 불교 건축물로 아시아에서는 가장 큰 불교 성지로 꼽힙니다. 이곳은 2012년 11월 미국의 현직 대통령으로서는 처음으로 미얀마를 방문한 버락 오바마 대통령이 힐러리 클린턴 국무장관과 함께 맨발로 이곳을 거닐어 주목받은 곳입니다.

이어서 2013년 2월 당시 서정인 외교부 남아태국 심의관(현 유엔기념공원관리처장, 전 주멕시코 대사)을 단장으로 하는 정부 조사단이 정식으로 파견돼 현장을 조사했습니다. 미얀마 정부는 이때 우리 측에 추모비가 들어설 아웅산 묘지에 별도의 출입문을 내고 인근 시설과 구별되도록 조경을 하겠다고 했습니다.

박근혜 정부가 계승, 추모비 건립위원회 발족

2014년 6월 6일 미얀마 양곤의 아웅산 국립묘지에서 열린 아웅산 순국 사절 추모비 제막식에서 1983년 북한의 폭탄 테러로 숨진 김재익 전 청와대 경제수석의 부인 이순자씨가 아들 김한회씨와 함께 두 손을 모아 기도하고 있다.

2013년 2월 25일 박근혜 정부가 출범했습니다. 같은 보수 정부이면서도 박근혜 정부는 이명박 정부와 여러 면에서 차별화했습니다. 하지만 아웅산 순국사절 추모비 건립이 의미가 있다고 판단, 이를 계승해 추진하기로 합니다. 박근혜 정부는 2013년 초 미얀마 정부가 제시한 아웅산 묘지 경호동 건물에 인접해 있는 부지를 추모비 건립 터로 최종 수용했습니다.

이에 따라 권철현 당시 세종재단 이사장(전 주일대사, 국회의원 역임)을 위원장으로 한 민·관 합동 건립위원회가 2013년 3월 4일 출범했습니다. 건립위원회엔 외교부, 국가보훈처, 세종재단, 조선일보사가 참여했습니다. 세종재단은 아웅산 테러 희생자들을 기리고 유가족들을 돕기 위해 설립된 재단으로 현지 추모비 건립에 적극적이었습니다. 당시 공식 수행원 중 유일한 생존자인 이기백 전 국방부장관(전 합참의장), 현장에서 순국한 고(故) 서석준 전 부총리의 부인 유수경 국민대 명예교수, 박해윤 외교부 남아태국장, 김미진 홍익대 교수, 박정훈 조선일보 부국장 등 민관 위원과 건축·조경 분야 전문가들이 참여했습니다.

군부 강경파, 아웅산 묘역에 건립 불만… 복교한 북한 의식도

건립위는 2013년 10월 9일 북한의 아웅산 폭탄 테러 30주년에 맞춰 테러 현장에 추모비를 건립한다는 목표를 세웠습니다. 권 이사장은 "테러가 일어난 지 30년 만에 추모비를 건립하는 것이 만시지탄(晩時之歎)"이라며 "나라를 위해 돌아가신 순국 사절들을 나라가 끝까지 책임진다는 자세에서 큰 의미가 있다"고 했습니다. 이기백 전 국방장관은 "미얀마에 추모비 건립에 나선다는 보도를 접하고 자원봉사라도 하려 했다"며 "나이가 많아서 큰 힘은 못 되겠지만, 다른 위원들을 도와 추모비 건립이 국민운동이 되는 데 힘을 보태겠다"고 했습니다. 건립위는 이후 총 11차례 회의를 갖고 추모비 건립을 위한 예산 및 실행 방안을 논의했습니다.

건립위가 의욕적으로 출범했지만 곧 난관에 부딪쳤습니다. 미얀마 정부 강경파가 한국인 테러 희생자 추모비를 아웅산 묘지 단지에 세우는 것에 반대하는 견해가 나왔습니다. 국교를 재개한 북한의 반발을 우려하는 시각도 있었습니다. 북한은 여전히 아웅산 테러를 부인하고 있는데, 테러 현장에 추모비를 세우는 것이 외교문제로 비화할 수도 있다는 겁니다.

미얀마는 특히 추모비 설계안이 크다고 문제를 제기했습니다. 원래 설계안은 약 4개 면으로 된 박스형 디자인이었습니다. 추모객이 그 내부에 들어가면 한쪽 벽면 틈으로 빛이 들어오게 하는 대형 시설이었습니다. 추모비 안에서 참사현장을 바라보며 추모할 수 있게 한 것이었습니다. 그러나 미얀마 정부는 아웅산 묘지 전경에 영향을 줄 수 있다며 1개의 벽면으로 하고 벽면의 높이도 낮춰 줄 것을 요구했습니다.

미얀마의 문제 제기로 2013년 10월 아웅산 테러 30주년에 맞춰 제막식을 가지려고 했던 계획은 무산돼 건립 사업 자체가 난관에 봉착했습니다. 건립 관련 예산을 모으는 방안에 대해서도 의견이 일부 엇갈리기도 했습니다. 한참 동안 추모비 건립 사업이 진척되지 않아 좌초하는 것 아닌가 하는 우려가 나왔습니다.

건립위 내부에서는 해외에서 대통령 방문 중 17명이 북한 테러로 숨지는 대참사가 발생했고, 30년 만에 세우는 것이므로 원안대로 세워야 한다는 의견이 적지 않았습니다. 원래 계획했던 디자인을 미얀마가 수용하도록 해야 한다는 목소리들이 있었습니다.

하지만, 추모비 규모 문제로 장기화하다가 자칫 무산될 가능성을 우려했습니다. 이 과정에서 북한의 방해공작도 있을 수 있다는 전망도 나왔습니다. 이에 따라, 규모를 축소해서라도 신속하게 추모비를 세우는 것이 중요하다는 결론이 내려졌습니다.

이런 논의를 거친 끝에 2014년 2월 28일 윤병세 외교부 장관이 방한한 우나 마웅 르윈 미얀마 외교장관을 만나 원안보다 축소된 규모로 추모비를 세우기로 최종 합의했습니다. 이어 3월에 양곤 주정부로부터 추모비 건립을 허가받아 6월 6일 현충일에 건립비 제막식을 갖기로 했습니다. 여러 논의를 거쳐 정부 예산 외에도 세종재단, 한국무역협회, 대한상공회의소, 전국경제인연합회, 세종재단의 기부금 등으로 총 7억 3000만 원의 기금을 모았습니다.

우여곡절 끝에 높이 1.5m, 가로 9m 규모의 추모비 건립

2024년 6월 추모비 건립식에서 윤병세 장관이 묵념하고 있다.

최종 건립된 추모비는 높이 1.5m, 두께 1m, 가로 9m 규모로, 대형 비석에 17인의 순국자 이름이 직책이 하얀 글씨로 새겨져 있습니다. 테러가 발생한 현장과 약 100m 거리로, 추모비 한 가운데 손 한 뼘 너비의 틈이 있는데 이를 통해 비극의 장소를 직접 볼 수 있게 돼 있습니다.

6월 6일 추모식에는 서석준 부총리의 장·차남을 비롯한 순국사절 유족 23명, 당시 부상을 입었던 이기백 전 국방장관, 최재욱 전 환경부 장관, 김상영 전 문화공보부 직원과 윤병세 외교부 장관, 권철현 추모비 건립위원장, 송영식 전 대사(테러당시 공관 차석), 임성준 전 차관보, 이백순 주미얀마대사, 송대성 세종연구소장 등 60여 명이 참석했습니다.

제막식에 참석한 윤병세 외교부 장관은 "지난 2년여 동안 추모비 건립을 위해 협력하는 과정에서 양국은 서로에 대한 깊은 신뢰와 배려를 확인했다. 특히 내년(2015년) 양국 수교 40주년을 앞둔 시점에서 이번 추모비 건립은 큰 의미가 있다"며 이렇게 말합니다. "자유를 향한 역사의 전진은 누구도 막을 수가 없습니다. 한반도 구성원 모두가 자유롭고 행복한 평화통일을 이루는 날까지 고인들은 바람이 되고 햇볕이 되어 우리를 이끌어 줄 것입니다."

박근혜 대통령은 같은 해 11월 아세안(ASEAN)+3 정상회의 및 동아시아정상회의(EAS) 참석을 위해 미얀마를 방문했으나 양곤의 순국사절비는 참배하지 않았습니다. 2019년 4월 미얀마를 공식방문한 문재인 대통령이 순국사절 추모비를 참배, 이곳을 찾은 대한민국의 첫 대통령이 됐습니다.

P.S. 김태효, 미얀마에 북한과의 무기거래 중단 요구

이명박 정부의 김태효 대외전략기획관은 2012년 4월 비밀리에 미얀마를 방문했을 때 미얀마가 북한과의 무기 거래를 중단할 것을 요구합니다. 미얀마는 이를 받아들여 세인 테인 미얀마 대통령은 이 대통령과의 정상회담에서 북한과의 무기 거래를 금지한 유엔 결의 1874호를 지키겠다고 밝히게 됩니다.

당시 미얀마에는 탈북자 1명이 약 1년간 수감돼 있었습니다. 이명박 정부는 이 탈북자를 대통령 전용기로 함께 귀국하는 방안을 추진했습니다. 이에 대해 미얀마는 머지 않은 시기에 보내겠다고 약속했습니다. 이 탈북자는 이 대통령의 미얀마 방문 직후 태국의 방콕을 거쳐서 대한민국의 품에 안겼습니다.

"백남순 북한 외무상 나온다" 아수라장 된 방콕 공항

처음 가입한 ARF서 스타 된 백남순

2000년 6·15 남북정상회담으로 평화 무드가 조성되자 북한이 국제사회에서 적극적으로 움직이기 시작했습니다. 북한의 김정일 국방위원장은 첫 남북정상회담 이후 한 달 반 만에 태국 방콕에서 열리는 아세안지역안보포럼(ARF)이 평화 공세를 펴기에 좋은 기회라고 봤습니다.

북한은 김대중 정부의 후원으로 2000년 7월 26일부터 방콕에서 열린 ARF 외무장관 회의를 통해 아시아·태평양 지역 다자외교 무대에 데뷔했습니다. 당시 북한을 대표해 참석한 백남순 외무상은 'ARF의 스타'라고 불릴 정도로 큰 관심을 받았습니다. 북한이 ARF에 23번째 회원국으로 신규 가입하고, 김정일의 '러시아를 통한 미사일 시험발사' 발언 등으로 국제적인 관심을 끌었기 때문입니다. 이를 상징적으로 보여준 것이 백남순에 대한 세계 언론의 취재 열기였습니다.

백남순은 그해 7월 25일 저녁 방콕 돈므앙 국제공항에 도착했습니다. 그런데 이때 VIP 통로를 이용하지 못하는 일이 벌어졌습니다. 태국이 일부러 푸대접한 것이 아니라 같은 시각에 태국 공주가 공항을 이용하고 있었기 때문입니다. 입헌군주제인 태국에서는 왕실 행사가 최우선이기에 백남순은 일반 통로를 이용해 나와야 했습니다.

이는 기자들에게는 근접 취재할 수 있는 좋은 기회를 의미합니다. 첫 남북 정상회담은 자유로운 취재가 불가능했던 평양에서 열렸습니다. 언론은 북한이 허용하는 것 이상의 취재를 하거나 영상을 찍는 것이 불가능했습니다. 남북정상회담으로 북한에 대한 관심이 커져 추가 보도를 해야 하는 상황에서 신문과 방송은 그의 방콕 등장을 놓칠 수 없었습니다.

2000년 7월 25일 태국 방콕 공항의 일반 통로를 통해 입국한 백남순 북한 외무상(한 가운데)이 취재진과 엉켰다가 간신히 방콕 공항을 빠져나가는 모습.

ARF 회의 보도차 태국에 파견된 저는 백남순의 방콕 공항 도착을 취재하려고 공항에 나갔습니다. 현장에는 한국은 물론 미국, 일본 등에서 온 100여 명의 내외신 취재기자, 사진기자, 방송기자들이 모여 있었습니다. 일반인 출구 앞이라 별도의 경호원도 포토라인도 없었습니다.

한참을 기다리고 있는데, 갑자기 누가 "백남순이 나온다"고 소리쳤습니다. 백남순이 로비로 나오는 순간 취재진이 한꺼번에 모여들기 시작했습니다. 순식간에 북한 대표단과 취재진이 엉켜버렸습니다. 여기저기서 카메라 불빛이 터졌습니다. 조금이라도 더 좋은 사진과 영상을 찍기 위한 몸싸움도 치열했습니다. 취재 기자들도 그의 발언을 듣기 위해 필사적으로 바로 옆까지 달라붙었습니다. 저도 그 속에 들어갔다가 밀려났습니다. 이 과정에서 어떤 기자는 안경을 떨어뜨리기도 했습니다.

백남순의 경호 인력이 따로 있지 않아서 마치 럭비 경기의 스크럼처럼 한 덩어리가 돼 움직이다가 간신히 북한 대사관 자동차가 있는 곳으로 빠져나갔습니다. 그는 피곤한 얼굴로 자동차에 올라타고 떠났습니다. 현장에 있던 기자들은 백남순이 무슨 말을 했는지 서로 맞춰보려고 했으나, 그의 말을 들은 사람은 없었습니다. 그가 공항에서 나와서 사라질 때까지 10분도 안되는 짧은 시간이었지만, 매우 길게 느껴졌습니다.

백남순, 이정빈 외교 만나자 "피는 물보다 진하다"

총 6명의 북한 대표단을 이끌고 방콕에 도착한 백남순은 주로 한미일 취재진을 몰고 다니며 뉴스메이커가 됐습니다. 사상 첫 남북, 미북 외무장관 회담은 물론, 일본, 캐나다, 태국 등과 릴레이 회담을 가졌습니다.

그는 남북 정상회담 전에는 국제회의장에서 기자들을 만나도 상대조차 하지 않았지만, 취재진 질문에 답변하는 등 달라진 모습을 보였습니다. 당시 북한 대표단 중 한 명이 나중에 북한 외무상을 지낸 리용호 참사였습니다. 남북 대표단은 ARF 회의장인 방콕의 로열 오키드 쉐라톤호텔의 17층과 6층에 각각 자리잡고 필요하면 복도에서도 서로 얘기하기도 했습니다. 북한 외교관들은 서울에서 출장 간 외교부 기자들과 간단한 대화를 나눠 "북한이 달라졌다"는 평가가 나왔습니다.

백남순은 26일 남북외무장관 회담에서 이정빈 외교부 장관을 보자 "피는 물보다 진하다고, 타국에 와서 이 선생을 만나서 기쁘다"고 했습니다. 이 장관이 "임동원 국정원장이 꼭 안부를 전해달라고 했다"고 하자, 과거 남북회담 때 만났던 이동복 전 국회의원에 대해 "지금 무엇을 하고 있느냐"고 안부를 묻는 장면도 있었습니다. 두 장관은 40분간 회담에서 "남북간 화해와 협력을 증진시키기 위해 대외 관계와 국제무대에서도 상호 협조해 나가기로 했다"는 공동발표문에 합의했습니다. 이날 회담엔 우리측에선 외교부의 장재룡 차관보, 최영진 외교정책실장이, 북한에서는 리용호 참사, 마철수 아시아태평양 국장 등이 배석했습니다.

남북외무장관 회담을 '성공적으로' 마친 이정빈 장관은 출장 간 기자들과 간담회를 갖고 기분 좋은 소회를 피력합니다. 그때 외교부는 남북정상회담 추진 및 개최 과정에서 소외돼 조직이 위축돼 있었습니다. 당시 남북 화해 정국의 주도권은 임동원 국정원장이 쥐고 있었는데, 이 장관은 남북외무장관회담으로 어느 정도 만회했다고 생각하는 듯했습니다. 이 장관은 이후 백남순에게 한반도 통일을 지지하는 결의안을 남북이 함께 만들어 유엔에서 통과시키자고 제의, 같은 해 10월 유엔총회에서 이를 통과시키는 데 성공했습니다.

2000년 7월 28일 백남순 북한 외무상과 올브라이트 미 국무장관이 방콕에서 회담하고 있다.

백남순은 28일엔 매들린 올브라이트 미국 국무장관과 예정된 시간보다 20여 분을 넘겨, 70여 분 동안 샹그릴라 호텔에서 첫 미북 외무회담을 가졌습니다. 당시 올브라이트 장관은 김대중 대통령의 '햇볕 정책'에 대한 지지의사를 나타내려는 듯 노란색의 드레스를 입고 나와 눈길을 끌었습니다. 올브라이트 장관은 회담이 끝난 후, "백 외무상은 매우 친절하고 외교적인 말을 구사하는 인물"이라고 했습니다.

뉴욕타임스, "북, 평화 애호국에 합류시키엔 아직 이르다"

우리 정부가 첫 남북정상회담에 이은 첫 남북외무장관회담으로 들떠 있을 때 미국의 뉴욕타임스는 7월 27일 사설을 통해 북한에 대한 경계감을 나타냈습니다. "북한이 현재 미국이 적극적으로 장려해야 할 개혁의 초기 단계에 있는 것처럼 보이나, 북한이 평화 애호국가들의 공동체에 합류했다고 결론 내리기에는 너무 이르다"고 한 겁니다. 이 신문은 북한을 방문한 푸틴이 감질나는 제안을 가지고 돌아왔 다고 해석했습니다. 1년에 최소 2개의 인공위성을 외국에서 발사하게 해 준다면 장거리 미사일 계획을 포기할 용의가 있다는 북한의 입장에 대해 "만일 북한이 외국에서 진보된 로켓을 제공받아 이 기술을 복제하기를 기대한다면, 이에 따른 위험은 감수할 수 없다"고 했습니다. "북한의 핵무기와 미사일 개발은 일시 정지됐을 뿐 완전히 폐기된 것이 아니다"며 "북한이 평화 애호국 공동체에 합류했다고 결론짓기는 이르다"고 했습니다.

영국의 시사주간지 이코노미스트도 같은 논조의 평가를 합니다. 북한의 외교공세에도 불구하고 그 진의가 무엇인지는 여전히 의구심이 간다고 지적했습니다. 이코노미스트는 백남순이 ARF에 참석, 한미일 외무장관 등과 회담을 열고 평화에 대해 말했으나 북한의 핵과 미사일 개발의욕에 대한 우려를 제거하지는 못했다고 비판했습니다. 이코노미스트는 특히 김정일이 다른 국가가 위성발사설비를 제공한다면 미사일 개발계획을 포기하겠다는 제의를 한 것으로 보도됐으나 그 조건은 밝혀지지 않고 있다고 했습니다.

2006년 ARF 회의장에서 아무도 백남순과 악수 안 해

뉴욕타임스와 이코노미스트의 우려는 그대로 맞아들어갑니다. 북한은 김대중, 노무현 정부의 '선의'를 활용해 핵과 미사일을 더욱 개발하는 방향으로 나가면서 마찰을 빚습니다. 그러던 중 2006년 7월 28일 말레이시아 쿠알라룸푸르의 컨벤션센터에서 열린 ARF에서 백남순을 다시 볼 기회가 있었습니다. 정세는 6년 전과는 확연히 달라져 있었습니다. 당시는 북한이 6자회담 거부와 대포동 미사일 발사로 규탄받고 있었습니다. 북한의 도발로 인한 동북아시아의 긴장을 어떻게 해소하느냐가 ARF의 주요 의제였습니다.

이른 아침부터 4시간 가까이 개최된 오전 세션이 끝나자 굳게 닫혀 있던 회의장 문이 살짝 열렸습니다. 당시 저는 회의장 문 앞을 지키고 있다가 예상보다 일찍 열린 문틈 사이로 회의장 상황을 볼 수 있었습니다. 회의가 끝나자 한국과 미국을 비롯한 25개 참가국 장관들이 서로 악수를 하며 삼삼오오 모여 환담하기 시작했습니다. 하지만 백남순은 혼자였습니다. 그에게 악수를 청하는 다른 나라의 장관들은 아무도 없었습니다. 그의 바로 옆에 앉아 있던 리자오싱(李肇星) 당시 중국 외교부장도 악수를 청하지 않고 다른 나라의 장관들과 대화하기 위해 자리를 떴습니다.

북한이 '국제사회의 외톨이'로 실제로 '왕따'를 당하는 현장을 목격한 것은 처음이었습니다. 당시 ARF 참가국들은 6자회담을 거부하며 동북아시아의 불안을 심화시키는 북한을 못마땅하게 생각하고 있었습니다. 아세안 국가의 외교부 장관들은 ARF가 시작되기 전에 발표한 성명에 북한 비판 내용을 포함시켰습니다. "북한의 최근 핵실험과 미사일 발사를 강력히 비난한다"며 "북한이 유엔 결의 1874호에 따라 회담에 복귀해야 한다"고 했습니다. 그런 분위기가 비공개 회의장에서 적나라하게 드러났다고 할 수 있습니다.

회의장을 쓸쓸하게 나서는 그에게 유일하게 다가가서 말을 붙인 이는 반기문 외교부 장관이었습니다. 반 장관은 백남순에게 "남북이 한번 만나는 것이 어떠냐"고 제의했습니다. 백남순은 그런 반 장관의 얼굴을 쳐다보지도 않았습니다. "그럴 필요 없다"며 퉁명스럽게 말한 후, 굳은 표정으로 회의장을 빠져나갔습니다.

북한 문제가 큰 뉴스가 될 때마다 백남순이 ARF 스타로 주목받다가 6년 뒤 어떤 나라의 장관도 그와 악수조차 하지 않으려 했던 장면이 오버랩 돼 떠 오르곤 합니다. 백남순은 2007년 사망했습니다.

P.S. "이정빈 장관 기사 작게 써 달라. 청와대가 싫어한다."

2000년 방콕 ARF에 출장간 이정빈 외교부 장관의 동정도 주목받았습니다. 남북 외무장관 회담을 한국의 모든 신문이 1면 톱 기사로, 모든 방송이 메인뉴스 톱 기사로 다뤘습니다. 한미 외무장관 회담도 관심을 끌면서 이 장관이 3일 연속 부각됐습니다. 그러자 이 장관의 측근 중 한 명이 이런 요청을 했습니다. "이 장관이 ARF에서 너무 부각돼 기사가 많이 나오니 청와대 분위기가 좋지 않은 것 같다. 이제는 조금 작게 보도해 달라." 이 장관이 스포트라이트를 받는 사이에 한국에서는 김대중 대통령에 대한 보도가 거의 없어서 청와대 참모진 일각에서 외교부에 볼멘 소리를 했다는 후문입니다.

김정일 공개 비판했다가
좌파 진영 '변절자' 됐던 박선원

도널드 트럼프 대통령의 8년 만의 재취임을 계기로 미북 정상회담이 다시 열릴지 여부가 주목받고 있습니다. 트럼프는 2025년 47대 대통령으로 취임하자마자 북한을 '핵 보유국(nuclear power)'으로 부르며 미·북 정상회담을 재개할 수 있다는 입장을 시사했습니다. "나는 그를 좋아했고 매우 잘 지냈다. 그도 나의 귀환을 반길 것"이라고 한 겁니다.

이에 대해 북한의 김정은 국무위원장은 즉각 호응하는 대신 전략순항 미사일을 동해가 아닌 서해 쪽으로 시험 발사하고, 핵 물질 생산기지 관련 사진들을 공개하는 식으로 '도발'하며 몸값을 높이고 있습니다.

러시아를 돕기 위해 1만여 명의 군대를 파병, 북·러 혈맹 관계를 구축한 김정은이 당분간 상황을 관망하며 미국에 대한 협상력을 제고할 것이라는 관측이 유력합니다. 김정은이 지난 29일 "(올해는) 핵 무력 노선을 관철해 나가는 과정에서 중대 분수령이 되는 관건적인 해"라고 한 대목은 핵 보유국으로 인정받으며 미국과의 군축협상을 하겠다는 의미로 읽힙니다. 김정은은 트럼프 취임 후, 미사일을 동해가 아닌 서해로 발사하며 도발 강도를 조절하고 있는데, 몸값을 올리기 위해 너무 강하게 도발하면 2009년 버락 오바마 미 행정부 때처럼 '전략적 무시' 당할 것을 계산하고 있는 것으로 보입니다.

친노 전략가 박선원, 브루킹스 연구원으로

이런 상황은 오바마 미국 대통령 시대의 초기 미북관계와 민주당 박선원 의원에 얽힌 에피소드를 떠올리게 합니다. 박 의원은 386운동권 중에서는 특이한 이력을 갖고 있는 정치인입니다. 1985년 서울 미문화원 점거사건 당시 배후인물로 구속된 '반미 운동 1세대' 출신입니다. 연세대 삼민투 위원장을 지낸 그는 영국의 워릭대에서 국제정치학 박사학위를 받았습니다. 노무현 정부에서 통일외교안보전략 비서관을 지낸 그는 친노(親盧) 386세대의 외교·안보 전략가로 북핵 6자회담에도 깊숙이 관여했습니다.

더불어민주당 이재명 대표가 2023년 12월 박선원 전 국가정보원 1차장을 '인재 영입'후, 민주당을 상징하는 점퍼를 입혀주고 있다.

박 전 비서관은 김정일의 비자금을 관리하고 돈세탁 혐의를 받았던 마카오 은행 방코델타아시아(BDA)에 대한 금융제재를 해제시키기 위해 미국 측과 여러 차례 부딪쳤습니다. 이 때문에 조지 W 부시 전 행정부 인사들로부터는 '기피인물'로 낙인찍히기도 했습니다.

이런 경력의 박 의원은 제가 워싱턴 특파원으로 일하던 2008년 워싱턴 DC의 브루킹스 연구소에 초빙연구원으로 와 있었습니다. 그가 와 있던 브루킹스는 미국에서 손꼽히는 싱크탱크인데, 특히 오바마 행정부 출범 전후에 더욱 주목받았습니다. 오바마 행정부의 외교안보 핵심이었던 수전 라이스 주유엔대표부 대사, 백악관의 제프리 베이더 아시아 담당 보좌관이 모두 이곳 출신이었습니다. 오바마 행정부의 동향을 가장 잘 알 수 있는 곳이기에 미국은 물론 전 세계의 외교안보 전문가들로 북적거렸습니다. 당시 저는 이곳을 드나들며 박 의원을 만나 오바마 행정부 출범 후의 미북관계에 대해 얘기를 많이 나눴습니다. 저와 그는 성향은 달랐지만, 오바마 행정부가 북한과의 고위급 또는 최고위급 대화에 적극적이라는 데는 의견이 일치했습니다. 그 이유는 오바마 행정부가 보여준 전례없는 우호적인 대북 분위기 때문이었습니다.

오바마 캠프, "취임 100일내 대북 특사 보내겠다"

2008년 11월 4월 오바마가 미국의 첫 흑인 대통령으로 당선된 후 3일 만에 오바마의 외교안보팀과 북한 정부 대표단의 회동이 열릴 정도로 미북 대화는 기정사실화되고 있었습니다.

2008년 11월 7일 북한 외무성 리근 미국국장은 북핵 검승 문세 논의를 위해 뉴욕을 방문 중이었는데, 오바마 진영의 프랭크 자누지 한반도 정책팀장과 함께 전미외교정책협의회(NCAFP) 주최 한반도 전문가 회의에 참석했습니다. 이날 회의엔 헨리 키신저 전 국무장관, 스테이플턴 로이 전 주중대사, 윈스턴 로드 전 동아태 차관보, 도널드 그레그 전 주한대사, 성 김 미 국무부 북핵특사 등이 참석했습니다. 약 4시간 동안 비공개로 진행된 이날 회의에서 사실상 미북 회담이 이뤄졌다는 점이 중요했습니다. 이때 리근 국장이 키신저의 방북을 요청한 사실이 나중에 알려지기도 했습니다.

이런 상황에서 오바마의 정책 산실인 싱크탱크미국진보센터(CAP·Center for American Progress)가 정책 제안서에서 신속한 대북(對北) 특사의 평양 파견을 제안하고 나왔습니다. 이 제안서를 만든 이는 오바마 캠프에서 외교안보분야의 핵심적인 역할은 하던 이는 백악관 고문에 지명된 그레고리 크레이그였습니다.

저는 그레고리 크레이그를 2008년 8월 오바마가 민주당 대통령 후보에 지명되던 덴버에서 처음 만났습니다. 당시 매들린 올브라이트 전 국무장관이 수장으로 있던 '국제 지도자 포럼(ILF)'이 열렸는데, 나중에 유엔주재 미국 대사로 활동하는 수전 라이스를 비롯, 이 자리에 나중에 오바마 대통령의 외교·안보 브레인들이 모두 참가했습니다. 회의가 끝난 후 크레이그와 한반도 문제에 대해 인터뷰를 했습니다. 크레이그가 오바마 행정부가 출범하면 북한 문제에 대해 개입 정책을 펼 것이라고 한 기억이 또렷하게 남아 있습니다.

하버드대-예일대 법학박사 출신으로 올브라이트 국무장관 시절 국무부 정책기획국장을 지낸 그는 제안서에서 오바마 당선자 취임 후, 100일 내에 대통령 특사를 파견하자고 제안했습니다. "북한에 대통령 특사를 보내, 6자회담을 통해 북한 핵 문제의 교착상태를 해결하기 위한 부시 행정부의 노력과 직접적인 미북 양자회담이 여전히 궤도 위에 있다는 단일 메시지를 전해야 한다"고 했습니다.

그는 "새 정부는 (특사를 보내) 미북 관계의 더 큰 발전 및 향상이 새 정부의 의제 중 높은 위치에 있으며, 핵심적인 목표가 핵 문제에서 더 큰 진전을 이루는 것이라는 점을 분명히 하는 것이 중요하다"고 밝혔습니다. 이와 함께 "대통령 특사는 반드시 평양을 방문하기 전후에 사전 협의와 브리핑을 위해서 서울을 방문해야 한다"고 못박았습니다.

오바마 캠프의 핵심으로 일했던 크레이그의 제안이 의미가 있다고 판단, 당시 워싱턴 특파원으로 함께 일했던 최우석 선배와 함께 기사를 써 보냈습니다. 이 기사는 조선일보 1면 톱으로 게재됐습니다. 대북 특사로는 2000년 평양을 방문해 김정일 북한 국방위원장을 만난 올브라이트 전 국무장관과, 클린턴 정부의 대북정책조정관을 지낸 윌리엄 페리 전 국방장관이 거론되기도 했습니다.

이뿐만이 아닙니다. 미국의 스티븐 보즈워스 대북정책 특별 대표는 2009년 4월 초 "언제라도 북한을 방문할 준비가 돼 있다"며 대화 의사를 강조했습니다. 그는 방북하게 되면 비핵화뿐만 아니라 미북 관계 정상화를 위한 조건을 논의할 것이라고 밝히며 북한이 대화에 응할 것을 촉구했습니다. "북한에 압박만 가하는 것이 최선책이 아니며 유인책을 결합해야 한다"며 미사일 회담 재개의사를 밝히기도 했습니다.

김정일, 몸값 높이려 북한 미사일 도발

그런데 당시 북한이 상황을 오판, 판을 깨는 일이 발생했습니다. 북한이 4월 5일 대포동 2호로 불리는 장거리 로켓을 발사했습니다. 1단계 추진체는 일본 아키타(秋田)현 서쪽 280㎞ 동해상에 떨어졌으며, 2단계 추진체는 일본 동쪽 1270㎞ 지점에 떨어진 것으로 추정됐습니다. 북한은 '은하 2호' 위성을 궤도에 성공적으로 진입시켰다고 발표했지만, 이는 명백한 유엔 안보리 제재 위반이었습니다. 유엔 안보리는 2006년 10월 북한의 핵 실험을 계기로 제재 결의 1718호를 발동, '탄도미사일과 관련한 모든 프로그램'을 불법으로 규정한 바 있습니다. 대기권 밖으로 쏘아올리는 장거리 로켓 기술은 위성으로 부르더라도 원리가 동일합니다. 유엔과 미국은 2006년에 핵실험을 한 북한이 운반수단으로 이용가능한 장거리 로켓 기술까지 확보하는 것을 용인할 수는 없었습니다.

북한의 대포동 2호 발사 사태는 버락 오바마 행정부가 처음으로 직면하는 중요한 외교·안보 문제였습니다. 더욱이 오바마는 당시 유럽연합(EU) 정상들과의 회의를 위해 체코를 방문중이었는데, 프라하에서 현지

시각 새벽 4시 30분에 북한의 로켓 발사를 보고 받느라 잠을 깼습니다. 그는 1시간 만에 "도발적 행위"라는 내용의 대북(對北) 비판 성명을 발표하며 유엔 안보리의 소집을 요구했습니다.

오바마는 프라하에서 "자제를 촉구하는 분명한 (국제사회의) 요청을 거부하고 국가들과의 공동체에서 스스로를 더욱 고립시켰다"고 강하게 비난했습니다. 또 "지금이야말로 국제사회가 북한에 대해 강력한 대응을 내놓아야 할 시점"이라고 밝혔습니다. 워싱턴 특파원이었던 저는 이후 백악관 계자들로부터 당시 오바마가 얼마나 화가 많이 났는지에 대해 들을 기회가 많이 있었습니다. 오바마는 대북 특사도 고려하고, 상황 변화에 따라 자신이 방북할 생각도 갖고 있었는데 북한때문에 체면을 구긴데 대해 화가 많이 났습니다.

COMMENTARY OP-ED

Pyongyang Fails Again: North Korea's Third Missile Launch and Kim Jong-il's Miscalculation

Sun-won Park
April 6, 2009

On April, 5, 2009, despite the international community's repeated warnings and attempts to persuade it to do otherwise, North Korea chose the path of a rogue state and launched a long-range ballistic missile. Contrary to Pyongyang's calculations, this incident does not demonstrate North Korea's strength or self-reliance, but should be perceived as an utter failure by North Korea in both tactics and strategy.

First, North Korea failed in the narrow sense of its own proclaimed military-technological goal: the missile launch itself was a failure. According to

브루킹스 홈페이지

박선원 의원이 브루킹스 초빙연구원으로 일하던 2009년 4월 6일 이 연구소 홈페이지에 게재한 김정일 비판 보고서. '평양 또 실패하다, 북한의 세 번째 미사일 발사와 김정일의 오판(Pyongyang Fails Again: North Korea's Third Missile Launch and Kim Jong-il's Miscalculation)'이라는 제목이 달려 있다.

박선원, "불량국가의 길 선택한 김정일, 잘못된 대가 치러야 한다"

이때 미국이 북한과 적극적으로 대화하려던 기류를 잘 알고 있던 박 의원이 급히 나섰습니다. 북한이 '인공위성 발사 성공'으로 치하한 대포동 2호가 일본 열도 상공을 날아간 다음 날인 4월 6일 영문 보고서를 썼습니다. 브루킹스의 인터넷 홈페이지에 여전히 게재돼 있는 그의 보고서 제목은 '평양 또 실패하다, 북한의 세 번째 미사일 발사와 김정일의 오판(Pyongyang Fails Again: North Korea's Third Missile Launch and Kim Jong-il's Miscalculation)'입니다. 북한의 도발에 매우 좌절한 듯 그는 이 보고서에서 김정일에 대한 분노를 숨기지 않았습니다. 그 주요 내용은 이렇습니다.

"2009년 4월 5일, 국제사회의 거듭된 경고와 설득 시도에도 불구하고 북한은 불량 국가의 길을 선택하고 장거리 탄도 미사일을 발사했습니다. 북한의 계산과 달리 이번 사건은 북한의 힘이나 자력을 보여주는 것이 아니라 전술과 전략 모두에서 북한이 완전히 실패한 것으로 인식해야 합니다. (중략)

미국의 새 행정부는 전임 행정부와 달리 이미 북한 지도자와 정상회담을 하겠다는 의지를 표명하고 새로운 관계의 시작을 위해 북한에 손을 내밀었습니다. 그럼에도 불구하고 김 위원장은 미국의 제스처를 냉담하게 거부했고, 이제 미국을 다시 우호적인 논의에 참여시키기 전에 상당한 대가를 치러야 할 것입니다.

외교적으로 김 위원장은 한국과 일본이 북한 문제와 관련하여 미국과 강력한 공감대를 형성하는 데만 도움을 주었습니다. 북한의 행동과 다양한 압박 시도에도 불구하고 미국을 비롯한 6자회담 참가국들은 북한에 더욱 유리한 조건으로 회담 재개를 끊임없이 요구해 왔기 때문에 북한은 강경한 입장이 항상 성공할 것이라는 잘못된 믿음을 가지고 있습니다.

그러나 지연된 계승 계획의 정치적 복잡성과 김 위원장의 건강 악화, 외교적 어려움, 경제적 어려움, 식량 공급 문제 등 현재 북한의 문제를 고려할 때, 특히 6자회담 참가국들 간의 국제사회의 공동 행동은 북한에게 대결과 기회주의적 이득 확대를 동일시하는 어리석음을 가르칠 수 있을 것입니다. (중략) 이제 국제사회는 지난 60일 동안 북한의 나쁜 행동에 대해 질책해야 합니다."

박 의원이 김정일의 이름을 공개적으로 거명하면서 "상당한 대가를 치러야 한다"는 데서 그가 얼마나 크게 좌절했는지를 느낄 수 있었습니다. 1980년대 반미 학생운동 지도부 출신 정치인들 사이에서 북한 비판은 물론 김정일에 대해 부정적인 언급을 하는 것은 일종의 금기에 속했습니다. 저는 박 의원의 용감한 김정일 비판이 의미가 있다고 판단, 이를 칼럼을 통해서 알렸습니다. 김정일 국방위원장에게 편지를 쓰는 형식을 차용했는데, 이렇게 주장했습니다.

박선원 의원이 김정일을 공개 비판한 보고서를 전했던 2009년 4월 16일자 조선일보 특파원 칼럼. '김정일 국방위원장 귀하'라는 제목으로 편지 형식을 차용했다.

"무엇보다 박선원 전 비서관이 당신(김정일)의 이름을 직접 거명하면서 비판했다는 점에서 큰 실망감을 느낀 것을 알 수 있습니다. 그렇지 않았다면 김대중·노무현 정부에 몸담은 386 인사들이 당신에 대한 공개 비판을 금기(禁忌)로 삼아온 관행을 깨지 못했을 것으로 생각합니다. 당신의 이런 (도발적인) 행동이 오바마 행정부의 '반짝 관심'을 자극할지는 모르나 과거처럼 많은 양보를 얻어내기는 쉽지 않을 것입니다."

좌파 진영내에서 박선원 비판

박 의원이 김정일의 실명을 거론해가며 비판한 사실이 조선일보를 통해 알려진 후, 좌파 진영 내에 파장이 일었습니다. 좌파 진영에서 장관을 했거나 '선생님' 소리를 듣는 이들이 그를 '변절자'로 칭했다는 얘기를 들었습니다. 그가 '제국주의의 심장'인 워싱턴에 오래 머문 것을 거론하며 "사람이 변했다"고 말하는 사람도 만났습니다.

박 의원의 김정일 실명 비판 파문이 가시기 시작한 것은 그로부터 1년 후인 2010년 천안함 폭침 사건이 난 이후로 기억합니다. 박 의원은 당시 방송 인터뷰 등을 통해 "버블제트로는 천안함이 두 동강 날 수가 없다"며 "스크루 상태 등을 감안하면 좌초 가능성이 높다"고 주장, 정부의 공식적인 입장을 부인하는 쪽에 섰습니다. 문재인 정부에서 국정원 1차장을 역임한 박 의원은 윤석열 대통령의 12월 3일 자폭(自爆) 계엄 이후의 탄핵 및 내란죄 기소 정국에서 핵심 인물로 활동했습니다.

P.S. 김정일 오판 없었다면 오바마 평양 방문했을 수도

역사에 가정은 없다지만, 2009년 오바마가 적극적으로 미북대화를 고려하고 있을 때 김정일이 몸값을 적당히 높이고 도발을 자제했다면, 북한의 미래와 김정일의 운명은 달라졌을지도 모릅니다.

미국과 북한은 2000년 클린턴 미 행정부 당시 올브라이트 국무장관과 조명록 국방위 제1부위원장이 상호 교차 방문하며 새로운 관계를 만들기로 합의한 바 있습니다. 제 취재에 따르면, 클린턴 정부의 입장을 계승하는 오바마는 평양 방문도 고려할 정도로 미북관계 개선에 적극적이었습니다. 하지만, 김정일은 박선원 의원의 지적대로 "전임 행정부와 달리 이미 북한 지도자와 정상회담을 하겠다는 의지를 표명하고 새로운 관계의 시작을 위해 북한에 손을 내민" 오바마를 냉담하게 거부했습니다. 이후 미북간에 의미있는 접촉이 일어나지 않은 가운데 김정일은 2011년 12월 17일 사망했습니다.

책을 마무리하며

조선일보라는 든든한 터전이 없었다면 이 책의 출간은 생각도 못 했을 것입니다. 방상훈 조선일보 회장님은 제가 워싱턴과 도쿄, 세계 외교의 심장부를 누비며 복잡다단한 국제 관계의 본질에 다가갈 수 있도록 배려해주셨습니다. 방준오 사장님과 정치부에서 함께 호흡을 맞춘 선배, 후배들은 저의 취재 활동을 성원해주셨습니다. 머리 숙여 깊이 감사드립니다.

김대중 정부 시절부터 만나기 시작한 외교관들은 이 책의 원동력이 됐습니다. 반기문 전 유엔 사무총장을 비롯해 많은 분들이 조언과 피드백을 주셨습니다. 그 목소리 하나하나가 이 책의 방향과 균형을 잡는 데 결정적 역할을 했습니다. 외교라는 무대의 앞과 뒤를 오래 지켜본 분들로부터 배우고 들을 수 있었던 것은 제게 큰 행운이었습니다. 전현직 외교관들로부터 큰 도움을 받았기에 감사의 기록을 남깁니다.

좋은 책을 만들어주신 박영사의 조성호 이사님, 편집자 이수연 씨에게도 고마운 마음을 전합니다.

매일 성경을 필사(筆寫)하며 기도하는 어머니(박순엽 여사)와 늘 제 곁을 지켜주는 아내 최유미, 그리고 스스로의 길을 걸어가고 있는 아들 이지민. 사랑하는 가족이 곁에 있었기에 마음을 가다듬으며 새로운 책을 낼 수 있었습니다. 부족하나마 이 책으로 인해 받는 기쁨과 은혜가 있다면 온전히 하나님께 드리고 싶습니다.

저자 소개

이하원(李河遠)

김대중 정부 시절 조선일보 정치부 기자로 외교통상부 취재를 담당하면서 대한민국의 외교안보 관련 취재를 시작했다. 워싱턴 특파원에 이어 도쿄 특파원으로 미국과 일본에서 동북아 정세와 한미동맹·미일동맹·한미일 3각 협력 및 북한 문제에 대해 관심을 갖고 기사를 써왔다. '서울-워싱턴 포럼', '맨스필드 재단 한미관계 포럼', 'CSIS 퍼시픽 포럼', '한일미래포럼' 등이 주최하는 국제회의에 참가, 미국 중국 일본 러시아의 전문가들과 국제 정세에 대해 논의해 왔다. 현재는 외교안보 에디터로 일하고 있다.

조선일보 민주당 출입기자·한나라당 취재반장·외교안보팀장·국제부장·논설위원을 역임했다. TV조선에서 정치부장 겸 '뉴스 9 (메인뉴스)' '이하원의 시사Q' 앵커로 활동했다.

고려대 정치외교학과, 하버드대 케네디 행정대학원 졸업 후 하버드대 벨퍼과학국제문제연구소(BCSIA) research fellow를 지냈다. 2006년 한중일 차세대 지도자 포럼의 한국 대표단 멤버로 선정됐다.

[저서]

레이와 시대 일본탐험(박영사)

사무라이와 양키의 퀀텀점프(박영사)

시진핑과 오바마(김영사)

세계를 알려면 워싱턴을 읽어라(21세기북스)

조용한 열정, 반기문(공저·기파랑)

남북한과 미국, 변화하는 3각 관계(나남출판)

성공한 외교, 실패한 외교:

이하원의 외교안보 막전막후

초판발행 2025년 6월 10일

지은이 이하원
펴낸이 안종만·안상준

편 집 이수연
기획/마케팅 조성호
표지디자인 권아린
제 작 고철민·김원표

펴낸곳 (주) 박영사
서울특별시 금천구 가산디지털2로 53, 210호(가산동, 한라시그마밸리)
등록 1959.3.11. 제300-1959-1호(倫)
전 화 02)733-6771
f a x 02)736-4818
e-mail pys@pybook.co.kr
homepage www.pybook.co.kr
ISBN 979-11-303-2335-0 93340

정 가 18,000원